本丛书得到何东先生独资赞助

This series of books is financially supported exclusively
by Mr. Eric Hotung.

20世纪中国文物考古发现与研究丛书

西夏遗迹

牛达生 /著

文物出版社

一　银川西夏陵1号、2号陵（航拍）

二　银川西夏陵1号、2号陵台

三 维修前的贺兰
宏佛塔

四 贺兰宏佛塔出土罗汉坐像

五　临河高油房窖藏出土
　　金剔指刀

六　武威西郊林场西夏墓出土
　　"蒿里老人"木板画

七 安西榆林窟第 3 窟
《唐僧取经图》

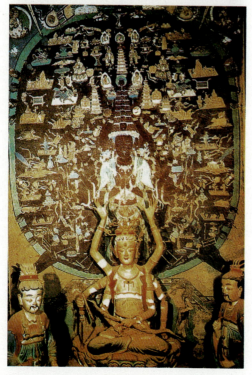

八 安西榆林窟第 3 窟《五
十一面千手观音变》

20 世纪中国文物考古发现与研究丛书

序 / 张文彬

俗称"锄头考古学"的田野考古学的诞生以及中国考古学学科体系的基本完善，由此而引起的古物鉴玩观赏著录向科学的文物学的转变，是 20 世纪中国学术与文化界的大事。它从材料与方法两个方面彻底刷新了持续了数千年之久的中国古代史学传统，不但为中国学术界和文化界开拓出更加广阔的研究天地，也为一切关心中华民族悠久历史和灿烂文明的人们不断地提供了可贵的精神滋养和力量源泉。

仰古、述古、探古，进而考古，向来为我国传统文化中一个明显的学术特点。先秦时期诸子百家发其端，汉代司马迁撰写《史记》，北魏郦道元作注《水经》。他们对相关的遗迹遗物，尽可能地做到亲自考察和调查，既能辨史又可补史。这种寻根追源的治学态度，为后世学术上的探古、考古树立了榜样。此后，山河间的访古和书斋式的究古相继开展，特别是对古器物的研究，成了唐、宋时期的文化时尚。不少学者热衷于青铜铭文、碑刻、陶文、印章等古文字的考释，进而有了对器物的辨伪鉴定、时代判断、分类命名等，逐渐兴起了一门新的学问——金石学，涌现出许多著名的古器物鉴赏家和收藏家。只是囿于当时的历史条件，金石学家们无法了解所见文物的出土地点和情况，也难以涉及史前时代漫长的演进历程，因而长期以来始终脱离不了考证文字和证经补史的窠臼。即使如此，他们的艰辛努力和取得的成绩，还是为推动我国传统文化的发展起到了积极作用，并且在事实上也为中国考古学和中国文物学的起步铺设了最早的一段道路。

20 世纪初，近代考古学由西方传入。中国学者继承金石学的研究成果，学习并运用西方考古学方法，开始从事田野考古，通过历史物质文化遗存，探寻和认识古代社会，揭示人类社会发展规律。早在 1926 年，中国学者就自行主持山西南部汾河流域的调查和夏县西阴村史前遗址的发掘。随后，我国学者同美国研究机构合作，有计划地发掘周口店遗址，发现了北京猿人。从 1928 年起至 1937 年，连续十五次发掘安阳殷墟遗址，取得了较大收获，引起了国内外学术界的重视。自 20 世纪 50 年代以后，随着国家大规模经济建设的进行，田野考古勘探、调查和科学发掘工作在全国范围内蓬勃有序地开展，许多重要的典型遗址和墓地被揭露出来，重大发现举世瞩目。它们脉络清晰，层位分明，文化相连，不仅弥补了某些地域上的空白，而且衔接了年代上的缺环，为研究中国古代史、文化史、科学史以及其他学科领域，提供了珍贵、丰富的实物资料，极大地影响着人文社会科学诸多学科专业的研究与发展。这段时间被学术界称为中国考古学的黄金时代。在马列主义理论指导下，具有中国特色的考古学理论体系和方法论逐渐形成。有关研究成果不仅极大地改变和丰富了人们对中国文明起源、中国古史发展等重大问题的认识，同时也扩展了中国文物的研究领域和研究方式。可以说，考古学的发展与进步，直接影响到文物学的形成与发展，而且影响到全社会对文化遗产重要作用的认识以及世界学术界对中国古代文明的重新认识。

从20世纪80年代开始，文物界就中国文物学的创立，逐渐取得共识，在共同探讨的基础上，初步形成了学科体系。不少学者发表了有关论文，出版了专著，就文物的历史价值、科学价值、艺术价值以及在社会主义的物质文明与精神文明建设中如何对文物进行有效保护、合理利用发表意见。这些研究成果已获得学术界的赞同。

在这世纪之交和千年更替之际，对中国考古学和中国文物事业作一次世纪性的回顾和反思，给予科学的总结，是许多学者正在思考和研究的问题。如果能通过梳理20世纪以来重大发现和研究成果，透视学科自身成长的历程，从而展望未来发展的方向，以激励后来者继续攀登科学高峰，无疑是一件很有意义的事。为此，经过酝酿、商讨和广泛征求意见，我们约请一批学者（其中有相当多的中青年学者）就自己的专长选择一个专题，独立成篇，由文物出版社编辑出版一套《20世纪中国文物考古发现与研究丛书》，并以此作为向新世纪的献礼。

从某种意义上说，《20世纪中国文物考古发现与研究丛书》是一套学科发展史和学术研究史丛书。其内容包括对20世纪考古与文物工作概况的综合阐述；对一些重要的考古学文化和古代区域文化研究情况的叙述；对文物考古的专题研究；对重要的文物考古发现、发掘及研究的个例纪实。

此套丛书的内容面广，而且彼此关联。考虑到各选题在某些内容上难免会有重叠或复述，因此在编撰之初，我们要求各选题之间互有侧重，彼此补充，以期为读者了解 20 世纪中国考古学和文物学的发展提供更多的视角。

我国的文物与考古工作，虽在 20 世纪得到了迅速发展，但仍有许多重大学术问题需要进一步探索。我们主持编辑这套丛书，除了强调材料真实，考释有据，写作态度严谨求实外，也不回避以往在工作或研究上曾经产生的纰漏差错和不足之处，以便为今后的工作和研究提供借鉴。虽然我们尽了很大努力，但限于水平，各篇仍很难整齐划一。由于组稿和作者方面的困难和变化，一些计划之中的题目也未能成书。这些不周之处，敬请专家、学者和广大读者批评指正。

在丛书编印过程中，我们得到了文物、考古界的广泛支持。何东先生在出版经费上给予了热情帮助。在此，一并深表感谢。

2000 年 6 月于北京

目　　录

插 图 目 录

前言

以党项族为主体的西夏王朝，建都兴庆（今宁夏银川市），雄踞西北，从公元 1038 年建国，到公元 1227 年被蒙古所灭，长达一百九十年。如果从党项族首领拓拔思恭于公元 881 年割据夏州（今陕西靖边县白城子）算起，长达三百四十七年。一个朝代延续时间如此之长，在我国历史上并不多见。拓拔思恭割据的夏州等地，在形式上还是唐朝的一个部分，但已是"供赋不入公朝，巡属唯其除授"，"虽未称国，而自王其土"的独立王国[1]。李元昊建立的西夏王朝，拥兵五十万，扼控丝路，抗横宋辽（金），三分天下，称雄西陲，在我国公元 11—13 世纪的历史上，在西部地区的发展史上，在中西文化交流中，绝非可有可无的角色。西夏在我国历史发展的链条中，是不可缺少的一环。它对华夏文化的发展做出了积极的贡献。

我国有易代修史的传统，元代照例修了宋辽金三朝之史。西夏与宋辽金并列，却是"无史之朝"。这不能不是历史的遗憾。元顺帝丞相脱脱在总纂宋辽金三史时，为什么不同时修纂一部西夏史呢？近百年来，人们对此多有议论。有人认为，西夏"摈汉文不用"，而西夏文字"翻译不易，故典章制度，概从湮没"[2]。有人认为脱脱持"正统偏安之见，……特以辽金与蒙古同类"，故单独写史，"以为增高己族之地步，至于西夏，则视为无足轻重，与当时之高丽，同类并观"[3]。笔者认为，上述诸说似皆不足为据。其根本原因是，蒙古灭夏战争中，西夏档案文献备遭破坏，以致脱脱修史时竟无足够文献可征，当然不能凭空编出一部西夏史。然而不管什么原因，没有西夏史确是历史事实。

在史籍中虽无西夏史，但在宋辽金三史中却有"西夏"三"传"，即《宋史·夏国传》、《辽史·西夏外纪》和《金史·西夏传》。《元史》和宋元野史、笔记、类书、文集中，也有零散记载。是否可以以三"传"为基础，采撷零散资料，编纂出一部更详尽的西夏史呢？明清先贤们在这方面作了努力，明代胡汝砺所作的《弘治宁夏新志·拓拔夏考证》，就是这种努力的一次尝试。它虽然没有清代同类著作详尽，但却是最早的西夏编年史，筚路蓝缕，功不可没。清代乾嘉以来，崇尚考据之学，西夏史的重构，也引起人们的重视。从嘉庆到清末，西夏史竟有十几种之多。其中周春《西夏纪》、吴广成《西夏书事》、张鉴《西夏纪事本末》至今仍为学子案头必备之书，对西夏的世系更替，疆域变迁、对外关系，以及典章制度等，都多少有所记述。民国年间，戴锡章承明清史学之余绪，更是集诸书之长，旁征博引，条分缕析，编纂了《西夏纪》。其援引资料最为丰富，前所未有，是上述诸书中公认较好的一种。然而，尽管这些史著有先有后，卷帙有多有少，体例也有编年、纪传、纪事本末之不同，但所用资料雷同，并不能从根本上改变西夏史料严重短缺的局面。

两千多年前，孔夫子曾感叹"文献不足征"，而难言殷周之礼。这是因为时光流逝使典籍湮没或记事舛错所致。"边荒碑刻，可补史传之失"，考古材料的重大价值，不仅可补其阙、释其疑，更能获得文献中不易见到的物质文化和社会习俗方面的珍贵资料。西夏文献资料的短缺，赋予西夏考古更为重要的使命和价值，并为学术界所重视。

西夏文物早在公元19世纪初就有发现，散见于金石学有关著作中。20世纪初，内蒙古黑城西夏文献的重大发现，导致西夏学的诞生，并使学者们认为，所谓西夏学"主要是指对西夏文字的研究和西夏文献的整理"[4]。20世纪50年代以来，西夏陵墓、古建、城址、遗址、窑址、窖藏、石窟、碑刻的不断发现和研究，大大地促进了西夏学的发展。据统计，1900—2003年，有关西夏的译著共一百二十余种，论文、资料等有二千二百余篇[5]。其中，绝大部分是20世纪70年代以后的成果，反映了西夏学的发展和繁荣的势态。80年代以来的西夏学，已"拓展到对党项民族及西夏王朝的政治、经济、军事、地理、宗教、文献、考古、文物、语言文字、文化艺术、社会风俗等"方面。"它表明作为完整科学意义上的西夏学已经形成，这是百年、特别是近二十年西夏学发展了不起的成就"[6]。如今，人们对西夏的了解和认识有了前所未有的提高。

现在的西夏学和敦煌学、藏学、蒙古学一样，是涵盖面非常广泛的综合性学科，大体由西夏语言文字学、西夏考古学、西夏历史学三个分支学科组成。上述所有论著，不论其着眼点何在，无不充分利用了西夏考古的成果，都与西夏考古的发现有直接或间接的联系。不言而喻，西夏学是伴随着现代考古学的发展而兴起的。西夏学研究领域的不断拓宽，要借助于西夏考古新资料的不断发现；而新的西夏考古的发现，必将使西夏学得到持续的发展。今天有机会回顾西夏文物考古的历史，对西夏遗迹作一概述，或许是一件颇有意义而且饶有趣味的事情。

注　释

［1］（清）吴广成撰、龚世俊等校证《西夏书事校证》卷二，甘肃文化出版社
　　1995年版。

［2］戴锡章编撰、罗矛昆校点《西夏纪·柯劭忞序》，宁夏人民出版社1988
　　年版。

［3］朱希祖《西夏史籍考》，《说文月刊》第3卷第11期（1943年），收入白滨
　　主编《西夏史论文集》第697页，宁夏人民出版社1984年版。甘肃省图书
　　馆书目参考部编《西北民族宗教史料文摘·宁夏分册》第181页（1986
　　年）。

［4］贾敬颜《西夏学研究的回顾与展望》，《历史研究》1986年第1期。

［5］杨志高《二十世纪西夏学论著资料索引》，《二十世纪西夏学》第281—282
　　页，宁夏人民出版社2004年版。

［6］陈育宁《承百年传统，创未来新业》，《二十世纪西夏学》第6页，宁夏人
　　民出版社2004年版。

一

概

述

（一）有传无史的西夏

1. 古老的党项族

西夏的主体民族党项，原是我国西部的一个古老民族。党项是羌族的一支，自称"弥"或"弥药"。其活动范围，大体在今四川松潘和青海积石山（藏名阿尼马卿山）的山谷地带。其活动中心，则在青海东南黄河河曲一带。党项这个称谓，最早见于《隋书》、《北史》。有人认为，早在三国时期，他们就同蜀汉有往来。诸葛亮《后出师表》中所说"青羌"，即党项人，"其中有的成为蜀汉的武装力量"[1]。

党项族未东迁以前，他们以部落为单位，分散居住，不相统摄，无法令、无徭赋，过着"不知稼穑，土无五谷"，以畜牧为主的生活，社会发展仍处于氏族社会阶段。他们"无文字，但候草木荣枯以记岁时"[2]，过着浑浑噩噩的生活。这里自然条件极其恶劣，"气候多风寒，五月始生草，八月降雪霜"，因此"畜犛牛、马、驴、羊，以供其食"。他们"居有栋宇，其屋织犛牛尾及羊毛覆之，……男女并衣裘褐，仍披大毡"[3]。也就是说，他们吃的是畜肉，住的是毡房，穿的是皮毛。他们的衣食住行，都是以畜牧业为基础的。党项人吃肉也需喝酒，"求大麦于他界，酿以为酒"[4]。这说明他们还没有

"商品"的观念，只进行以物易物的简单交换。

党项族的氏族社会，已进入父系家长制阶段，男子在社会生活中处于绝对统治地位。从婚姻关系看，实行"不婚同姓"的族外婚制。在这个时期，包括妇女在内的每个人，都有自己的一份私有财产。为了使这份财产保留在本氏族内部，又实行复继婚制，即父母、伯叔、兄弟死者，即以继母及嫂、弟妇为妻，或谓"妻其庶母及叔伯母、嫂、子弟之妇"。对于这种婚姻形式，汉人多不理解，史书中无不称"其俗淫秽蒸报，于诸夷中为甚"[5]。其实，这不是党项族特有的婚姻形式，而是一般游牧民族所共有的。诸如早期的匈奴人、鲜卑人以及与西夏同时的契丹人、女真人，也有过这种婚姻形式。

随着私有财产的发展，党项各部落之间通过掠夺以增加财富的斗争也在逐渐加剧。史书称其"不事产业，好为盗窃，互相凌劫"[6]。唯其如此，在党项族社会中就形成贵壮贱老的亲情观念和社会习俗："人年八十以上死者，以为令终，亲戚不哭；少而死者，则云夭枉，共悲哭之。"[7]党项人的葬俗，与吐蕃人相类，"死者焚尸，名为火葬"[8]。

在部落间相互凌劫的背景下，部落之间的仇杀层出不穷，形成一种复仇的社会风气："尤重复仇，仇人未得，必蓬头垢面、跣足疏食，要斩仇人而后复常。"[9]但无力复仇者，则"集邻族妇人，烹牛羊，具酒食，介而趋仇家，纵火焚之"。党项人认为"经女兵者，家不昌"[10]，故任其纵火而避之。仇家和解后，则用鸡、猪、犬血和酒，贮于骷髅中共饮起誓："若复报仇，谷麦不收，男女秃癞，六畜死，蛇入帐。"[11]

2. 党项族的兴起与东迁

在原居地的党项族部落，"大者万余骑，小者数千骑，不相统一。有细封氏、费听氏、往利氏、颇超氏、野辞氏、房当氏、米禽氏、拓拔氏"，即所谓党项八部，而以"拓拔最为强族"[12]。

党项族与中原政权发生关系，最早应在是6世纪中期。但那时的关系，仅仅限于抄掠，即所谓"魏、周之际，数来扰边"；所谓"自周及隋，或叛或朝，常为边患"[13]。6世纪末，"自周氏灭宕昌、邓至[14]之后，党项始强"[15]。

党项族内迁，并接受中原王朝官职，始于隋朝。"开皇四年（公元584年），有千余家归化。五年，拓拔宁丛等各率众诣旭州（今甘肃临潭）内附，授大将军，其部下各有差"。拓拔宁丛是中央政府任命的第一位党项族官员。但他们在"十六年（公元596年）复寇会州（今甘肃靖远），诏发陇西兵以讨之，大破其众"。因而又"相率请降，愿为臣民"[16]。

唐初，吐蕃政权崛起，在兼并四周羌族部落后，逐渐向东北扩张，其势逼人。但党项族的东迁，并不全都来自吐蕃的压力，而是唐朝的兴盛强大。太宗贞观三年（公元629年），唐朝打败北方强族东突厥诸部后，声名远播；随之进入"贞观之治"时期，社会经济发展，人民安居乐业。在这一背景下，包括突厥、党项在内的各部族纷纷内附。唐朝政府皆就地安置，授以官职。贞观三年，党项羌首领细封步赖举族内附，太宗下诏安抚，"列其地为轨州（今四川松潘），拜步赖为刺史"。其后党项部落诸酋长相继内属，唐朝以"其地为崌、奉、岩、远四州（今四川茂汶、理县、松潘一带），各拜其首领为刺史"[17]。

另一种情况是"内徙"。这一情况大致发生在唐高宗时期，是直接受到吐蕃的压力而造成的党项族东迁。高宗仪凤三年（公元 678 年），吐蕃"尽收羊同、党项诸羌之地"，占领了党项大片土地[18]，党项诸部不得不走上艰苦的行程。历经高宗、武后、玄宗、肃宗，到代宗时，已散居西北各地，今之陇东地区、陕西西北部、河套地区、宁夏平原尽其"族帐"[19]。从此，党项诸部远离故土，生活在今西北地区。仍有部分党项人留居原地，受"吐蕃役属，更号弭药"[20]。后来，他们逐渐融合于藏族之中。

在党项诸部中，居住在夏州（今陕西靖边白城子）的"平夏部"最为强大。唐僖宗中和元年（公元 881 年），平夏部首领拓拔思恭因参与镇压黄巢起义，被唐朝赐姓李，任命为定难军节度使[21]，封为夏国公，统辖银、夏、绥、宥、静五州之地，逐渐成为称雄一方的割据势力，也即事实上的"夏州政权"。五代时，夏州李氏虽然名义上臣属于梁、唐、晋、汉、周，接受其封号，并定期纳贡，但却乘五代军阀混战之机，站稳了脚跟，"供赋不入公朝，巡属唯其除授"，"虽未称国，而自王其土"[22]，已成为独立王国。在其辖区内，夏州政权被称为"上府"，其首领被称为"府主"或"府主大王"，受到尊重[23]。"夏州政权"为西夏的立国，奠定了坚实的基础，西夏也是夏州政权的延续。

在从唐初到宋初长达四个世纪的时期内，内徙的党项族与汉族相濡杂处，受汉族影响，生产和生活方式有了很大变化。而李氏贵族更是代代封爵，世世为官，读书写字、公私文书尽用汉字，中原文化对他们的影响更深。党项族社会的急骤变化，使它跨越了奴隶社会，从原始公社制逐渐向封建社会过渡。公元 1038 年，元昊称帝建国，"标志着西夏封建制的正式形成和确立"[24]。

3. 西夏王朝的建立

公元 960 年，赵匡胤发动"陈桥兵变"建立大宋王朝后，又采用各个击破的策略，先后攻灭南唐、吴越、北汉等割据势力，结束了五代十国混乱割据的局面。在这种背景下，夏州李氏表示归附。公元 976 年宋太宗赵炅继位后，为了彻底解决夏州事实上的割据的问题，于太平兴国七年（公元 982 年），授夏州首领李继捧为彰德军（今河南安阳）节度使，使其远离故土，举族搬迁到汴京居住。这时，年仅十七岁的李继捧族弟李继迁，强烈反对李继捧的行动，他说："吾祖宗服食兹土逾三百年，父兄子弟，列居州郡，雄视一方。今诏宗族尽入京师，生死束缚之，李氏将不血食矣!"[25]于是，与其弟继冲、亲信张浦等数十人"走避漠北"，奔入地斤泽（今内蒙古鄂托克旗东北），以"复兴宗族"为号召，团结诸部，"联络豪右（沙漠中的党项各部）"，起兵抗宋[26]。

此后，继迁不断侵扰宋边，并日益壮大。为得到辽的支持成掎角之势，又向辽称臣请婚。淳化元年（公元 990 年），辽册封继迁为夏国王。公元 998 年宋真宗赵恒即位后，对继迁采取妥协退让政策，任命他为定难军节度使，让其继续统辖银、夏、绥、宥、静五州之地。但李继迁仍旧攻掠不已，以灵活作战的方式，向宋朝势力相对薄弱的西部扩张。公元 1002 年，李继迁攻下宋朝西部重镇灵州，改称西平府，遂将其统治中心西移，以其作为进一步进取的基地。

公元 1003 年，李继迁在征服西凉的战争中中流矢而亡。公元 1004 年，其子李德明继立。他一方面向辽请求册封（西平王），另一方面向宋纳贡乞和。德明与宋辽和平相处，扩大贸易往来，促进了党项族社会经济的发展。同时，他向河西地区发展，攻占凉州（甘肃武威）、甘州（甘肃张掖）、瓜州（甘肃安西）等地，控制了丝路要径河西走廊，对东西经济和文化交流产生了重大的影响。同时，德明在夏、绥二州建驿馆，以迎接宋朝使者；又在怀远镇（宁夏银川市）筑城，改名兴州，迁都于此；并仿宋制，立其子元昊为太子。可惜他未登上皇帝宝座，在宋天圣九年（公元 1031 年）便去世了。

李元昊生于宋真宗景德元年（公元 1004 年）五月五日，小字嵬埋[27]，意为"珍惜富贵"。《宋史》称他"圆面高准，身长五尺余。少时好衣长袖绯衣，冠黑冠，佩弓矢，从卫步卒张青盖，出乘马，以二旗引，百余骑自从"。他文化较高，"晓浮屠学，通蕃（吐蕃）汉文字"。他更是"性雄毅，多大略"，雄心勃勃，在未当太子时，就攻下河西重镇甘州。其父告诫他说："吾久用兵，疲矣！吾族三十年衣锦绮，此宋恩也，不可负。"元昊不以为然，争辩道："衣皮毛，事畜牧，蕃性所便，英雄之生，当王霸耳，何锦绮为！"[28]几句话勾勒出青年元昊的英雄气概，表明元昊准备与宋辽争霸，走自己独立发展的道路。

公元 1032 年，元昊继立。此后，他为称帝做了一系列准备工作。如改姓立号，废除唐朝、宋朝所赐李、赵姓氏，改用党项姓"嵬名"；建立官制，仿宋朝官制，设立文武两班，建立中央机构；确立兵制，设立十二个监军司，分驻南北要津。与此同时，他还发布"秃发令"[29]，恢复本民族旧俗；改革礼乐，简化礼乐制度，裁九礼为三礼，革五音为一音；升兴州为兴庆府，大兴土木，扩建宫城；制定官民服饰，确定了官民等级关系；创制西夏文字，建立番、汉学院，用西夏文翻译儒家经典等。这些措施，对恢复党项民族传统，提高党项民族意识，起了积极作用。但是，从总体上、实质上去考察，在基本制度上，这些改革还是多受宋朝制度的影响。正如宋朝重臣富弼所说："得中国土地，役中国人力，称中国位号，仿中国官属，任中国贤才，读中国书籍，用中国车服，行中国法令。"[30]

公元1038年，元昊筑坛受册，大封群臣，正式称帝建国，国号大夏，又称白高大夏国，行自己年号，改元天授礼法延祚。建都兴州，改称兴庆府（今宁夏银川市）。因其在宋朝西部，史称"西夏"。其疆域，以宁夏平原为中心，"东拒（黄）河，西至玉门，南临萧关，北控大漠，延袤万里"[31]。在其境内，有汉、回鹘、吐蕃、塔塔（鞑靼）、契丹等民族，拥兵五六十万，与宋、辽、金成鼎立之势，在我国历史上形成了第二个三国时期。

4. 西夏王朝的兴衰

西夏建国后，元昊为了巩固其统治地位，于公元1040—1042年向宋发动了一系列的战争，相继在三川口（陕西安塞县东）、好水川（宁夏隆德县北）、定川寨（宁夏固原西北）等战役中大败宋军。宋军在战争中，伤亡惨重，急于结束战争；西夏虽胜，但百姓怨苦，国内流传"十不如"反战歌谣，加之和辽关系紧张，为避免两面受敌，也不希望再战。公元1043年，元昊遣使向宋请和，经过一年交涉，庆历四年（公元1044年）十月，达成协议。第一，元昊向宋称臣，宋册封元昊为夏国主。第二，宋每年赐西夏银七万二千两，绢十五万三千匹，茶三万斤。第三，重开沿边榷场互市，恢复民间商贸往来。从此，宋夏战争减少，维持对峙局面。

宋夏战争结束后，元昊出兵援助叛辽的党项部落，辽扣押请和夏使，双方矛盾升温。公元 1044 年 10 月，辽夏大战于贺兰山北、河曲（内蒙古伊克昭盟境）一带，结果互有胜负。西夏建国初期，在与宋、辽几次大战中，不仅在军事上取得了重大胜利，更重要的是在政治上取得与宋、辽平等的地位。从此，尽管在形式上西夏仍向宋、辽称臣纳贡，但实际上却是完全独立的军事强国。

元昊作了十一年的皇帝，最后在皇族权力纷争中被儿子宁令哥杀死。其幼子谅祚周岁即位，是为毅宗，由其母没藏氏当政。此后，惠宗秉常和崇宗乾顺，也是孩提登基，两朝先后由两个梁氏皇太后执政。两个皇太后期间，又多次发动对宋战争。崇宗亲政后，重用汉人，建立国学（汉学），推行汉族封建文化，结束外戚专权，加强了皇族权力，巩固了西夏的统一。崇宗后期，西夏利用金与宋朝交战之机，从金人手中得河湟流域西宁、积石、乐、廓四州之地（今青海西宁、循化、乐都、尖扎诸县市），使西夏的版图扩张到最大。女真兴起后，南下灭辽灭宋（北宋），中国境内又形成南宋、金、夏三大政权鼎立的局面。

第五代皇帝仁宗仁孝在位五十四年（公元 1140—1193年），畜牧业、农业、手工业得到很大发展，社会经济空前繁荣，也是西夏封建文化高度发展的时期。儒学受到高度重视，被历代统治者尊奉的孔圣人，在西夏被尊为"文宣帝"[32]。在西夏还建立各级学校，并实行科举考试。与此同时，佛教也得到发展，皇帝亲自校勘佛经，藏传佛教迅速传播。现在所发现的许多西夏文献和佛经，大都是这时刊印的。

仁孝后期，官僚机构庞大，权臣任得敬弄权分国，灾荒严重，国势开始衰败。仁孝死后，西夏内外交困，皇权不固，其继承人桓宗纯祐在位十二年、襄宗安全在位四年后相继被废。公元 12 世纪末期，蒙古崛起于漠北，在成吉思汗的率领下，势力迅速发展。在蒙古征服中原的过程中，西夏首当其冲。从桓宗天庆十二年（公元 1205 年）起，蒙军先后六次入侵，首都中兴府多次被围。在此期间，夏金本应联合抗蒙，但却相互交恶，时有战争。公元 1223 年，神宗遵顼在举国困于兵燹，致使"田园荒芜，民生涂炭，虽妇人女子咸知国势濒危"[33]的情况下，禅位于献宗德旺。公元 1226 年，德旺竟因蒙古大军压境，惊悸而死。南宋理宗宝庆三年（公元 1227 年），末帝李睍力屈投降，不久被杀，西夏亡国。

西夏灭亡后，蒙古组织其遗民为"唐兀军"，从蒙古南下参加灭金灭宋战争。唐兀人被列为色目人之一，有较高的政治地位。他们的一些上层人物在元朝政治、军事、经济、文化、宗教领域都比较活跃，为元朝社会经济和文化的发展作出了重要贡献。党项族历经元、明，逐渐融合于汉、藏等民族中而消亡，西夏文化也被带进了博物馆。

西夏从公元 1038 年建国，到公元 1227 年为蒙古所灭，历传十代，长达一百九十年。西夏立国西陲，农牧并盛，手工业、商业也有一定的发展，为西北地区社会经济和文化艺术的发展，作出了重要贡献。西夏文化是以党项族为中心的多民族文化，具有浓郁的民族特点和较高的发展水平，是我国古代文化的有机组成部分。西夏文字的使用范围很广，渗透到社会生活的方方面面，成为西夏文化最重要的特色。

（二）西夏考古发现与研究简述

20 世纪以前，我国基本上没有什么考古可言，当然也谈不到西夏考古。被视为金石古物的西夏文物，也是屈指可数，十分稀少。20 世纪 50 年代以后，中国的考古事业进入了一个新的时期。70 年代以来，银川西夏陵的发现，对西夏考古工作产生了重大的影响。此后，在西夏故地的宁夏、甘肃、内蒙古西部、陕西北部和青海东部，都有西夏遗迹发现。地下的有墓葬、遗址、窑址、窖藏等；地上的有城址、寺庙、佛塔、石窟、碑刻等。出土的各种文物、文书等，为我们解读西夏社会、认识西夏文化，提供了前所未有的条件。

1. 早期西夏文物的发现

20 世纪 50 年代以前，西夏文物的发现，都具有某种偶然性，但是，诸如凉州"西夏碑"、内蒙古黑城西夏文书的发现，却对后世的西夏研究产生了深远的影响。

作为金石古物的西夏文物，最早发现于丝路重镇凉州（今甘肃武威）。公元 1804 年，乾嘉派学者张澍发现"重修凉州护国寺感通塔碑"（俗称"西夏碑"或"凉州碑"），著录于其所著《养素堂文集》。"西夏碑"立于西夏崇宗天祐民安五年（公元 1095 年），为西夏文、汉文双字碑，内容十分丰富。尤其重要的是，它使早已无人可识的西夏文字重见天日。

公元 1805 年，金石学者刘青园云游到凉州，发现了西夏钱币窖藏，获得西夏钱币多种。他对照"西夏碑"，认识到洪遵《泉志》中所称的"梵字钱"，原来就是西夏文钱。根据刘的发现，初尚龄《吉金所见录》第一次对西夏钱币作了系统著录。此后，清代所出钱谱，都相沿著录西夏钱币。

　　大体与此同时，官居刑部的学者鹤龄，在今内蒙古呼和浩特市山顶古庙得佛经一函，瓷青纸，金字，凡八册。他经认真对勘，认定此经为西夏文《佛说妙法莲花经》卷一至卷八[34]。鹤龄是最早试图认识西夏字的中国学者，十分难能可贵。

2. 20 世纪西夏考古的发现

　　进入 20 世纪，西夏考古有了新的发展。1908 年和 1909 年，俄国探险家柯兹洛夫在我国内蒙古额济纳旗黑城的发掘，应该说是近代西夏考古的开端，但这次发掘是挖宝式的掠夺，东西也被运到俄国，给我们留下了屈辱和遗憾。但是，这次发现在西夏研究中占有极其重要的地位。在黑城一座被称为"图书馆"的塔墓中，发现了大批西夏文、汉文文书，计有数千卷之多。其中西夏文文书涉及法典兵书、辞书字典、历史著作、文学作品、佛经道藏、夏译儒家典籍，还有绘画、唐卡等。这批夏、汉文书内容十分丰富，是研究西夏社会历史和文化面貌取之不尽、用之不竭的宝库，同时也改变了世上没有西夏书籍的局面，被学术界誉为是继敦煌石室、居延汉简之后的又一重大发现。今天的许多出版物，如西夏法典《天盛改旧新定律令》（简称《天盛律令》）、兵书《贞观玉镜将研究》、百科式典籍《圣立义海研究》、字典《番汉合时掌中珠》、辞书《文海研究》、《同音研究》等，就是这批文献的研究成果。还需提及，受柯兹洛夫发现的影响，1914 年、1923 年和 1927 年，英国人斯坦因、美国人华尔纳、瑞典人斯文赫定等，也先后到这里考察、发掘，其中，斯坦因所获较多。

　　另一件值得一叙的事是宁夏灵武西夏文佛经的发现。1917

年，灵武知县余鼎铭，在城内一座古庙中发现西夏文佛经两大箱。这批佛经有部分流失，大部分被当时的北平图书馆（现国家图书馆）收藏，计有一百册，"皆属宋元旧椠，蔚然成为大观"。王静如认为这是继黑城考古发现以后的文坛"盛事"，并于1932年编辑出版了《国立北平图书馆馆刊·西夏文专号》以为纪念。著名学者周叔迦、罗福成、王静如等先生曾参与整理和研究。王静如《西夏研究》三辑，主要是这批佛经的研究成果，曾获法国东方学儒莲奖，是20世纪30年代西夏学研究的最高成就。

西夏陵墓的考古调查和发掘，开始于20世纪70年代。其中最早发现的、也是最为重要的是银川西夏陵。经调查，这里占地约50平方公里，有帝陵九座，陪葬墓二百多座。自1972年以来，已发掘帝陵一座，陪葬墓四座，还有佛寺遗址、砖瓦窑址等，出土了大量的西夏文物、碑刻残片和建筑材料，是20世纪百项重大考古发现之一。本世纪初，在银川南永宁县闽宁村发现的西夏早期贵族墓葬，也很重要。此外，在甘肃武威，内蒙古准格尔旗也发现过西夏墓葬。虽说数量不多，但这些墓葬反映了地区的不同特点。

西夏时期的碑刻，除著名的"西夏碑"外，20世纪70年代以来，又相继发现了银川西夏陵碑文残片，乌海参知政事残碑，永宁闽宁村西夏野利家族墓碑文残片等。在明代的宁夏方志中，还保留了有关银川承天寺的两篇碑文。张掖"黑河建桥敕碑"著录于清康熙年间，比"西夏碑"还要早，但搞清碑阴为藏文，也是20世纪70年代的事。这些碑刻屈指可数，但所用文字不尽相同，除汉文、西夏文外，还有汉夏合文、汉藏合文等，反映了西夏多元的文化面貌，也是研究西夏历史、民俗、宗教和书法艺术的珍贵材料。另外，还有唐末、五代、宋朝、金朝党项人的碑刻，以及元、明时期西夏遗民的碑刻，这对研究早期党项人的活动和西夏灭亡后西夏遗民的活动，都有重要价值。

钱币和官印在过去属金石学的范畴。有关西夏钱币和官印的收藏、研究和著录，至迟在清代乾嘉时期就已开始。20 世纪 70 年代以来，见于报刊的钱币窖藏有近三十处，出土了大量的西夏时期使用的钱币；西夏官印见之著录和新发现的约有一百五十方。学界人士凭借丰富的实物资料，在总结前人研究成果的基础上，突破前辈著录释读、考证辨伪的窠臼，开始了对西夏货币制度和官印制度以及社会经济和文化形态的探索。数十年来，发表了不少论文、报告，其中不乏精道之作，从而丰富了西夏学的内涵，填补了我国钱币和官印研究的空白。

我国是丝绸之国，也是瓷器之乡，但西夏瓷器如何，则鲜为人知。70 年代以来，在宁夏、甘肃、青海和内蒙古西部地区，就有零星发现，多出土在墓葬、遗址、窖藏中。更为重要的是在宁夏灵武、中卫，甘肃武威，青海互助、湟中等地发现了西夏瓷器窖藏，出土了不少精美瓷器，有的还有西夏年款。1984—1985 年中国社会科学院考古研究所，在宁夏灵武窑发掘西夏窑炉三座，作坊八座，出土瓷器、工具、窑具等三千余件，进行了深入的研究，出版了《宁夏灵武窑发掘报告》，真正揭开了西夏瓷的面纱，影响很大。1997 年，宁夏考古所又发掘了灵武窑附近的回民巷窑址，清理窑炉两座，出土文物二千余件，对西夏瓷作了重要补充[35]。据研究，灵武窑共分五期，第一、二期为西夏中晚期，西夏后继续生产，直到清代。而回民巷窑略早于灵武窑，废于西夏晚期。

　　西夏古城，最引人注目的当是出土大量西夏文献的内蒙古西夏黑水城故址。20 世纪初，俄人柯兹洛夫、英人斯坦因等皆进行考察、绘图、拍照，留下重要资料。50 年代以来，内蒙古考古工作者，在茫茫荒原上艰辛调查，先后发现了达拉特旗城塔村古城、鄂托克旗陶思图古城、临河高油房古城、鄂托克前旗城川古城等三十多座古城。1965 年，宁夏发掘了省嵬城故城，在其他地方，也发现西夏城址十多处。甘肃河西走廊也有西夏古城发现。陕西考古部门调查了位于陕蒙交界处的统万城、代来城。遍布西夏故地这些古城，为西夏历史地理的研究提供了重要的资料。

　　西夏立国近两个世纪，在其境内兴建了许多宫殿、衙署、寺塔、驿舍、店铺、民居等。据载，景宗元昊除在贺兰山建有规模很大的"离宫"外，在都城兴庆府营造的"元昊宫"，也是"逶迤数里，亭榭台池，并极其盛"[36]。然而，在 80 年代以前，除知银川承天寺、张掖卧佛寺等几处为明清重建的西夏建筑外，并不知还有什么西夏建筑。80 年代以来，先发现贺兰山拜寺口双塔为"西夏原建"，继而又发现同心韦州康济寺塔、贺兰宏佛塔、贺兰拜寺沟方塔等，也是西夏古塔。这几座古塔，在细部处理上各有特点，有的塔身上还有藏传佛教的影塑佛像，但其共同点是底层很高，有简单的叠涩出檐，砌砖用黄泥作浆等，这些都是唐代古塔的特点。而被定为西夏最早的平面方形的拜寺沟方塔，更是受唐代影响的结果。其他塔多为八角形密檐式高层砖塔，也是辽金时期北方盛行的塔式。西夏建筑的特点就是"杂用唐宋，兼而有之"。

　　西夏石窟的研究，在 20 世纪 60 年代以前还无从谈起。西夏石窟的调查研究是从 60 年代中期开始的。当时有关专家从莫高、榆林两窟中，初步认定八十多个西夏窟。70 年代以来，又在敦煌西千佛洞、安西东千佛洞以及武威天梯山、张掖马蹄寺、酒泉文殊山、玉门昌马、肃北五个庙、内蒙古鄂托克旗百眼窑等地的石窟中，发现了西夏洞窟和壁画，从而大大丰富了西夏石窟的内容。但仍以莫高、榆林两窟的洞窟数量最多，壁画规模最大，保存最为完整系统。80 年代末以来，随着研究的深入，有关专家将莫高、榆林两窟中的西夏洞窟作了调整，从西夏窟中划分出二十三个西夏时期的回鹘洞窟。将著名的过去认为是"西夏王"的供养画像，也改为"回鹘王"。从而使西夏石窟的研究更为科学，更符合历史实际。西夏石窟上承唐宋，下启元代，延续近两个世纪，在我国石窟艺术中占有一定的地位。

西夏考古的特点之一，是西夏文书的发现特别丰富。除上述在内蒙古黑城和宁夏灵武的重大发现外，70 年代以来，在甘肃武威天梯山石窟、张义乡窖藏、亥母洞窖藏和敦煌莫高窟，在宁夏青铜峡一〇八塔及贺兰宏佛塔、拜寺沟方塔等处相继有所发现。内蒙古额济纳旗黑城及其附近地区也有新的发现。这些文书数量惊人，内容丰富，有西夏文的、汉文的、还有藏文的；有世俗的，但以佛经为主；有写本，但多为印本。其中贺兰县出土的西夏文《吉祥遍至口和本续》和武威出土的西夏文《维摩诘所说经》，是我国现存最早的活字印本。而敦煌发现的西夏文图解《妙法莲花经观世音菩萨普门品》，是第一部图文并茂的西夏文佛经。在贺兰，还发现了少有的木质西夏文雕版。西夏文书除在国内宁夏、北京、甘肃、内蒙古、陕西等省区有关部门有收藏外，在国外俄、英、法、德、日、瑞典等国有关学术团体也有收藏。在俄藏西夏文书中，也发现了数种活字印本。西夏学成为国际上的一门显学，是与西夏文书的大量发现与研究紧密联系在一起的。

20 世纪以来，西夏考古一系列的重要发现，提供了丰富而翔实的实物资料，促进了西夏学的发展和繁荣，加深了我们对西夏文化面貌的了解和认识。这些发现和研究成果，对弘扬华夏文化、提高民族自信心，也将发挥积极的作用。

注　释

[1] 漆侠、乔幼梅《辽夏金经济史》第 186 页，河北大学出版社 1994 年版。

[2]（唐）魏征等《隋书·党项传》，中华书局 1973 年版。

[3]（后晋）刘昫《旧唐书·党项羌传》，中华书局 1975 年版。

[4] 同 [3]。

[5] 同 [2]。蒸报：与母辈或晚辈亲属淫乱，上淫曰蒸，下淫曰报。

[6] 同 [3]。

[7] 同 [2]。大柱：或即天柱，神话中的支天之柱，状其年轻可大用。《淮南子·天文训》：“昔者共工与颛顼争为帝，怒而触不周之山，天柱折，地维缺。”

[8] 同 [3]。

[9] 同 [3]。

[10]（宋）曾巩《隆平集·赵保吉传》，赵铁寒编《宋史资料萃编》第 1 辑，文海出版社 1967 年版。

[11]（元）脱脱等《辽史·西夏外纪》，中华书局 1974 年版。

[12] 同 [3]。

[13] 同 [2]。同 [3]。

[14] 宕昌、邓至及后文提到的羊同等，也为羌系部落，但当时比较强大。

[15] 同 [3]。

[16] 同 [2]。

[17] 同 [3]。

[18]（后晋）刘昫《旧唐书·吐蕃传》，中华书局 1975 年版。

[19] 党项人居住的房室，一般为毛毡覆盖于木构框架上的毡帐。《宋史》称“其

民一家号一帐"。

[20] (宋) 欧阳修、宋祁《新唐书·党项传》,中华书局 1975 年版。

[21] 唐制:于设兵戍守之地,设"军"、"守捉"、"镇"、"戍"。"安史之乱"后,"军"、"守捉"的将领称使,"镇"、"戍"的将领称镇将。宋制:地方官制实行路、州(府)、县三级,另外设"军"。有两种情况:一种"军"与府、州同级,一种"军"与县同级,隶属于府、州。一旦设"军",可辖数州或数县之地。定难军应属府、州一级。

[22] (清) 吴广成撰、龚世俊等校证《西夏书事校证》卷二,甘肃文化出版社1995 年版。

[23] 康兰英主编《榆林碑石》第 253—256 页,三秦出版社 2003 年版。

[24] 李蔚《简明西夏简史》第 111 页,人民出版社 1997 年版。

[25] 血食:古时杀牲取血,用以祭祀,故名。《史记·封禅书》:"周兴而邑邰,立后稷之祠,至今血食天下。"

[26] (清) 吴广成撰、龚世俊等校证《西夏书事校证》卷三,甘肃文化出版社1995 年版。

[27]《宋史·夏国传上》载:"元昊小字嵬理。"据王静如先生考证,"理"为"埋"之误。

[28] (元) 脱脱等《宋史·夏国传上》,中华书局 1977 年版。

[29] (宋) 李焘《续资治通鉴长编》卷一一五,中华书局 2004 年版。

[30] (宋) 李焘《续资治通鉴长编》卷一五〇,中华书局 2004 年版。

[31] (明) 顾祖禹《读史方舆纪要》卷七,中华书局 1957 年版。

[32] 汉高祖刘邦定天下后,以太牢之礼,祭祀孔子,是孔子祭祀之始;唐宋时期,先后谥孔子为"文宣王"、"玄圣文宣王"、"至圣文宣王"等。西夏封孔子为"文宣帝",是历代给孔子的最高封号。

[33] (清) 吴广成撰、龚世俊等校证《西夏书事校证》卷四一,甘肃文化出版社1995 年版。

[34] 贾敬颜《西夏学研究的回顾与展望》,《历史研究》1986 年第 1 期。

[35] 宁夏文物考古研究所、灵武文管所《宁夏灵武市回民巷西夏窑址的发掘》,《考古》2002 年第 8 期。

[36] (清) 吴广成撰、龚世俊等校证《西夏书事校证》卷一八,甘肃文化出版社1995 年版。

二 西夏碑刻

西夏受汉族文化的影响，遇事也多立碑记述。这些碑刻，有墓碑、墓志、功德碑、崖刻，还有界碑、经幢，形式多样，内涵丰富，是研究西夏的重要资料。碑志文字是唐代以来的通用格式，内容多为墓主人的功德懿行，以及相关亲人的官资等，在印证史实和补充史料方面都有重要的意义。有的碑刻与宋金有关，也是研究夏宋、夏金关系的重要资料。

这里所说的西夏碑刻，除西夏时期的外，还有与党项族有关的西夏建国以前的碑志和西夏灭亡以后的碑刻。前者，多是唐末、五代、宋初党项人的墓志，多出土于陕北、内蒙古，也即夏州故地，对研究党项族以及"夏州政权"的活动有重要价值。后者多是元明时期西夏遗民的碑刻，多发现于河北、河南等地，对研究西夏遗民的分布、社会活动、政治地位状况以及当时的民族关系，都有相当的意义。

（一） 西夏时期的碑刻

西夏时期的碑刻，最早见到的是公元 19 世纪初在武威发现的著名的"西夏碑"。20 世纪 70 年代以来，又相继发现了银川西夏陵碑文残片，张掖"黑河建桥敕碑"，乌海参知政事残碑，永宁闽宁村西夏野利家族墓碑文残片等。在明代的宁夏方志中，还保留了有关银川承天寺的两篇碑文。西夏碑所用文字不尽相同，除汉文、西夏文外，还有汉夏合文、汉藏合文等，反映了西夏多元的文化面貌，也是研究西夏书法的珍贵材料。碑刻内容涉及西夏社会生活的方方面面，是研究西夏历史十分重要的资料。与数量很大的唐宋碑相比，西夏碑刻可谓凤毛麟角，更显得弥足珍贵。

1. 唯一的汉夏合文的武威"西夏碑"

"西夏碑"，全称《凉州重修护国寺感通塔碑铭》，陈列于甘肃省武威市西夏博物馆。"西夏碑"是发现最早、也是最重要的西夏文物之一，1961 年被公布为国家重点文物保护单位。

"西夏碑"的发现，是与西夏文字的重新认识联系在一起的。西夏文字是记录古代党项族语言的文字，创制于西夏建国前夕，是西夏法定文字，当时称"番书"、"番字"；元代继续使用，称"河西字"，字数约有六千。西夏文字字形方正，和汉字一样属单音节表意文字，结构多仿汉字，用横、竖、点、撇、折等笔画组字。但它比汉字笔画更为复杂，"文类符篆"[1]。有楷、篆、行、草诸体，楷书多用于版刻，篆书散见于金石，行、草常用于书写。元、明期间，诸体仍在部分党项人中使用。随着党项族的逐渐消亡，大约到明代中期，便成为无人可识的死文字。降及公元 19 世纪和 20 世纪，西夏文字的重新认识成为学人关注的问题之一。"西夏碑"发现的重大价值之一，就是使人们重新认识了西夏文字。

"西夏碑"是清代乾嘉派学者张澍（公元 1777—1848 年）发现的。张澍字伯瀹，号介侯，武威人士。乾隆五十一年举人，嘉庆四年进士。《清史稿》有传，说他"博览经史，皆有纂著，游迹半天下"。他官位不高，先后在贵州玉屏、四川屏山、江西永兴、湖南泸溪等地作过知县，但却留心关陇文献，辑乡邦遗籍数十种为《二酉堂集》，著有《五凉旧闻》、《姓氏五书》等。从嘉庆九年（公元1804年）"引疾归家"后，曾在西安、兰州讲学，是乾嘉时期的著名的考据学家和史地学家。

"西夏碑"的发现是很偶然的。张澍发现"西夏碑"后，在《书天佑民安碑后》一文中，生动地记述了发现"西夏碑"的经过。他说：

> 此碑在吾武威北隅清应寺中。有碑亭，前后砖砌，封闭已久。耆老亦不知为何碑，但言不可启，启则必有风雹之灾。余于嘉庆甲子年（九年，公元1804年）自贵州玉屏引疾归家，睱与友人游览。嘱和尚拆其封，不可，强之，亦不可；乃言若有祸祟我辈当之，与住持无预，乃允。遂呼庸人数辈，启其前甓瓴而碑见。高一丈许，尘土积寸余，帚之。乍视，字皆可识，熟视，无一字可织。字体方整，与今楷书无异。额篆书"天祐民安之碑"六字[2]。余曰，碑后必有释文，仍令拆其后面，拂拭之，乃释文也。……此碑自余发之，（夏字）乃始见天埌，金石家又增一种奇书矣[3]！

西夏碑的重新发现，不止是"新增一种奇书"。西夏文字的使用范围很广，渗透到社会生活的方方面面，成为西夏文化最重要的特色，在西夏学发展史上具有重要意义。西夏文字的创制，"无论在创字原则上，在文字结构上，乃至具体的文字笔画、字体形态、书写规则方面，都未摆脱汉字的影响"[4]。张澍先生发现"西夏碑"，拂去其上尘埃，第一印象便是"乍视，字字可识，熟视，无一字可识"，生动地描绘了西夏文字与汉字的共性。西夏字是在汉字的影响下形成的。张澍发现"西夏碑"的故事，成为西夏研究中的一段佳话，更道明了它在认识西夏文字上的重大价值。

西夏学作为一种国际上的新型学科，是从辨识和译释西夏文开始的。张澍之前，没有一个人知道西夏字是什么模样的。现在我们已经知道，北京居庸关云台六体刻石《陀罗尼经》，除汉、藏、梵、回鹘、八思巴文外，还有西夏文。但直至公元1870年，人们还不能认识其上的西夏文字，有人竟胡诌是"女真小字"。公元1898年法国汉学家德维利亚（Mr·Deveria），获悉甘肃有"西夏碑"，并通过其驻华大使馆取得碑文拓本后，撰《论西夏天祐民安五年凉州大云寺感应塔碑铭》一文，声称其已"明白考定（居庸关）不识之字为西夏国书"[5]，在学术界影响很大。在此后的近百年中，中外学者都将"考定"西夏文字的功劳，归之于德维利亚，而无视百年前张澍的发现。直到20世纪80年代，我国学者才将这一问题纠正过来[6]。

"西夏碑"碑身高大，气势宏伟，高250、宽90、厚30厘米。两面刻文，碑阳为西夏文，碑额篆书译文为"敕感通塔之碑文"，第一行题名为"大白高国凉州感通塔之碑铭"；碑阴为汉文，碑额篆书为"凉州重修护国寺感通塔碑铭"。碑身四周线刻卷草纹，碑额上端为云头宝盖，两侧各一身伎乐菩萨。每面约一千八百多字，内容略同，是崇宗天祐民安五年（公元1094年）皇太后和皇帝"二圣"修饰宝塔和庙宇的纪功碑（图一）。碑文称："大夏开国，奄有凉土，凉为辅郡，亦有百载，塔之感应，不可殚记。"并详述诸灵异奇事，如塔

图一 凉州西夏碑西夏文篆额

有损坏，每欲荐整时，"至夕皆风雨大作，四邻但闻斧凿声，质明，塔已正矣"！遇西羌（指吐蕃）犯境，"是夕也大雷电，于冥晦中，上现瑞灯，羌人睹之，骇异而退"。或与南国（指宋朝）失和，躬行薄伐，总是"天兵累捷"。凉州地大震，塔又有毁，"诏命营治，鸠工未集，还复自正"。最后落实到"兹我二圣，发菩提心，大作佛事，兴无边胜利，接引聋聱，日有铙益，巍巍堂堂，真所谓慈航巨照者矣"！其中心思想是通过一些故事，宣扬佛法无边，并给西夏皇帝、皇后歌功颂德。但这叙述感通塔历史及兴建寺塔的文字，也成为研究西夏社会经济、物质生产、官制民风、民族宗教以及文化艺术的宝贵资料。

（1）记述了新的西夏国名。西夏地处宋朝西部，汉文史籍或称"夏国"，或称"西夏"，西夏则自称"大夏"。在著名的李元昊称帝建国向宋朝上的表章中称"伏愿一垓之土地，建为万乘之邦家，……国称大夏，年号天授礼法延祚"[7]。碑文也称"大夏"。同时，在碑阳西夏文中，第一次发现西夏还有"大白高国"这一称呼。银川西夏陵西夏文"仁孝寿陵志文"篆额，也称"大白高国"。另外，还有"白高大夏国"[8]、"白高大国"[9]等同义异称之名。为什么西夏要称"白高"呢？多数人认为"白高"是党项族早期的活动地区，西夏以其发祥地命名。至于"白高"在何处，学术界意见颇不一致[10]，其中有一种意见认为在川青甘三省交接处的"白水河"山谷地带[11]。

另外，碑文中称宋为"南国"，称契丹为"北国"，如"顷为南国失和"、"供写南（宋）北（契丹）章表"。这种称呼，在其他文献中尚未见到。西夏佛经中有"南北藏"的说法，从碑文判断，这显然是指宋、辽大藏经。

（2）记述了西夏崇尚佛教的情况。"至于释教，尤所崇奉，近至畿甸，远及荒要，山林溪谷，村落坊聚，佛宇遗址，只椽片瓦，但仿佛有寺者，无不必葺"。"七宝庄严，为塔为庙者有矣；木石瓴甓，熔塑彩绘，泥土沙砾，无不为之，故浮图梵刹，遍满天下"。近几十年考古证明，在西夏故地的宁夏、甘肃、内蒙古等地，都有西夏石窟、古塔、寺庙遗址发现。

（3）记述了凉州地位的重要和社会经济的繁荣。凉州一向为河西走廊政治、经济、文化的中心。碑文称其为西夏"辅郡"，表明其在西夏的政治地位之高。碑文又称"武威当四冲地，车辙马迹，辐辏交会，日有千数，故憧憧之人，无不瞻礼随喜，无不信也"。虽然说的是瞻礼信佛的事，却也反映了凉州交通发达，四方来人日有千数，商业、手工业兴旺发达的盛况。

（4）记述了西夏手工业发达的情况。碑文中谈到修建感通塔时，提到"众匠率职，百工效技"，匠人们"朽者缋者，是墁是饰"，使塔、庙"五彩复焕，金碧增丽"，说明他们的技术水平是很高的。

碑文中还有"二圣"尊号（"盛德皇太后"、"仁净皇帝"）的称呼，西夏政府机构、官员的名称，西夏与其他民族的关系（如称吐蕃为"羌"），凉州自然灾害发生的情况（如"壬申岁直，武威地震"）等珍贵资料。而碑文本身就是研究西夏文字的宝贵资料。

2. 难以缀合的银川西夏陵碑文残片

西夏陵帝陵陵园和陪葬墓墓园，多有碑亭。帝陵陵园一般为东西两座；有的如1、2、5号三陵，在东碑亭前又加一座小碑亭成为三座；8、9号陵地面遗址都已破坏，情况不明。在九座帝陵陵园中现存十七座碑亭。陪葬墓有的墓园也有碑亭，多为一座。20世纪70年代以来，先后清理发掘3、5、6、7号陵园碑亭遗址八座，陪葬墓碑亭遗址二座，共出土西夏文、汉文碑文残片四千六百多块。与碑文残片同时出土的还有石刻碑座，它与常见的螭首龟趺式不同，是造型奇特的跪式力士石座。

出土残碑极为破碎，有的在同一碑亭出土，从字体大小、风格判断为同一碑者，竟有千块之多（表一）。每块百字以上者屈指可数，数十字者已属难得，绝大多数为一字、半字者，致使无一碑可以复原。其中108号陪葬墓出土残碑较多较大，经缀合，最多达三百八十字，十分难得。如果这些碑刻能大部保存下来的话，应是相当可观的一笔财富。虽然如此，有的残片有纹饰，有的文字为篆书，是研究西夏书法、雕刻艺术的珍贵资料。有的残片文字还为研究西夏陵园制度和西夏社会历史提供了重要的资料。

表一　西夏陵出土碑文残片统计表

陵墓号	出土位置	出土时间	夏文数	汉文数	总数	备考
3 号陵	东碑亭	1987 年	360			
	西碑亭	1998 年	900		1260	
5 号陵	东碑亭	1977 年		26		小碑亭
	西碑亭	1977 年	63		89	未发掘
6 号陵	东碑亭	1972—1975 年	小字 290 大字 48			原编 8 号陵
	西碑亭	1972—1975 年	388	321	1047	
7 号陵	东碑亭	1972 年		510		有篆额
	西碑亭	1972 年	1265		1775	
177 号墓	东碑亭	1977 年	55	26		原编 101 号墓
	西碑亭	1977 年	5	15	101	
182 号墓	碑亭	1975 年	133	216	349	原编 108 号墓
	总计		3507	1114	4621	

（1）确定了 7 号陵为仁宗仁孝寿陵。西夏陵在《宋史·夏国传》中，仅有西夏诸帝陵号，而无诸陵排列次第及相关资料。西夏陵每座陵的陵主，每座陪葬墓的墓主，成为考古研究中的一大难题。通过对残碑考释研究，在 7 号陵残碑中发现了西夏文篆书寿陵志文，其译文为"大白高国，护城盛德，至懿皇帝，寿陵志文"[12]（图二）。这与《宋史·夏国传》中仁孝"谥曰圣德皇帝，庙号仁宗，陵号寿陵"的记载是一致的。7 号陵确定为仁孝寿陵，对其他陵主的研究，具有坐标意义。

（2）确定了 182 号陪葬墓的墓主为梁国正献王。该墓出

图二　银川西夏陵寿陵志文拓片

土残碑经缀合，得墓主人的职官全称是"尚父、太师、尚书令、知枢密院事、梁国正献王嵬名（西夏皇姓）讳安惠"，是官居二品的一位重要人物。但史籍不载，生平不详。据碑文残片，梁国正献王主要活动在崇宗时期，此时的朝政，实际操在崇宗之母梁氏之手。他做过两件大事：一是他作为一员主将，曾随梁氏"亲征怀德军"[13]；一是崇宗乾顺曾"命公城中兴"，也即整修都城中兴府。

（3）提前了兴庆府改名为中兴府的时间。史载，宋明道二

图三 银川西夏陵《灵芝颂》碑文残片

年（公元 1033 年），元昊"升兴州（今宁夏银川）为府，改
名兴庆，广宫城，营殿宇"。公元 1205 年，即成吉思汗即大汗
位的前一年，第一次对西夏发动战争，抄掠而去。夏桓宗纯祐
下令"修复被兵诸城堡，大赦境内，改兴庆府为中兴府"[14]。
182 号墓残碑载"崇宗践位"后，"即命公（梁国正献王）城
中兴"，说明此时西夏都城已称"中兴"。崇宗即位是在公元
1087 年，据此可知，西夏将都城兴庆改名"中兴"，比史载提
早了约一百一十多年。

（4）修正了汉籍中西夏年号的错误。《宋史·夏国传》
载，宋乾道"四年，夏改元乾祐"，这年为公元 1168 年。7 号
陵碑文残片有仁孝"甲午五年"，即仁孝乾祐五年，当为公元
1174 年。由此推算，仁孝改元乾祐，当在庚寅，即宋乾道六
年（公元 1170 年），而不在四年。宋史记载比碑文早了两年，
应予纠正。

（5）发现了《灵芝歌》的碑文残片。在《宋史·夏国
传》中，有绍兴九年（公元 1139 年），"灵芝生于后堂高守忠
家，乾顺作《灵芝歌》，俾中书相王仁宗和之"的记载。《灵
芝歌》早已失传。但在 7 号陵残碑中却发现了《灵芝颂》，其
中有"俟时効祉，择地腾芳"，"德施率土，赉及多方"等内
容（图三），可惜文字不全。

（6）残碑还涉及陵主、人物、民族、官职、地名、纪年
等多方面的内容。其中，有些是见之于汉文文献的，有些则是
第一次出现为汉文文献所无的新名称，如"皇太子绍隆"，
"贺兰马蹄峰"等，为研究西夏增添了新的资料。

3. 仅见的永宁野利氏家族墓碑文残片

2001 年，在宁夏永宁县闽宁村发现了党项野利氏家族墓

地。在2、3、4号碑亭和7号墓的填土中，出土碑文残片二百三十七片[15]。与西夏陵残碑一样极为残碎，最多十四字，一般一二字、三五字不等。值得注意的是，残碑只有汉文而无西夏文。其中，两片有"野利"名讳，一片为"郎张陟撰"，为这一墓地提供了极为重要的信息。"野利"为西夏党项大族。太祖继迁、景宗元昊，皆妻野利氏；西夏文字的创造者为野利仁荣[16]；西夏大将中有野利旺荣、野利遇乞等。撰写墓碑的张陟，是元昊重臣右仆射兼中书侍郎平章事[17]。这些碑文残片清楚地表明，闽宁村墓为西夏建国初期的贵族墓地，也是迄今发现的唯一的党项贵族家族墓地。这一墓群对研究西夏早期葬俗有重要意义。与西夏陵不同，残文碑残片中没有西夏文，似乎说明西夏建国前后西夏文字还未得到广泛使用。

4. 唯一的汉藏合文的张掖"黑水桥碑"

"黑水桥碑"，因其是以仁孝皇帝名议撰写的敕文，又称"黑河建桥敕碑"，或称"西夏告黑水河诸神敕"。原立于甘肃张掖城西5公里黑河东岸的龙王庙中，今存张掖县文化馆。该碑是最早见诸文献的西夏碑，清康熙乙卯（公元1675年）黎士宏《仁恕堂笔记》就有著录。此后，叶昌炽《语石》、罗振玉《西陲石刻录》中皆相沿著录，但却将碑阴藏文误为西夏文。1976年，史金波、白滨二位先生赴河西考察，得全碑拓片，并请藏学家王尧先生考补，才得清楚。

是碑立于大夏乾祐七年（公元1176年）。碑呈长方形，高115、宽70厘米，边饰忍冬纹；碑额为方拱形，内无文字，仅线刻伎乐天两身，在云气缭绕中，拱手作供养状，很有特色；碑座为仰覆莲式。与"西夏碑"不同，碑阳是汉文，碑阴是藏文。碑阳汉文，十三行，每行三十字，计二百九十三字；碑阴藏文，二十一列，已漫漶过半。碑文内容主要是黑水河"年年暴涨，漂荡人畜"。但立此碑后，"水患永息，桥道久长"。为何立碑后会有如此神力？碑文以仁孝皇帝口气回答说，这是因为贤觉圣光菩萨"发大慈悲，兴建此桥"，再加上"山神、水神、龙神、树神、土地诸神"，"冥歆朕意，阴加护佑"的结果。碑文虽然比较简单，但却说明西夏除信奉佛教外，还信仰多神教。

立碑的乾祐七年，西夏文字早已通行于河西，为何舍西夏文而用藏文？王尧先生做了回答，他认为，唐会昌以来，吐蕃内乱，部分藏人北迁甘凉，并定居下来。西夏以来，皇室笃信佛教，藏族僧人受到重视。西夏人是很讲实际的，藏民使用藏文，将修桥、补路一类的"善举"，用藏文宣传，不仅表示了对藏族人民的尊重，亦可收到事实上的宣传效果[18]。

5. 仅存的汉文乌海参知政事墓碑

乌海市参知政事墓，1963 年内蒙古文物工作队曾作过初步调查。1973 年，内蒙古大学历史系陈国灿先生又作了进一步考察[19]。此碑发现于乌海市东南黑龙贵煤矿附近的荒漠中，是一处贵族墓地。封土已毁，仅残留部分石刻残件。碑额为螭首，已残为不能缀合的残块。碑身仅残存中段，残高 80、宽 102、厚 26 厘米。碑座尚好，为抹角长方形，高 80、长 116、宽 50—95 厘米。还有石狮二对，石羊一对，石马一对，文臣武将六身的残件。另有石柱和葵花纹柱础各一件。碑座与内地流行之龟趺式迥异，为四腿蹲式龟颈人面形，座上雕刻菱形纹，中间有方形榫眼。乌海参知政事墓碑是现存西夏时期仅有的一方汉文碑。

残碑存字三十行，约四百字。据陈先生考证，此碑立于天盛七年（公元 1155 年）七月。墓主人名已佚，从残碑中得知，墓主人曾任容州团练使，娶妻多人，其中有党项世家"口口使尹遇何"之女，"观察使兀轻何乜顺"之女；墓主人又以其女"那娘适防御使吴何悝，香剌适……"等。这些文字表明，与西夏官员有姻亲关系的墓主人当为党项人，且为西夏上层官僚贵族。

墓主人的职务为"参知政事"。"参知政事"这一官衔始称于唐，宋承唐制，是三品以上"掌副宰相，毗大政，参庶务"的官员[20]。西夏"设官之制，多与宋同，朝贺之仪，杂用唐宋"[21]。以此推之，墓主人也应是副宰相，属三品以上官员。在丧葬制度上，唐朝规定，"碑碣之制，五品以上立碑，螭首龟趺，趺上高不过九尺；七品以上立碣，圭首方趺，趺上不得过四尺。……凡石人石兽之类，三品以上用六，五品以上用四"[22]。墓地石像生有石人六件，石兽八件，超过三品以上"用六"之数，也说明了这点。副宰相是皇帝的辅臣，他可以直接与天子皇帝对话，所以碑文有"亲对天阶（即天子、皇帝）"，"辩若悬河"，"乃为良辅，爰佐尧人"这样的称赞。

这座西夏党项贵族官员墓葬，墓前立石像生，采用汉制。碑文全部用汉文而无一个西夏字。文中内容又多有汉文典故，如引诗经之"赫赫南仲"，以彰其武功；引"弈许史（许、史，外戚权贵的代称）之……"[23]，意为墓主人常与外戚权贵下棋，以渲染其地位之显赫。这说明中原文化对西夏影响之深。

6. 有文无碑的两篇汉文《碑铭》

两篇《碑铭》，是指明代《嘉靖宁夏新志》（简称《嘉志》）中所载的《大夏国葬舍利碣铭》[24]和《夏国皇太后新建承天寺瘗佛顶骨舍利碑铭》。这两通碑，原立在银川承天寺内，在明弘治年间，还有"残碑可考"[25]，到嘉靖年间，只是"剥蚀更甚"，到清乾隆年间，则"更莫可辨识矣"[26]，约在此后，便不知去向。幸有《嘉志》，将两碑文字著录，使这两篇仅有的西夏早期碑文流传至今。但《嘉志》却无端将毫不相干的两文合为一文，并将立于元昊"大庆三年（公元1038年）"《碣铭》，误为桓宗"天庆三年（公元1196年）"。以致其后有关方志无一不因袭这一错误，直到20世纪80年代初，才纠正过来[27]。其内容为史籍所未载，对研究西夏佛教、特别是早期西夏佛教和皇族敬佛情况具有重要价值。

我们知道，李元昊在兴庆府南郊"筑坛受册"，正式称帝建国，是在大庆三年（公元1038年）十月十日。《大夏国葬舍利碣铭》说的是中外高僧献舍利，建塔收藏供养的事情。《碣铭》称"东土名流，西天达士，进舍利一百五十颗，并中指骨一节，献佛手一枝及顶骨一方"，将其装在"银椁、金棺、铁匣、石匮"之中，并建"下通掘地之泉，上构连云之塔"，以保"邦家……坚固"，"胤嗣……延长"。这表明西夏佛教与中原和西域佛教有密切的联系。《碣铭》中提到元昊的尊号是"圣文英武崇仁至孝皇帝"，为史籍所未载，是研究西夏皇帝尊号的新资料。其中宣扬文、武、仁、孝，并颂扬他"敏辩迈唐尧，英雄□汉祖"，充分反映出这个提倡以蕃性治国的西夏皇帝，却摆不脱传统思想对他的影响。

《夏国皇太后新建承天寺瘗佛顶骨舍利碑铭》，说的则是李元昊之后，其幼子谅祚继位，皇太后没藏氏"大崇精舍（佛寺），中立浮屠（佛塔）"，也即建寺（承天寺）筑塔，将"金棺、银椁瘗其下，佛顶舍利闳其中"，为的是保"圣寿以无疆，俾宗祧而延永"，反映了西夏崇奉佛教的情况。《碣铭》还补充了新的史料。如元昊死后，谅祚为周岁孩提，实权自然在其母后没藏氏及其家族手中。但《碣铭》中指出"皇太后承天顾命，册制临轩"，也即类似清代慈禧太后垂帘听政的地位，则是唯一的资料。关于承天寺的修建，文献上见之于清代的《西夏书事》，《碑铭》是"新建承天寺"最原始的材料，可补史籍之缺。《碣铭》撰文者张陟的职衔是"右仆射兼中书侍郎平章事"，书写者羊□的职衔是"右谏议大夫"，都为史籍缺载，为西夏官制提供了新资料。《宋史·夏国传》载，元昊称帝前夕，"始大建官，以嵬名守全、张陟、张降、杨廓、徐敏宗、张文显裴主谋议……"其中，张陟排行第二，地位很高。

《碣铭》中所说的"银椁、金棺、铁匣、石匮"及"金棺、银椁瘗其下，佛顶舍利閟其中"应该是真实的。在别的地方也发现过类似的情况：如甘肃泾川一座佛塔下，发现过唐代装藏舍利的棺椁，舍利装在玻璃瓶内，然后叠套在金棺、银椁、铜盒、石函之中，这些器物都有雕刻精美的纹饰[28]。1981年，著名的陕西扶风法门寺地宫发现的佛指舍利，装在更为精美的八重宝函之中[29]。承天寺塔仍矗立在银川市内，是自治区博物馆所在地。而《大夏国葬舍利碣铭》中所称高五百尺的"连云之塔"，则不知所在。我们希望有朝一日能发现这一所在，并找到装有诸多舍利的金棺、银椁等物。

7. 西夏陵石刻经幢

1972年，出土于银川西夏陵6号陵陵台前盗坑底部。有幢身一件，略残；幢座三件，一件完好。幢身八棱柱体，高

34、每边宽16厘米。上下两端各有圆形凸榫，直径15、长7厘米，以便承接顶盖和插入石座。完好的幢座，分上下两层。下层八边形，一边雕出龟头；上层圆形，四周雕出莲瓣，平面中心有圆形榫孔，孔直径17厘米。经幢八边刻字，分别为"观世音菩萨摩诃萨"、"大势至菩萨摩诃萨"、"越三界菩萨摩诃萨"、"无边身菩萨摩诃萨"、"乐王菩萨摩诃萨"、"□上菩萨摩诃萨"、"□□菩萨摩诃萨"、"□□菩萨摩诃萨"[30]。"越三界菩萨"、"无边身菩萨"、"乐王菩萨"等属何种菩萨，笔者所见几种佛教大辞典，都无专条解释，值得研究。

经幢，是一种显示佛统率众生制服群魔的法器。唐初，随着密宗传入我国，经幢很快兴盛起来，宋元以后逐渐衰微。其形制多为八棱石柱形，立于佛殿外，上刻经咒，极大多数是《佛顶尊胜陀罗尼经》，唐人称为"尊胜经幢"。也有刻其他经的，如《般若心经》、《金刚经》等。有的还加刻佛名或六字真言，亦有单刻佛名或六字真言的。西夏陵石刻经幢，是单刻佛名的经幢。它与帝陵内的塔式陵台相互辉映，为西夏陵增添了更多的佛教色彩。

（二）与西夏有关的其他碑刻

与西夏有关的其他碑刻，主要包括夏州政权时期唐、五代和宋初的碑刻，与西夏有关的宋金碑刻，以及元明时期西夏遗民的碑刻。这些碑刻，共有数十件之多，内容十分丰富，是研究西夏不可多得的重要资料。限于篇幅，在这里仅略做介绍。

1. 夏州政权的碑刻

夏州，位于陕西靖边县北部，俗称"白城子"。这里原称统万城，是十六国时期匈奴人赫连勃勃建立的大夏国都城。北魏灭赫连夏之后，先改名统万镇，继而又改名夏州。夏州之行政建制，在隋、唐、五代、北宋时期，大体相沿不变。唐初，内徙的党项强族"平夏部"，就以这里为中心进行活动。唐末，拓拔思恭被任命为定难军节度使，赐姓李，统辖银、夏、绥、宥、静五州之地，逐渐成为称雄一方的李氏"夏州政权"。历经五代、宋初，李氏乘军阀混战、朝廷频繁更迭之机，势力又有所加强。期间，夏州一直是鄂尔多斯高原东南部地区非常重要的政治、军事中心。夏州李氏政权是西夏建国开基创业时期的政权，史乘中有简略记述。有关碑刻的出土，可补史乘之不足，对研究内徙后党项族的活动和西夏建国前夏州政权的活动，具有重要意义。

这批碑刻，有横山唐代拓拔守寂墓志，榆林五代破丑氏墓志和李仁宝墓志，乌审旗五代、宋初李氏家族吴国太夫人淩氏等四人墓志，还有为夏州政权服务的汉族官员康公、何公墓志等。其中拓拔守寂墓志，立于唐开元二十五年（公元737年），为唐代拓拔氏仅有的一方志石，也是有关党项拓拔氏最早的一方志石，为研究拓拔氏的族源、迁徙、世系及有关历史地理，提供了重要的资料[31]。而康公墓志、何公墓志，则称李氏夏州政权为"上府"，该政权的首领夏州节度使为"府主大王"，是正史所谓"夏虽未称国，但自王其土久矣"这一说法的真实写照。

2. 与西夏有关的宋金碑刻

这方面的碑刻，有与元丰四年（公元1081年）宋夏"灵武之战"和绍圣三年（公元 1096 年）宋夏"延安之战"相关的碑刻，还有金与西夏的划界碑等，最为重要的是府谷宋代折氏家族墓碑。

府州（今陕西府谷县）折氏也是党项人，但他们却与西夏是世仇。折氏对宋朝忠心耿耿，在宋朝抗击西夏的战争中，起了十分重要的作用。从碑文中记述折氏与西夏战争的资料中，可以窥见党项族的活动情况和宋夏关系。陕西戴应新先生长年致力于陕北考古，多有创获，并有专著《折氏家族史略》探讨了有关问题[32]。

折家，是宋代府谷地方的名门望族，他们名义上是宋朝的属官，受朝廷任免，实际上是世袭爵禄的地方小朝廷。从唐朝末年到宋室南迁的二百六十多年中，始终统治着麟、府地区。折氏在宋朝抗击西夏的战争中，可以说是一马当先，功勋卓著。为此，西夏对他们恨之入骨。公元 1139 年西夏借金宋战争之机占有麟、府地区后，对折氏进行了惨绝人寰的蹂躏，甚至掘坟鞭尸，进行报复。《金史·张奕传》载，公元 1142 年，金将张奕到晋宁军（今陕北佳县）处理夏金边界纠纷后回朝奏曰："折氏世守麟、府，以抗夏人。本朝有其地，遂以予夏。夏人夷折氏坟垅而戮其尸，折氏怨入骨髓而不得报也。"实地调查也证实了这一记载：折氏茔地墓葬，多被严重破坏，残砖和碑石碎块，充塞墓室，器物一空，骨殖无存。张奕还奏曰："今复使（折家）守晋宁，故激怒夏人，使为窜侵，而条上其罪，苟欲开边衅以雪私仇耳。独可徙折氏他郡，则夏人自安。"金廷采纳张奕的建议，"遂移折氏守青州（今山东益都）"。结束了折氏对麟、府地区的统治。

折氏活动的地区，在宋麟、府二州。折家祖茔在府谷县，有两处，一处在孤山镇杨家沟，一处在孤山镇李家圪。两处中隔孤山河，东西相距八里之遥。杨家沟即宋天平山，建在一个缓坡上，三面环山，前临孤山河，是一块风水宝地。据调查，这里早年辟为梯田，地面封土坟包和建筑遗迹多已不存。但冲沟断崖上，暴露出七八座残墓，可看出墓葬情况。其墓室青砖砌筑，斜坡墓道，圆形穹顶，状若蒙古包。墓室外有厚约40厘米的煤炭层，这是不多见的。

现存折氏神道碑、墓志者有十二通之多，内容极为丰富，是难得的有关宋夏关系的实物资料。其中《麟州府谷镇之碑（即刺史折嗣伦碑）》、《太尉折公（继闵）神道碑》，《上柱国折公（可适）墓志铭》、《宋故武功大夫河东第二将折公（可存）墓志铭》等比较重要，有的长达三千多字，内容极为丰富。如《太尉折公（继闵）神道碑》，其中主要记述折继闵从宝元二年（公元1039年）袭知州事，到庆历三年（公元1043年）的事迹。是时，正是元昊称帝建国，夏宋战争频仍时期。继闵勇于用兵，与西夏"大小三十余战"，直到公元1044年，宋夏议和，宋给夏巨额"岁赐"，西北边陲才得以暂时苟安。碑文详细记述了继闵对西夏的战功，如宝元三年，"元昊寇边，诏公率所部出塞掩其不备，俘虏甚众"；"康定初，夏人出泾源，诏牵制其后。公入贼境，破野寨二十余所，斩级数百，玺书褒焉"等，可见一斑。

3. 元代、明代西夏遗民的碑刻

西夏遗民，是西夏研究中的热点问题之一。西夏境内有党项、汉、回鹘、吐蕃、鞑靼等民族。所谓西夏遗民，并不包括西夏境内的所有民族，而是专指西夏的主体民族党项族。在元代，他们被称为河西人、唐兀人等。西夏遗民问题所关注的主要是西夏以后党项族的命运，也即他们的分布地区、政治活动、宗教信仰、社会地位状况以及和其他民族的关系等。

西夏遗民碑刻遗留至今者已是屈指可数，其中部分为仕元的党项人的碑志，部分为西夏遗民宗教活动的功德碑、经幢、崖刻等。

仕元党项人的碑刻，有酒泉《大元肃州路也可达鲁花赤[33]世袭碑》（简称《肃州碑》），有濮阳《大元赠敦武校尉军民万户府百户长唐兀公碑铭》，浚县《中议大夫汉阳府墓志》，保定《大元敕赐顺天路达鲁花赤河西老索神道碑铭》等。《肃州碑》记述了唐兀氏阿沙一家六代十三人，自西夏灭亡至元末一百三十余年间的官职世袭、政治活动，以及元太祖至元顺帝历朝对他们的封赠情况。阿沙之父举立沙为党项族"阀阅之家"，并为西夏肃州守将。成吉思汗"御驾西征，天戈一挥，五郡之民披云睹日，靡不臣服"。举立沙在蒙古长期围攻下不得不举城投降，并带兵协助成吉思汗征讨"不服"者。举立沙战死后，被称为"忘身殉国，竟殁锋镝"的英雄。为此，"论功行赏，以其之子阿沙为肃州路世袭达鲁花赤，以旌其父之功"。该碑除阿沙在正史中略有记载外，其余人则不见史传。这种完整反映党项家族谱系及其人物活动的记载，为研究西夏灭亡后党项人在河西、陇右一带的活动以及元代民族关系等提供了重要的资料[34]。而唐兀公等诸碑，则留下了党项遗民在河南、河北也即在中原地区活动的珍贵资料。

属于宗教活动的碑刻，有著名的北京居庸关过街塔六体刻经、敦煌西宁王速来蛮六体功德碑、永昌崖刻六体真言、永靖炳灵寺西夏文石刻六字真言等。它们的共同特点是将西夏文作为六体之一，说明党项族在宗教领域内还有相当影响。而保定发现的明弘治十五年（公元 1502 年）西夏文石刻经幢，记述了造幢者、寺院住持、书写文字者以及助缘随喜者八十多人的姓名及荣禄大夫、都指挥等施主姓名。其中有汉人和党项人。这是迄今为止有确切纪年的最晚的西夏文石刻，说明西夏文使用的下限在明代中期。同时反映了"西夏贵族迟至明代中叶尚有一定势力"[35]。

西夏灭亡后，西夏遗民的命运如何，他们到何处去了，是如何生活的，在新的王朝中占有什么地位等问题，上述碑刻似乎做了些回答。碑刻说明，西夏遗民不仅在西夏故地继续生息繁衍，而且，随着蒙元王朝的统一战争，他们的活动空间扩大到中原地区。他们仍然使用自己的民族文字西夏文，仍然过自己的宗教生活。其中如肃州举立沙、濮阳唐兀台、保定述哥察儿等，都是一族数代南征北战，多有战功，有较高的政治地位。与此同时，他们与汉族相濡杂处，读儒书，通文法，重礼仪，讲孝道，勤于稼穑，好学向义，生活和生产方式逐渐变化。他们为国家的统一和地方的建设做出了贡献，并随着时间的推移，逐渐融入了华夏民族的大家庭中。

注　释

[1] （宋）曾巩《隆平集》卷二〇，赵铁寒编《宋史资料萃编》第 1 辑，文海出版社 1967 年版。

[2] 碑额篆书并非"天祐民安之碑"六字，此乃张澍误书。

[3] 张澍《养素堂文集》卷一九，兰州古籍书店 1990 年版。

[4] 史金波《西夏文化》第 26 页，吉林教育出版社 1986 年版。

[5] ［俄］聂斯克《西夏语研究小史》，《国立北平图书馆馆刊·西夏文专号》（1932 年）。

［6］牛达生《是谁第一个考定西夏文字的》，《宁夏社会科学通讯》1982 年第 2 期。白滨《略谈西夏文字的发现与考定》，《民族研究》1983 年第 1 期。

［7］（元）脱脱等《宋史·夏国传上》，中华书局 1977 年版。

［8］［俄］孟列夫著、王克孝译《黑城出土汉文遗书叙录》第 155 页，宁夏人民出版社 1994 年版。

［9］宁夏文物考古研究所《拜寺沟西夏方塔》第 300 页，文物出版社 2005 年版。

［10］白河、白高河究竟在何处，指何河，学术界意见颇不一致。有黄河上游、岷山白水河、祁连山南部洮赉河、川青甘交接处陕北无定河等说。诸说各有所据，相持不下，至今难以统一。西夏百科典籍《圣立义海》卷四载："白高河水本出白峰根源，民庶根基也。……积雪大山，山体宽长，雪山绵长不断，诸国皆至，乃白高河本源。"可见积雪山乃党项族的发祥地。积雪山何指？有一种意见认为，应是位于川甘两省边境，海拔 4000 米左右，终年积雪、日照不融的岷山。

［11］陈炳应《重修护国寺感通塔碑（西夏碑）》，《文物》1979 年第 12 期。

［12］李范文《西夏陵墓出土残碑粹编》第 4、63 页，图版壹，文物出版社 1984 年版。

［13］怀德军，又称平夏城，即今宁夏固原黄铎堡古城。《东都事略》卷一二七载，公元 1098 年，梁氏"自将数万围（宋）新筑平夏城，凡十四日"，后失败"遁去"。

［14］（清）吴广成撰、龚世俊等校证《西夏书事校证》卷一一、卷三九，甘肃文化出版社 1995 年版。

［15］宁夏文物考古研究所《闵宁村西夏墓地》第 62、105、125 页，科学出版社 2004 年版。

［16］《宋史·夏国传》载宋仁宗景祐二年，西夏景宗元昊"以野利仁荣主蕃学。……元昊自制蕃书，命野利仁荣演绎之，成书十二卷"。南宋高宗绍兴三十二年，西夏仁宗"始封制蕃字师野利仁荣为广惠王"。

［17］《宋史·夏国传》载宋仁宗景祐二年，元昊"始大建官，以嵬名守全、张陟……主谋议"。《夏国皇太后新建承天寺瘗佛顶骨舍利碑铭》的撰文者是张陟，他的职衔是"右仆射兼中书侍郎平章事"。按宋制，右仆射兼中书侍郎平章事为宰相，从一品。

［18］王尧《西夏黑水桥碑考补》，《中央民族学院学报》1978 年第 1 期。

［19］陈国灿《乌海市所出西夏某参知政事碑考释》，《内蒙古大学学报》1997 年第 4 期。

［20］（元）马端临《文献通考》卷四九，中华书局 1984 年版。

［21］同［7］。

［22］（唐）李隆基撰、李林甫注《大唐六典》卷四，中华书局 1992 年版。

［23］弈，下棋；许，指许伯，汉宣帝皇后之父；史，指史高，宣帝外家也。左
思《咏史诗》有"朝集张金家，暮宿许史家"。许、史是外戚权贵代称。碑
文引用此典，是为了渲染其地位之显赫。

［24］有人认为碣是"刻于石上，埋于地下，而不是立于地面的石碑"。笔者认
为，此说尚可商榷。所谓碣，即圆顶的碑石，《后汉书·窦宪传》李贤注：
"方者为碑，圆者为碣。"东汉以来，碑碣渐多，有碑记、碑颂、墓碣等，
用以纪事颂德。后世碑碣名称往往混用。唐代葬令规定："凡五品以上的为
碑，龟趺螭首；降五品为碣，方趺圆首。"如果是"埋在地下"的话，如何
还会有"残碑可考"呢！

［25］（明）胡汝砺《弘治宁夏新志》卷一，宁夏博物馆抄本，原本藏宁波天
一阁。

［26］（清）张金城修、（清）杨浣雨纂、陈明猷点校《乾隆宁夏府志》卷一九，
宁夏人民出版社 1992 年版。

［27］牛达生《〈嘉靖宁夏新志〉中的两篇西夏佚文》，《宁夏大学学报》1980 年
第 4 期。

［28］甘肃省文物工作队《甘肃省泾川县出土的唐代舍利石函》，《文物》1966 年
第 3 期。

［29］陕西省法门寺考古队《扶风法门寺塔唐代地宫发掘简报》，《文物》1988 年
第 10 期。

［30］宁夏回族自治区博物馆《西夏八号陵发掘简报》，《文物》1978 年第 8 期。

［31］王富春《唐党项首领拓跋守寂墓志考释》，《考古与文物》2004 年第 3 期。
周伟洲《陕北出土三方唐五代党项拓拔氏墓志考释——兼论党项拓拔氏之
族源问题》，《民族研究》2004 年第 5 期。

［32］戴应新《折氏家族史略》，三秦出版社 1989 年。

［33］也可达鲁花赤，蒙古语译音，"也可"意为大，"达鲁花赤"意为长官、断
事官、镇守官。主管司法、行政、财务诸事，以诸王领其事，是地方最高
长官。亦译作"札鲁忽赤"。元初州县多行世袭制度。史载"元太祖太宗用
兵沙漠，得一地即封一人，使之世守，其以所属来降者，亦即官其人，使
之世袭"。《肃州碑》正好说明了这种情况。

［34］史金波、白滨《〈大元肃州路也可达鲁花赤世袭碑〉考释》，《民族研究》

1979 年第 1 期。

［35］郑绍宗、王静如《保定出土明代西夏文石幢》，《考古学报》1977 年第 1 期。史金波、白滨《明代西夏文经卷和石幢初探》，《考古学报》1977 年第 1 期。

三　西夏陵墓

　　西夏陵墓的考古发掘，是从 20 世纪 70 年代开始的。在此之前，未见西夏陵墓的发现。到目前为止，见之于报道的、已发掘的西夏墓，在宁夏的有银川新市区墓，永宁闽宁村墓，贺兰拜寺口紫坨垯墓，平罗涝湾村墓等；在甘肃的有武威市西郊多处木板画墓；在内蒙古的有准格尔旗墓。还有一些在各省区文物普查中发现的、并未发掘的西夏墓葬。这些墓葬地处东西，各有特点，但不言而喻，最为重要的当然是银川西夏陵，它是我国规模最大的一处西夏文化遗址。

（一） 银川西夏陵

　　关于西夏陵的文献，最早见于《宋史·夏国传》。《宋史·夏国传》以编年体的形式，记述了自唐末党项族首领李彝兴即位至西夏末帝李睍被蒙古所杀的二百五十八年的历史。文中对继迁以后之事记述尤详。每位皇帝皆有庙号、谥号及陵号。其陵号为太祖继迁裕陵、太宗德明嘉陵、景宗元昊泰陵、毅宗谅祚安陵、惠宗秉常献陵、崇宗乾顺显陵、仁宗仁孝寿陵、桓宗纯祐庄陵及襄宗安全康陵；神宗遵顼、献宗德旺和南平王李睍三代没有陵号，因他们皆死于西夏将亡的公元 1226 年和公元 1227 年，"未及造陵"[1]。但这些帝王埋葬在哪里，《宋史·夏国传》没有交代。明代胡汝砺《弘治宁夏新志》

载："贺兰山之东，数冢巍然，即伪夏嘉裕诸陵是也。其制仿
巩县宋陵而作，……人有掘之者，已无一物矣。"安塞王朱秩
炅《古冢谣》载："贺兰山下古冢稠，高下有如浮水沤，道逢
古老向我告，云是昔年王与侯。"这些记述，大体指明了陵区
所在，并形象地记述了墓冢高低错落、十分稠密的景致。尤其
是《弘治宁夏新志》所载的"仿巩县宋陵而作"，将西夏陵寝
的基本制度作了高度概括。

20 世纪 70 年代以前，西夏陵尽管就在银川附近，但并
未被文物部门所知。1971 年，根据中央的指示，在全国恢复
文博工作。这年冬季，宁夏文物工作者在银川西部贺兰山荒
漠地带，意外地发现了这座被称为"昊王坟"的西夏陵。
1972 年春，为恢复因"文革"而停顿的文博工作，宁夏文物
部门先后两次派人到北京参观学习，受到当时称为图博口负
责人、著名学者王冶秋的接见。王冶秋在谈了当时的形势后，
认为西夏陵可以发掘。研究西夏的资料十分短缺，宁夏的考
古工作应该把重点放在西夏上。王冶秋的这一指示，影响到
宁夏考古事业发展的方向，对西夏学的建立和发展起了重要
的作用。

西夏陵的考古调查、发掘与研究，是西夏考古的重中之
重。自 20 世纪 70 年代初，直到本世纪初，断断续续，从未停
过。大体可分为三个阶段：

第一阶段，1972—1977 年，多次多人对西夏陵进行过考
察踏查，发掘了 177 （原编 101）、182 号 （原编 108）两座陪
葬墓，清理了陵区北部东侧的缸瓷井砖瓦窑，清理了 7 号陵和
5 号陵碑亭，重点是对 6 号帝陵 （原编 8 号陵）的发掘。

第二阶段，1986—1991 年，对陵区北部寺庙遗址进行了

局部发掘，对 3 号陵东碑亭遗址进行了发掘，重点是对陵区进行全面系统的调查，基本搞清了陵墓数量和总体布局，并测绘了可资利用的各类图纸。

　　第三阶段，1998—2002 年，对 3 号陵西碑亭进行了发掘，重点是对 3 号陵地面遗址的全面揭露和清理，发掘面积二万多平方米。

　　国家领导人对西夏陵的保护和建设十分关心，江泽民、李鹏、李瑞环等均来此视察，1999 年朱镕基总理还对西夏陵的文物保护和旅游开发作了重要指示[2]。2000 年以后的工作，基本上是按照朱总理的指示进行的，2001 年完成了《西夏陵保护规划》的设计，同时在文物保护和旅游开发方面，都取得了重要成果。

1. 陵区概况

　　西夏陵是埋葬西夏历代帝王的地方，位于银川西郊贺兰山东麓的洪积扇地带，东距银川老城约 25 公里。陵区东部有 110 国道从北向南通过。陵区西部有四条大的沟谷可进入山中，从南向北依次为：榆树沟、山嘴沟、甘沟、泉齐沟。有的沟中还有西夏遗迹。这里西高东低，地势起伏，间有洪沟，海拔在 1100—1250 米之间。陵区南起银（川）巴（音浩特）公路，北迄泉齐沟，东至西干渠，西依贺兰山。东西宽 4—5 公里，南北长约 11 公里，总面积约 50 平方公里。现有帝陵九座，皇亲国戚、王公重臣的陪葬墓二百多座；陵区中部东侧和北部，各有建筑遗址一处，北部东侧有砖瓦窑、石灰窑十一处。其规模与北京明十三陵和河南巩县宋陵大体相当（图四）。

　　西夏陵具有独特的人文景观和丰富的文化内涵，是研究西

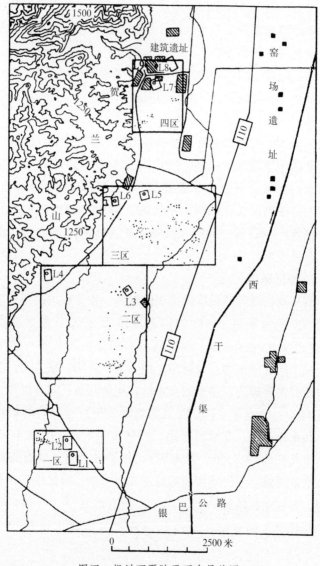

图四　银川西夏陵平面布局总图

夏陵园制度、西夏建筑和西夏文化的宝地。这里原为荒漠景
观，少有人烟，庄严肃穆，保存了较多的陵园氛围。近若干年
来，绿化了部分地段，加强了保护工作，兴建了"西夏博物
馆"，已成为探访西夏文化的旅游胜地。它是全国重点文物保
护单位和国家级重点风景名胜区，也是国家文物局公布的20
世纪百项重大考古发现之一[3]。

2. 陵墓分布状况

西夏陵和明以前的历代帝陵一样，地面建筑早已被毁，成
为废墟。但其遗迹保存较好，布局清晰。高大兀突的塔式陵
台，令人瞩目；经历了近千年风雨侵蚀、高达数米的夯土神
墙，仍然奇迹般地屹立在那里。

经多次调查西夏陵，帝陵陵园从南向北鱼贯排列，陪葬墓
分散于每座帝陵四周。根据自然地形和陵墓分布，从南向北依
次分成四区：

一区位于陵区南部，约占陵区面积的20%。有帝陵二座，
陪葬墓三十四座。两陵东西相错，南北相距仅34米。陪葬墓
分布在帝陵东西两侧，相对集中。

二区位于陵区中部偏南，约占陵区面积的30%。有帝陵
二座，陪葬墓五十二座。3号陵居东，地处陵园中部，4号陵
居西，在山脚下，两陵相距3公里。陪葬墓主要分布在3号陵
西部和南面。

三区位于陵区中部偏北，约占陵区面积的30%，是陪葬
墓分布最密集的区域。有帝陵二座，陪葬墓一百零一座。两陵
隔路相望，相距1.5公里。

四区位于陵区北部，约占陵区面积的20%，有帝陵三座，
陪葬墓十九座。这里已成为现代建筑区，陵墓受到严重破坏。

7号陵只存半壁，东部遗迹被毁，8号、9号两陵，地面遗迹全部被毁，仅残存陵台。现存陪葬墓皆在 7 号陵西南部（表二）。

表二　西夏诸帝陵名简表

庙号	帝名	在位年代	陵名	对应陵号
太祖	继迁	公元982—1004年	裕陵	1
太宗	德明	公元1004—1031年	嘉陵	2
景宗	元昊	公元1032—1048年	泰陵	3
毅宗	谅祚	公元1048—1067年	安陵	4
惠宗	秉常	公元1067—1086年	献陵	5
崇宗	乾顺	公元1086—1039年	显陵	6
仁宗	仁孝	公元1039—1193年	寿陵	7
桓宗	纯祐	公元1193—1206年	庄陵	8
襄宗	安全	公元1206—1211年	康陵	9

注：多数专家认为西夏陵是按传统的昭穆葬法排列的，现在的陵号，即是这一排列方法的结果。已被认定的 7 号陵仁孝寿陵，也印证了这一排列法。

陵墓分布呈大分散小集中的特点，区间洪沟分割，皆有一段距离。陪葬墓数墓一组，数组一群，似有规律可寻。

需要说明，在调查中发现的帝陵陵园和陪葬墓的地面建筑和墓室，大都被严重破坏，在封土前留下大小不等的盗坑，保存完好的极少。有的盗坑仍然很大，特别是帝陵和一些大墓，被挖出的土至今仍堆在盗坑周围。陪葬墓的盗坑有的已被淤土填平。还有部分小墓已被夷为平地，只剩残迹。我们对部分墓葬的认定，就是根据淤土确定的。

据研究，这些陵墓是蒙古贵族在灭亡西夏的战争中破坏的。史载蒙古灭亡西夏时，西夏末帝李睍被杀，西夏都城中兴府被"屠"。"蒙古贵族政治上的需要和对金银财宝的贪婪，以及受风水迷信思想的影响，再加上常年征战中养成的破坏与掠夺的习性"，使他们对埋有金银财宝的西夏陵的掠夺势在必然。他们的破坏与一般盗墓不同，是公开的、有组织、有计划、大规模的，因而特别严重[4]。当然，在西夏之后，这些陵墓还一再被盗掘，在已发掘的陵墓中，都有不止一处的盗洞。虽然如此，通过发掘，我们仍然大体搞清了帝陵和陪葬墓的结构。

3. 帝陵陵园的调查与发掘

（1）陵园平面布局的类型。西夏陵诸帝陵园的建筑结构和平面布局大体一致，但又富有变化。每座陵园皆坐北朝南，从南向北，依次由鹊台、碑亭、角台、月城、神城、门阙（门楼）、角阙（角楼）、献殿、陵台等组成。有的环神城还有外城。另外，还有角台，或在外城数十米之外的对角线上，有的就是外城的角阙。总面积 70000—150000 平方米。作为陵园的主体，月城和神城的平面布局呈倒"凸"字形结构。

以平面布局而言，可分为三种不同的形式，即单城式、双城开口式、双城封闭式。双城封闭式与前两式相比有些变化，双城呈回字形，角台之外的所有建筑都包在外城之中。最大的变化是角台不游离于城郭之外，而与外城相连，实际上是外城的角阙。另一点是在东碑亭前加了一座小碑亭，使碑亭成为三座。最重要的是，在神城的中心（对角线交点上），出现了一座黄土夯筑的"中心台"。其形制为方形，有收分，底边长 6、残高 6 米。因这种形制的建筑，为其他帝陵所无，也为中原历代帝陵所无，而备受关注。早在 20 世纪 80 年代，就有人认为它是"台榭类型的建筑遗物"[5]，至于它的性质和功能则未涉及。进入 90 年代，韩小忙将其与汉代陵园祭祀时悬挂鸣钟的钟架"钟虡"联系起来，认为是"钟虡基址"，但又认为"只具有象征意义而不实用"[6]。笔者也早有此种想法，这一建筑可能就是悬挂钟鼓的"钟虡台"[7]，以备祭祀时使用。但究竟如何使用，则有待进一步研究（表三）。

表三 西夏陵帝陵陵园状况简表

陵号	平面布局	兆域面积（平方米）	陵台级数残高	方向	备注
1	双城封闭式	77000	9 级 23 米	180°	东碑亭二座，有中心台。
2	双城封闭式	77000	9 级 23 米	180°	东碑亭二座，有中心台。
3	单城	150000	7 级 21 米	145°	陵台基座为圆形。
4	单城	142000	5 级 15 米	170°	
5	双城开口式	140000	7 级 11 米	167°	东碑亭二座；外城有类似"瓮城"结构。
6	双城开口式	122000	7 级 16 米	168°	
7	双城封闭式	84000	7 级 12 米	166°	陵园东部被毁。
8			×级 8 米		陵园被毁，仅存陵台。
9			×级 15 米		陵园被毁，仅存陵台。

（2）6 号陵的发掘。6 号陵是西夏陵中唯一经过正式发掘的帝陵，也是西夏陵最早发掘的陵墓。笔者是参加发掘的业务人员之一。由于没有经验，故将这次发掘称之为"试掘"。从 1972 年开始到 1975 年，断断续续进行了四年发掘，并发表了《简报》[8]。陵园地面遗迹保存较好，布局清晰。呈纵向长方形，属双城开口式类型，总面积 122000 平方米，方向 168°（图五）。

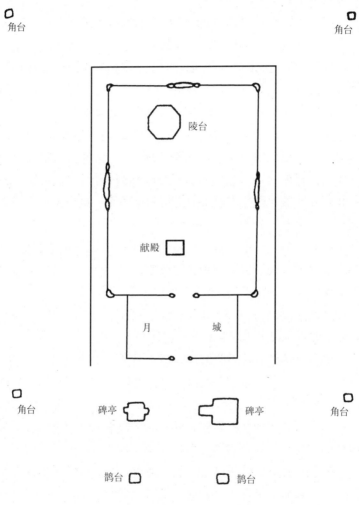

角台

角台

陵台

献殿

月   城

角台

碑亭   碑亭   角台

鹊台   鹊台

图五 银川西夏陵 6 号陵平面布局示意图

对陵园单体建筑的命名，曾颇费思量。受《弘治宁夏新志》所载"仿巩县宋陵而作"的影响，名称多取于宋陵，同时也参考了关中唐陵的名称。

《宋会要辑稿·礼》对永安陵（宋太祖之父宣祖赵宏殷之陵）的规模及名称记述颇详，现摘录如下："皇堂下深五十七尺，高三十九尺；陵台三层正方，下层每面九十尺。南神门至乳台、乳台至鹊台，皆九十五步；乳台高二十五尺，鹊台增四尺。神墙高九尺五寸，周回四百六十步，各置神门、角阙。"

宋陵内，在永安陵之后各代的皇陵建筑，规模多有扩大，名称也有变化。如"皇堂"又称"地宫"，宫城内的献殿、陵台及地宫称为"上宫"，而南神门外前的石刻仪仗及南端的乳台和鹊台建筑，因位于进入上宫的神道两侧，也应系上宫的附属物[9]。另外，还有西夏陵所无的"下宫"，位于宫城北门外，内有正殿、影殿（放有皇帝睡像，是皇帝阴间休息之处）和东西抚殿，是日常洒扫奉享的地方，也是陵使官员和守陵兵士的生活区。

由于西夏陵的平面布局和建筑结构与宋陵不尽相同，兹对6号陵单体建筑，从南向北依次记述如下：

鹊台：两座，位于陵园南端的神道两侧，是陵园的入口。方形，略有收分。东鹊台底边长9、残高7.7米，顶部有瓦砾堆积；西鹊台底边长9、残高8.3米，顶部有一方形土坯砌筑残迹，周围有砖瓦堆积。据分析，原建筑可能是一个实心的重檐楼阁，应是很壮观的[10]。

碑亭：两座，位于鹊台之北、神道两侧。两亭建筑略有差异，东碑亭台基呈方形，四壁呈五级台阶状，外以条砖包砌；底边长22、宽21、高2.4米。台面中心有一圆形建筑基址，基址地面以方砖铺砌。台基西侧正中设踏步。清理出西夏文、汉文残碑六百多片，力士石碑座一件。废墟中全部为砖，不见瓦件。表明碑亭是造型奇特的、用砖筑成的圆形建筑。

西碑亭：台基呈方形，四周包以条砖，体量小于东碑亭，边长16、宽15、高0.9米。台基东西两侧各有一踏步。清理出西夏文残碑四百多片。废墟中有大量砖瓦、鸱吻残件，说明这里原是一座穿堂式宫殿建筑。

月城：是从陵外进入神城的过渡地段，位于碑亭之北。呈横向长方形，南墙东西长100米，东西两墙接神城南墙，各长52米。正中辟门，门道宽11米，两侧墙体加宽。城内神道两侧各有两道放置石像生[11]的基址，发掘时石像生皆成残块，未有能成形者。在我国历代帝陵皆无"月城"之设，是西夏陵平面布局的特点之一。唐宋陵的石像生都设在神城前神道两侧，拉的距离很长。西夏陵的石像生则集中在狭小的月城中，两者意趣颇为不同。如此设置，使整个陵园结构更为紧凑、合理。这可能也是西夏"务实"精神的一种体现。

神城：城墙与月城相接，是陵园建筑的主体，呈纵向长方形，南北178、东西130米，墙体夯土版筑，略有收分，基宽3、墙宽1.2米。部分墙体保存较好，残高3.5米。

东西两墙正中没有开门，不能通行。在相应位置上，各有一段用土坯砌筑的台基，与两侧阙台相接，台基总长26米，两阙间长12、基宽8.7、高2.5米。台基两面各有四层台阶，每级高约0.5米，最上一层高1.5米；地表有大量砖瓦、兽头、鸱吻等建筑材料，说明这里原有楼阁建筑，但性质不明。

门阙（门楼）：置于南北神墙正中。南神门门道宽18米，门道内有三条踏道，用蹼躞条砖叠涩铺砌，每条长、宽皆3米。门道两侧阙台基址加宽加高，并与墙体相接。门址内清理出大量的瓦件、兽头和鸱吻等建筑材料，说明其上有高大的门楼建筑。巩县宋陵也是将门阙设于神门两侧。而唐陵则将阙台建在四门之外数十米处，与神城墙体不相连接。

角阙（角楼）：在神城四个转角处，呈直角形，台基宽4.5米，比墙体宽大。西南角阙西段长12、残高4米，南段长12、残高近5米。周边出土大量建筑材料，说明原应有角楼建筑。

献殿：位于神城南面子午线偏西处。呈横向长方形，东西长19.4、宽12、高0.9米，台基地面用方形花砖铺砌。按宋制，献殿是一个重要建筑物，是皇帝、王室、陵使举行隆重祭祀礼仪的地方，也是陈列死者生前用物的地方。但此献殿体量过小，似与其功能不相一致。

陵台：位于神城北隅神道西侧。它高大兀突，是陵园内最引人注目的建筑，被称为"东方的金字塔"。陵台夯土筑成，平面八角形，每边长12米，外沿用三层方砖平砌；总共有七级，残高16.5米，每级出檐，逐级内收，转角处留有装角梁的洞口。夯土外表先抹一层草拌泥，其上再抹一层赭红色泥皮。据研究，西夏陵陵台的结构与宋陵陵台"三层方形"的结构完全不同，实际上是一座夯筑实心的出檐覆瓦的密檐式塔。西夏陵陵台外表的处理，也与宋陵略有不同，宋陵不抹草拌泥，而是直接在夯土表面"涂丹"（粉刷红灰）。这种作法，"似为北宋皇陵所首创，为唐陵及唐以前皇陵所不见"[12]。陵台周边堆积大量的瓦件、套兽以及木炭、朽木等，也为陵台的原来建筑形制提供了依据。西夏陵陵台一反历代圆形、方形的做法，而要做成塔形，这或许与西夏大力倡导佛教有关。塔式陵台"实际上是一座瘞埋佛骨、让人顶礼膜拜的佛塔。这意味着西夏皇帝有视己为佛的观念，意味着他死后愿意被人当佛去供奉"[13]。

在陵台前18米处，有一直径约20、深约18米的大盗坑。盗坑下即为地宫（墓室）。通过发掘已经搞清，这个盗坑向下直贯墓室和甬道，将其顶部完全破坏，在墓室内的泥沙乱石中，杂有地面的石雕等物。这说明西夏陵陵台不在地宫之上，而是在地宫之后。这也成为西夏陵建筑的又一特点。

外城：呈门字形，前面开口，环神城而设，与神城相距16米。东西墙长225、后墙宽164米，用块石堆筑，宽1.2、高0.4米左右，仅具象征意义。

角台：四座，位于神城数十米外的四角，正好处于陵园中心的对角线上。方形，有收分，西南角台底边长6、残高4.6米；其他三个角台大小略有参差。角台顶部及四周散布砖瓦遗物，说明它原来可能是一象征性的亭式建筑。角台是陵园的外围界线，起兆域的作用。需要说明，在我国历代陵园中，未见角台的设置，这是西夏陵平面布局的又一大特点。

地宫由墓道、甬道、墓室组成（图六）。

墓道：盗坑前有南北向土梁一道，北高南低，呈鱼脊状，即墓道封土。墓道南窄北宽，下窄上宽，水平长度49米。墓道为阶梯式，台阶前横置木橼加固。木橼遗迹尚存，在墓道东西两壁有与墓道坡度平行的柱洞，洞口直径20厘米左右，进深40—50厘米不等。洞口内残留朽木，洞口下部填以石块和碎砖，以防木橼向下滑动而使洞口变形。这种作法较为特殊，但对加固墓道台阶确能起到应有的作用[14]。

甬道：甬道长6.8米，宽2.3米，地面铺以方砖。甬道门及甬道上部已坍塌破坏。从残留部分看，甬道壁用砖坯砌筑，其上抹草拌泥和白灰。与一般甬道门用砖封堵不同，这里主要

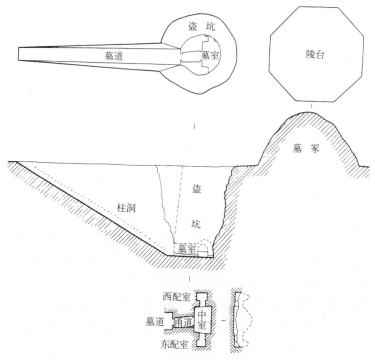

图六　银川西夏陵6号陵地官平、剖面示意图

是用大小不等的圆柱封堵，再敷以木板和石板。有的圆木高达
4米，直径9—22厘米。在靠近墓道的部分壁面上，保留了部
分彩绘武士像壁画，以西壁稍好。如《简报》所述，"脸朝甬
道口，头顶绘火焰，身着战袍，手叉腰，佩剑，着护臂甲，臂
后绘飘带，下部漶浸不清。轮廓线条用蓝色，以赭红和绿色作
为晕染"。东壁武士像大致和西壁相同，可惜过于模糊，连一
张照片也没有留下。

　　墓室：甬道和墓室间有26厘米的间断，向里即为墓门位
置。与一般帝王墓用石板门不同，6号陵为木板门。在已经破

坏的墓门近旁，发现了腐朽的木板和板门上的绿色漆皮、铜钉泡、铜副肘板等。

墓室分为主室和东西配室。主室略呈梯形，地面铺设方砖，南北长5.6、前端宽6.8、后宽7.8米。主室顶部、上部被毁，室内未发现葬具，但在甬道和主室，出土"可能是人的大腿骨和上臂骨"三段。主室和配室间有一长1.8米的过道。两个配室均呈长方形，长3、宽2米，顶为穹隆状。配室地面铺砖，但壁面用木板护墙。在有的壁面上发现了护墙板的痕迹，从板痕测定，板宽28、厚4厘米。

6号陵因严重破坏，出土文物不多，位置也已错乱。但这是第一次从西夏墓中出土的西夏文物，所以仍有重要价值。这些文物中金银器有荔枝纹金带饰、嵌绿松石鎏金银饰、花瓣形镂空金饰、金扣边（器物口沿扣边）、金鞍饰（鞍桥包边）、鎏金兽面形银饰等；铜器有甲片、门钉泡、副肘板、铜铃等；还有竹雕、铁管、铁钉、料珠、陶瓷残片等。其中的荔枝纹金带饰和雕出庭院、人物的竹雕，都十分精美。

陵园地表散布不少文物。石刻有力士碑座、雕龙栏柱、莲花柱础、经幢、石螭首、文臣头像和碑刻残片等；建筑材料除大量一般砖瓦、滴水、瓦当外，还有不少脊饰，如套兽、龙头、鸱吻等，有灰陶的，有琉璃的。文臣头像深目高鼻、留八字胡，是党项人形象的宝贵资料；力士碑座，造型奇特（图七）；而一件高1.52米琉璃鸱吻，由于它在研究西夏和我国传统建筑上的重大价值，不仅被定为国宝级文物，还被国家博物馆收藏。内容丰富的碑刻残片，既有史料价值，又是西夏书法艺术珍品。

人们还注意到，在西夏帝王陵墓中出土的钱币，除出土在

图七　银川西夏陵石刻力士碑座

填土中的一枚"光定元宝"是西夏钱外，其余数十枚竟全是北宋的，最早的是"淳化元宝"，最晚的是"宣和通宝"，还有个别汉"五铢"、唐"开元"等钱。另外，部分灰砖有手印纹，也成了西夏砖的特点。这些品类繁多的、富有民族特色的文物，无不荡漾着西夏文明的霞光。

（3）3号陵园地面遗址的清理。3号陵与6号陵结构大体相仿，从南向北，也由鹊台、碑亭、角台、月城、神城、门阙、献殿、陵台等组成，月城内也有石像生遗迹，面积约150000平方米，方向145°。与6号陵不同者，陵园不是长方形，而是正方形，没有外城，只有单一的神城。

3号陵是西夏陵区九座帝陵陵园中保存最好的一座，也是建筑结构最为奇特的一座。1987年和1998年先后两次对东、西碑亭进行了清理发掘，分别发表了简报[15]。2000年和2001

年，为配合 3 号陵园土建遗址保护工程的实施，对陵园建筑遗址进行了大规模的清理发掘，揭露面积二万多平方米，全面的揭示了陵园的平面布局和营建规制[16]。3 号陵的工作比 6 号陵做的更为精细、深入，有不少新的发现。

在所有陵园中，如同 6 号陵一样，除陵台为八角实心塔外，其余鹊台、碑亭、献殿、角台等夯土台基，多是方形墩台。神城的门阙、角阙，也是棱角分明的方形结构。而 3 号陵除碑亭、献殿为方形外，其他建筑台基，如鹊台、角台、陵台都变成了圆形结构，特别是神城神门两侧的门阙台基和四角的角阙台基，皆为相互连接的圆形墩台构成。这种结构十分奇特，在西夏陵园中是独一无二的，在中原地区的历代陵园中也是没有的，对我国古代建筑研究具有重要意义。现就几个建筑略陈如下。

献殿：与 6 号陵方形献殿不同，其台基为等边八角形。台基边长 9、对角线长 23、高 1.1 米。底部周边有包砖痕迹，台面墁以方砖。方砖较细的"水面"朝上，较粗的"旱面"朝下。台面中部 10 米见方的四边，对称分布十二个柱洞，即四角各一角柱，每面角柱间有两个间柱。柱洞直径 0.5 米，有的柱洞内尚有柱础石。台面中部稍偏北处，在东西长 3、南北宽 2.3 米的中心部位，有莲花纹砖墁地痕迹。台基南北两边中部有斜坡形漫道，北边漫道正好与墓道南口相对。此献殿原应是一座建在八角形台基上的面阔三间、进深三间的过殿式建筑。

陵台：位于神城北端，偏离中轴线，在神道西侧，距北神门仅 0.6 米。经发掘，与 6 号陵不同，新揭露的陵台台基为规整的圆形。但是在圆形台基之上，仍可能是平面八角、高七层的实心密檐式塔。残高 21、直径 37.5、周长 118 米。陵台上数层檐口有厚厚的瓦砾堆积，表明每层是覆瓦出檐的。台基周边没有包砖痕迹，陵台壁面有数厘米厚的草拌泥，上敷半厘米厚的赭红泥皮。陵台台基的圆形，与本陵其他建筑的圆形是一致的，似乎更合乎这座陵园的设计理念。陵台周围出土的文物，有属于塔刹上的莲花座器、宝瓶、相轮和刹杆，有檐角上悬挂的铜铎等，说明这是一座装饰华丽、雄浑壮美的宝塔。

门址和门阙：神城四墙中的每个门址，结构大体相同，皆由门道台基及其两侧的门阙组成，并与两边的神墙相接。门道台基为长方形，四壁包砖。门道两侧门阙，分别由三个圆形的板筑墩台连接而成，平面呈连弧状，自下而上有明显收分。南门址体量较大，东西长42.8米，后三门较小，均长37米。南门台基前后都有斜坡漫道，后三门则没有，突出了南门作为正门的地位。

经实测，南门门址东西长21.44、南北宽12.1、残高0.9米。靠门道的墩体最大，向两侧的圆墩体量依次递减。保存较好的东侧的三个圆墩，底径分别为6.9、5.8、4.9米。残高分别为4.4、4.6、4米。在其他三门中，西门址保存稍好，门道台基南北长13.2、东西宽9.5、残高0.7米；北侧的三个墩体，底径分别为6.5、6.2、5.6米，残高分别为6.3、5.5、5米；南侧的三个墩体，底径分别为6.7、6、5.2米，残高分别为5.6、5.4、5米。门址台基周围，皆出土大量板瓦、筒瓦、瓦当、滴水、套兽、鸱吻等，说明门阙墩台上原有高大的门楼建筑。

四角角阙：神城四角角阙，与其他陵为直角形不同。它呈平面曲尺连弧形，是由相互连接、近圆形的夯筑墩体构成的。墩体由下而上明显收分。西南和东南的两个角阙，由五个墩体组成，西北和东北的两个角阙，由七个墩体组成。墩体分别与两端的神墙连接。角阙中间转角处的墩体最大，外侧呈半圆形鼓凸，直径8米，两侧墩体依次递减约0.5米。墩体内外壁用楔形砖和条砖包砌，黄泥为浆，沿墩壁单砖错缝平铺砌筑，层层向上叠涩内收（图八）。包砖与墩体间空隙用黄泥拌和残砖、土坯填实。

3号陵遗址的地层堆积，除部分为现代人翻动外，大部分保留了原始状态。最厚的地方有3米左右，可分三层。第一层为浅灰色沙土，生有杂草，散见砖瓦碎块和现代遗物。第二层为倒塌过程中形成的堆积，主要为夯土、砖瓦和各种脊饰构件。第三层为墙根部位，是混有红墙皮的风沙层，是风化剥落下来的堆积。这种解剖堆积，对了解和认识建筑遗址的原始结构是很有意义的。据堆积判断，如果是神墙边堆积的话，可以

图八　银川西夏陵3号陵角阙墩台

图九　银川西夏陵3号陵迦陵频伽

推测神墙顶部是覆瓦两面坡的，墙体是红色的，如同故宫的宫墙；鸱吻出土于门址，表明门楼是殿宇式建筑；套兽出土于陵台，表明它是套于塔式陵台角梁上的。可以想象，当时的西夏陵园如同宫殿一样，也是红墙碧瓦、雕梁画栋、庄严肃穆、宏伟壮观的。

3 号陵地面遗迹清理时，出土少量石像生残件和个别铜铎、铜带扣。其余主要是建筑材料，占遗物总数的 99%。较早清理的东西碑亭，都出土了石刻力士碑座，一般都是双手撑于膝盖形式，而东碑亭的一件，则是双手上托的新形式。1987 年东碑亭遗址出土的莲花纹方砖，有五种之多，造型十分精美，其中一种，这次又有出土。地面所出土的建筑材料，大量的是一般砖瓦，还有少量楔形砖、莲花纹砖等。装饰构件有套兽、鸱吻等，还有戗脊蹲兽迦陵频伽（又称美音鸟、妙声鸟）（图九）、摩羯鱼、吼狮（海狮）。其中迦陵频伽是首次出土，摩羯鱼、吼狮曾在北部佛寺遗址出土。这几种蹲兽，未见之于唐宋陵墓及内地建筑物，对研究西夏建筑、中国建筑具有重要价值。迦陵频伽可发出妙音，用以供养和愉悦佛尊。摩羯鱼、吼狮都是佛经中法力很大的神物，而塔式陵台就是一座佛塔。塔式陵台和这些蹲兽为西夏陵建筑增添了更多的佛教色彩[17]。

4. 陪葬墓的调查与发掘

西夏陵地域辽阔，沟壑纵横，陪葬墓多而分散，陪葬墓的调查，一直是工作的难点之一。多少年来，陪葬墓数多为估算，拿不出一份可靠的图纸，很难适应文物保护的需要。1989 年和 1990 年，笔者作为主要负责人，以陪葬墓为重点，对西夏陵进行了全面系统的调查、测绘工作。在 50 平方公里的范围内，我们跑遍陵区的每个角落，并结合绘图工作，反复勘校，来回查对，终于搞清现存陪葬墓二百零六座（部分难以认定的未计算在内）。我们对每座墓保存现状，对墓冢的大小和墓园布局、规模做了调查，重新统一编号，测绘了重点陪葬墓图，从而使西夏陵的工作得到大大改观[18]。

西夏陵的陪葬墓，有的为独墓，有的有墓园，有的一个墓园中还有两个墓、三个墓的情况，规模大小不等。有的墓园规模很大，也有碑亭、献殿等建筑，当为重要贵胄之墓。封土有圆丘、圆墩、圆柱、圆锥等不同形式。墓冢的大小和墓园布局、规模的不同，反映了西夏森严的等级制度。据调查，在二百零六座墓中，有墓园的占 67%，而保存墓园墙体的仅剩一座，即 161 号墓。其余墙体大都倒塌，呈鱼脊状隆起；有的几与地平，非专业人员很难辨认。作为墓葬主要标志的封土，也大都被破坏，完整的很少。

我们在调查时，将封土的完残程度划分为四级，即保存较好、破坏较轻、破坏严重以及只剩残迹四等。现将墓数、墓园数及完残程度列表如下（表四）：

表四 西夏陵陪葬墓状况简表

区别	墓 数			墓 园 数				保存现状			
	总数	有园墓数	无园墓数	总数	独墓园数	二墓园数	三墓园数	一级	二级	三级	四级
一	34	33	1	19	10	4	5	1	3	3	27
二	52	15	37	15	15			1	10	20	21
三	100	72	29	58	48	6	4	18	16	42	24
四	20	18	1	11	5	5	1	3	4	7	6

续表四

区别	墓 数			墓园数				保存现状			
	总数	有园墓数	无园墓数	总数	独墓园数	二墓园数	三墓园数	一级	二级	三级	四级
总计	206	138	68	103	78	15	10	23	33	72	78
百分比	100%	67%	33%	100%	75.7%	14.6%	9.7%	11.2%	16%	35%	37.8%

注：墓园数和墓数是两个不同的概念。墓数，是指实际的墓葬数。墓园数，包括二墓一园、三墓一园。故墓数多，墓园数少。

（1）墓园的平面布局和单体建筑。墓园的基本结构是封土加方城。有的墓园像帝陵一样还有月城、外城、碑亭、门阙（门楼）、角阙（角楼）等，个别的墓园还有鹊台、献殿，以及帝陵所没有的影壁。

封土是陪葬墓标志性建筑，有圆丘、圆墩、圆柱和圆锥等不同形式（图一〇）。多为黄土夯筑，少数小墓为块石垒筑。圆柱、圆锥形封土，有的上面有木骨洞眼，有的洞眼内尚有朽木残留。木骨，古代称纴木，类似现代建筑的钢筋，对封土起加固作用。圆丘状封土有的残留白灰皮，有的部位白灰皮为二层或三层，表明它被维修过。和帝陵一样，封土位于子午线偏西的西北方。

方城是墓园的主体，有方形、长方形两种，和帝陵一样有的有外城，有的有月城。有的月城内神道两侧，也有石像生遗迹，绝大多数坐北朝南，少数坐西朝东。后三墙封闭，唯正面辟门。一般皆有门道，部分大墓原建有门阙（门楼）。个别墓园方城四角建有角阙（角楼）。墙体状况不良，部分呈鱼脊状隆起，宽0.8—1米，高仅数十厘米，超过1米的很少。有的几与地平，只剩痕迹。

图一〇　银川西夏陵陪葬墓各种形式的封土

有些墓园有碑亭。碑亭多为一个，位于方城前神道东侧，少数也有两座碑亭的。个别墓园中心对角线交汇处，有一个直径数米、残高数十厘米的圆形夯土堆积，性质不明，不知何用。另外，大墓之一的 126 号墓园很大，在方城偏西的封土前有献殿，是陪葬墓中仅有的一处献殿。另一座大墓 161 号墓，方城前神道两侧有鹊台。方城西北两面有曲尺形外城，还有帝陵所无的影壁。照壁位于正门内 20 米处，是一堵黄土夯筑的墙体，残长 12、基宽 3、顶宽 1.4、残高 1.3 米。

墓园的规模大小差异很大。在一百零三座墓园中，10000 平方米以上的大墓有九座，其中 161 号墓园规模最大，总面积达 28500 平方米。小墓一般不足 500 平方米，最小的如 33 号墓园，仅 100 平方米。大部分墓在 1000—5000 平方米之间，占总数的 76.6%。我们将墓园面积的大小分为六级，兹列表如下（表五）：

表五　西夏陵陪葬墓墓园规模大小分级表

园数级数区别	10000 平方米以上	5000 平方米以上	3000 平方米以上	1000 平方米以上	500 平方米以上	500 平方米以下	合计墓园数
一		1	7	7	1	3	19
二			1	8	3	3	15
三	8	7	11	28	3		57
四	1	4	2	3	1	1	12
总计	9	12	21	46	8	7	103
百分比	8.9%	11.6%	20.3%	44.7%	7.8%	6.7%	100%

5000 平方米以上的大墓园，集中在三区和四区，特别是 10000 平方米以上的大墓有八座在三区，从一个侧面反映了三

区和四区，也即5、6、7号陵时期（当为惠宗秉常、崇宗乾顺、仁宗仁孝时期），是西夏社会经济比较繁荣的时期。这与史载大体是吻合的。

每区的陪葬墓可分为若干片，有的片较小，就是一组独立的墓园；有的片范围可达数平方公里，墓园较多，墓葬可达数十座。从总体上说，陪葬墓分属四区，呈大分散小集中的特点。具体来讲，又有如下规律：大型墓园的位置，有的靠近帝陵，如159、161号墓园在6号陵近旁，126、177号墓园在5号陵附近；有的则在墓葬密集区的中部，如110—112号墓园、119—121号墓园等。相反，孤坟独墓或小型墓园，则多远离帝陵，或在密集区的边缘地带。墓葬的位置或许与墓主人的地位有关。

一园多墓，是西夏陵中特有的一种现象，引人关注。从布局上看，两墓园中，一墓位于西北方，另一墓多位于东南方。三墓园中，除前二墓与两墓园相同外，新增一墓则在西南方。据此判断，西北方的当然是主墓，依次应为东南方的和西南方的。同一墓园墓主之间的关系，当然是血缘至亲。是否三个墓主为祖、父、孙三代呢？个别的两墓园，第二墓不在东南方，而在西南方，是否可认为其为祖孙关系呢？由于没有发掘，这只能是一种推断，究竟如何，有待将来的发掘和研究。

（2）182号墓和177号墓的发掘。为解剖陪葬墓的形制和墓室结构，了解帝陵和陪葬墓的关系，在20世纪70年代中后期发掘6号陵的同时，清理发掘了四座陪葬墓，见于报道的有二座，分别为182号墓和177号墓。

182（原编108）号墓，1975年发掘，并发表了简报[19]。这座墓为独墓园，由方城封土和碑亭组成。方城略呈方形，坐北朝南，方向160°；南北58、东西55.6米，基宽1米，残高数十厘米。正面有门道，宽3.25米，从地面堆积砖瓦判断，原应建有门楼。方城外神道东侧有方形碑亭台基一座，边长10、高0.8米。堆积中有西夏文、汉文碑文残片。墓冢位于墓园西北方，受到严重破坏，呈不规则圆锥体，夯筑，直径5.6、残高4.5米。原包有两层白灰皮，说明曾进行过维修。墓园西北约50米远的山坡上，有弧形拦洪坝一道，用黄土碎石堆筑，高数十米。

墓室由墓道、甬道和墓室组成（图一一）。墓道呈阶梯状，有三十六级阶梯，坡度40°，全长16.4米。墓道口前宽1.73、

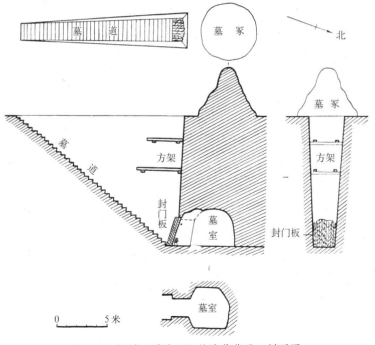

图一一 银川西夏陵182号陪葬墓平、剖面图

后宽 3.45、距地表深 12.5 米。在墓道后壁距地表 2.2 和 5.4 米处，各有一架由四根长方木组成的井字架，为它墓所无，比较特殊，但用途不明。

甬道长 1.75、前宽 1.75、后宽 1.9、高 2.5 米。甬道门以木板封堵，发掘时，在甬道发现三层厚约 10 厘米的木质封门板，每块宽 15、20、25 厘米不等，残存最长 2.6 米。

墓室为土洞墓，穹隆顶，略呈圆角方形，边长 4、高 3.5 米。墓门为木扇门，有木门限和木门扇残迹。墓室没有铺地砖，壁面也没有砌砖、涂灰和使用护墙板的痕迹，十分简陋。

墓室早期被盗，葬具、随葬品及人骨架遭到严重破坏和扰乱。在填土中发现骨架三具，经上海博物馆鉴定，散于墓室底部，有烧灼痕迹，年龄约五六十岁的 3 号骨架，当为墓主人。其余两具较为完整的，年龄为三四十岁，当为盗墓人。墓室中发现大量朽木和四十四枚铁棺钉，3 号骨架周围有丝织品数块，说明其为棺葬。

墓室出土石狗、石马各一件，有羊、牛、马等家畜骨骼近百块，还有完整的鸡、鸭骨架和蛋壳等。出土唐“开元通宝”及北宋“祥符通宝”、“熙宁通宝”等钱币，还有瓷器残片等。据研究，出土残碑经拼合，为“梁国正献王神道碑”，墓主嵬名（皇姓）安惠，地位很高，在崇宗乾顺任“太师、尚书令、知枢密院事”等职，曾整修过西夏都城中兴府，为西夏研究增添了重要资料。出土丝织品经鉴定，有素罗、纹罗、工字绫、异向绫等，其中茂花闪色锦为第一次出土，具有重要研究价值[20]。

177（原编 101）号墓，发掘于 1977 年，有简报发表[21]。该墓由方城、月城、外城、封土、门楼、照壁、双碑亭组成。

图一二　银川西夏陵177号陪葬墓出土铜牛

墓冢的圆柱形底径12、顶径5.8、残高12米。茔域面积20900平方米，是陪葬墓中的大墓之一，也是少数平面布局完整、有石像生遗迹的墓葬之一。

墓室由墓道、甬道、墓室组成，坐北朝南，方向160°，为穹隆顶土洞墓。斜坡墓道，坡度30°，北宽南窄，宽5米左右，全长40.5、最深21米。甬道为拱顶，长4.6、宽2.5、高4米左右，也用木板封门。墓室略呈方形，边长5米，穹隆顶。出土文物有棺板、棺钉，说明为棺葬。

墓室早年被盗，所遗文物不多，有铁狗、铁金、铁矛、铜铃、石人头、石马、面食点心、丝织品残片、瓷片等。其中，出土于甬道的一件重188公斤的鎏金铜牛，工艺精湛，造型精美（图一二），体现出西夏高超的铸造技艺，为国宝级文物。

5. 陵区北部佛寺遗址

历代帝陵多有佛寺。如汉明帝死后，"起祇园于陵上，自此以后，百姓冢上或作浮图焉"。"祇园"即"祇园精舍"，是佛陀居住的地方。山西大同北魏永固陵，建有"思远浮屠"；隋唐帝陵，多有须弥座棺床、力士、飞天浮雕和莲花纹砖石，具有浓厚的佛教色彩。特别是巩县宋陵陵区内建有"永昌"、"永定"、"昭孝"和"宁神"四座佛教寺院，在陵区附近还有"永安寺"和"净惠罗汉院"[22]。西夏崇奉佛教远过于宋，在其陵园内建佛寺，为陵主诵经、祈祷，以修梵福，自是情理中事。

西夏陵区有两处建筑遗址。其中一处在西夏陵二区东部，面积约 5000 平方米，随处可见砖瓦建筑材料、装饰构件和碗、盘、豆、罐、盆等生活用瓷残片。根据遗物判断，这里可能是陵区管理人员的生活区，早已被防护林覆盖。另一处在陵区北部，因其规模宏大，布局清晰，内涵丰富，受到重视。对于这处遗址的性质，曾经被认为是"陵邑"[23]、"祖庙"[24]，但更应该是"佛寺"[25]。1986 年和 1987 年，两次发掘，总面积共 4400 平方米。第二次发掘有简报发表[26]。

佛寺遗址位于四区 8 号陵东侧。其西南两面为现代建筑区，南临公路，遗址的南端已在修筑公路时被破坏。遗址坐北朝南，方向 145°，平面呈纵向长方形，由前中后三进院落组成，东西宽 160、南北残长 320 米，现存总面积 51200 平方米。地表围墙、院落布局清晰，砖瓦、脊饰及各种瓷片俯拾即是。寺院遗址北 30 米处，有东西向拦洪坝一道，呈垄状，长约 200、基宽 1.5、残高 0.5 米左右，现在仍起着部分拦洪作用（图一三）。

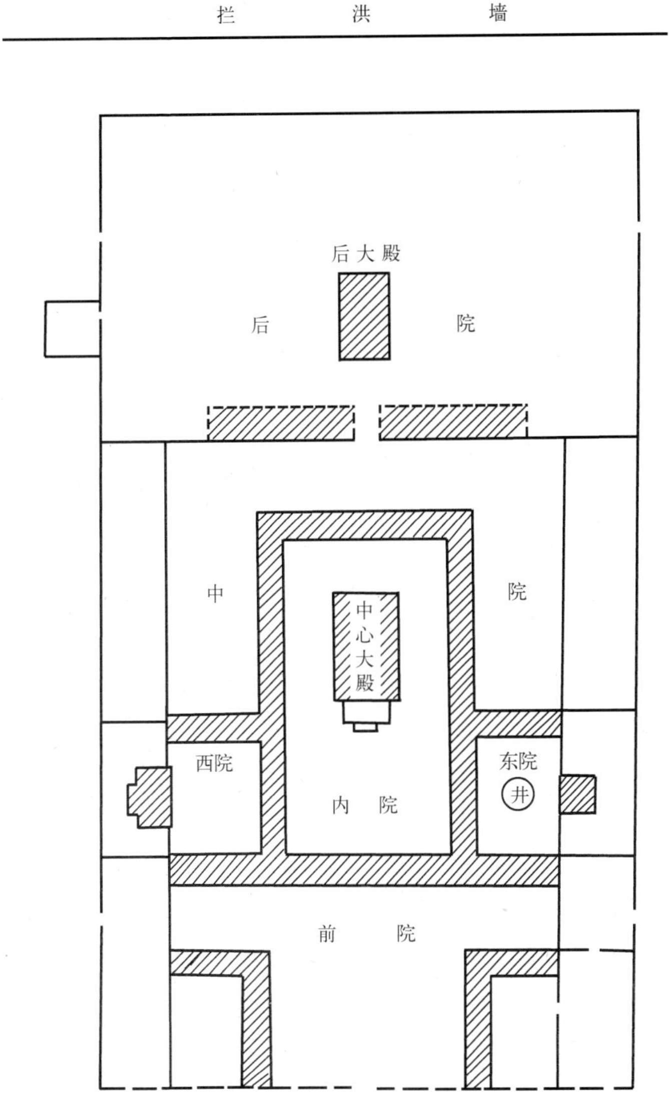

图一三 银川西夏陵佛寺遗址平面示意图

遗址南墙因修路破坏，前墙和门址不清。后三墙黄土夯筑，墙基宽 3 米，残高 1 米左右，有的地段可高达 2 米，显得相当厚实。宽大厚实的外墙以内，又有内墙一道，位于前院和中院东西两侧，每边皆长约 200 米，从南向北，直贯后院南墙。内外墙间距约 20 米，形成一个护卫前、中二院的通道。后院西墙向外凸出，有一方形遗址，似为堆放杂物之用[27]。

前院进深残长 60、宽 120 米。中为宽大的庭院，北为高高隆起的贯通东西的大型房基遗址。房基在一个黄土夯筑的高台上，经发掘，有过殿、挟屋、厢房等。房基前有宽 16、高 0.8 米的平台，台基包砖，下筑散水。庭院中部向南的东西两侧，各有直角形房基一处，房基折角处呈丘状堆积，残高近 2 米，房基北墙，与东西内墙相接，使前院南半部东西两面形成两个巨形院落。

中院进深约 130、宽 120 米。是寺院的主体部分。其南即为贯通东西的房基。房基北面连接中院的内院、东院和西院三座院落，均由向北的房基相隔。房基上的过殿，由二小一大的三座殿堂组成，平面呈"凸"字形。过殿与中心大殿相对，处于整个建筑的中轴线上。过殿东西两侧的挟屋，北向与中院的厢房垂直相连。过殿、挟屋和厢房相关部位，有过道、行廊、踏步等，组成一个完整的建筑群体。

内院呈长方形，南北长 110、东西宽 63 米。中部偏北为一大型殿堂遗址——中心大殿。呈纵向长方形，南北长 42、东西宽 24 米。1986 年发掘时，出土大量佛像残件，其中体量较大者，如复原当在 2 米左右，说明这里是佛殿。东西两院位于内院南部东西两侧，三个院落平面呈"凸"字形。东西两院面积较小，皆为方形，大体对称，布局略有差异。东院三面为房基，南北房基向东接内墙。与东院相对的内墙之外有一方形遗址，可能是一座亭式建筑。西院三面为房基，南北房基向西接内墙，与西院相对的内墙之外有一方形遗址，可能是一座坐东面西、面阔三间、前有抱厦的宫殿建筑。

中院、后院隔墙中间有门道，是前后院的通道。门道两侧依隔墙各有宽数米、长数十米的堆积，可能是房基遗址。后院中部有一纵向长方形的建筑遗址，因未对掘，性质不明。

遗址中出土文物有泥塑、陶瓷、石刻及铜铁器残件，而以建筑材料最具特色。它品种繁多，质地优良，数量极大，可谓堆积如山。但各个遗址建筑材料的种类又有差别。如中心大殿和过殿的琉璃、瓷质建材占有相当大的比例，有槽心瓦、白瓷瓦、滴水、瓦当、脊兽、鸱吻等；而挟屋和厢房多为普通陶质砖瓦。从出土器物的不同，显示了建筑等级的差异。

过殿有几件琉璃蹲兽，形制奇特，尚难定名：一为鸟形，似可定名为金翅鸟；一为有翼鱼形，似可定名为摩羯鱼，一为兽形，似可定名为吼狮。摩羯鱼、吼狮如前述在 3 号陵地面遗址的发掘中也有发现。西夏信仰佛教，这些蹲兽，都是佛教中法力无边的神物，具有保护西夏统治的象征意义。这几种蹲兽，为中原历代建筑所无，对古代建筑的研究，具有重要价值。同时，这也反映了西夏在吸收中原文化营养的同时，又注入了本民族文化的色彩。

6. 陵区东部砖瓦窑遗址

在陵区东部偏北西干渠西面的岗丘上，在南北长约 6 公里的狭长范围内，发现砖瓦窑、石灰窑十余处。因传说这里有一口烧瓷用水之井，这一带称为"缸瓷井"。1976 年，宁夏博物馆清理了其中的二座砖瓦窑和一座石灰窑，并发表了简报[28]。

　　两座砖瓦窑的结构完全相同。以保存较好的 2 号窑为例，简介如下：

　　2 号窑是利用隆起的自然地势开凿而成。由窑门、窑室、火膛、烟囱四部分组成，全长 6.3 米，方向 355°。窑门为南北向的短斜竖穴，用纵向单砖平砌两壁，以纵向立砖并列起券。穴道长 2.5、宽 0.65、高 1.8 米。门道两壁由于长期大火烧烤，附着一层坚硬的青灰色硫渣层。窑室平面呈马蹄形，窑壁以平砖错缝顺砌圈筑而成，内壁涂抹草拌泥。东西宽 2.15、南北长 2.35 米。窑室顶部结构不明，从残存遗迹判断，可能是待砖坯装窑后，再在窑室外封筑窑顶。火膛是在窑门底部挖一船形坑窝而成，南北长 2 米，宽与门道相等。底部有烧灰土、硫渣及塌落的券门砖堆积。烟囱在窑室后部，由烟道、烟室、烟囱三部分组成。烟囱紧贴窑室后壁并向外凸出，略呈方形，与窑门南北相对；烟室在烟囱下部，底部为浅坑，与窑床相平；烟道口在后壁下，用砖砌成三个孔道。烟道为一漏斗形，平置于窑床与烟室之间。

　　石灰窑建于岗丘的东坡上，方向 80°。由火门、火膛、窑室组成，结构简单。仅在岗丘中开凿土穴，不用砖砌筑。窑室平面呈马蹄形，面积较小，底径 1.95、残最高 1.47 米，窑壁已烧成红烧土；火膛在东壁下，为一袋状凹坑；火门为一拱形土洞，其下为一坑窝，是排除灰渣之处。窑室周壁、窑床、火膛、火门等处，皆残留数厘米厚的熟石灰。

　　砖瓦窑址周围的堆积层中，多为砖瓦和脊饰残件，与西夏陵出土建筑材料完全相同，说明这些窑是为建造西夏陵而设的。中原地区由于土质黏性大，汉唐以来的砖瓦窑，多凿土为穴，不用砖筑造。西夏陵一带，土质为黄沙土，结构松散，黏性差，故窑室用砖砌造。西夏陵砖瓦窑、石灰窑的结构，继承了汉唐以来马蹄形的传统形制，并因地制宜，有所改进。

7. 西夏陵与宋陵的异同

西夏陵"仿巩县宋陵而作"[29]，是从大的布局方面而言。宋以前的陵墓如汉、唐陵墓，分布十分分散。从宋代开始，则相对集中，将历代皇帝都葬在一个很大的公共墓地，分别建置陵园，开启了陵园建筑的新模式。西夏仿"宋陵"，也是将诸帝葬在一个很大的公共墓地内。在平面布局上，宋陵以中轴线左右对称，陵园由鹊台、乳台、石像生、神城、角阙、献殿、陵台、下宫等建筑组成。西夏陵小有变化，但基本一致。西夏陵的建筑如果复原起来，也是传统的木结构大屋顶建筑，它雕梁画栋，红墙碧瓦，在宏观上与中原帝王陵园并无不同之处。据《旧唐书·党项羌传》载，党项人居住的是用牛羊毛织成的帐篷，即"居有栋宇，其屋织牦牛尾及羊毛覆之，每年一易"，死后要"焚尸，名为火葬"。但在西夏陵所看到的，即是木结构大屋顶建筑和有陵台、有封土的土葬，这显然是受中原文化影响的结果[30]。

但西夏陵和宋陵相比，还有许多不同的特点。诸如平面布局，宋陵都是单城方形，西夏陵则多为双城长方形。宋陵建筑中有乳台、下宫，而无碑亭、角台，西夏陵则无乳台、下宫，而有碑亭、角台。宋陵石碑立于南神门前，无建筑围护，西夏陵则在神道两侧显著位置构筑碑亭。宋陵的石像生置于鹊台和神门之间的神道两侧，排列得较长；西夏陵则在月城内神道两侧，缩短了陵园的前后距离，显得更为紧凑、严谨。其中最主要的是陵台，它不在神城中心，而是偏离中轴线，雄踞于陵园西北方；其形制也不是方形，而是一个实心的、多级（五至九层）的八角形密檐式塔，复原起来，有点像侗族的增冲鼓楼，十分壮观，是西夏陵最具特色的建筑。

（二）银川附近的西夏墓

1. 永宁闽宁村野利氏家族墓

闽宁村西夏墓在永宁县闽宁村开发区内，这里地处贺兰山洪积扇荒漠地带。因其墓地地面遗迹与西夏陵相似，1995 年被文物部门发现后，即被初步定为西夏墓。2000 年和 2001 年，经国家文物局批准对其进行了清理发掘。这里有墓葬十四座，碑亭四座。已发掘墓葬八座，出土碑文残片二百三十七块。因其是党项大族野利氏家族墓地，又是首次发现的西夏早期墓葬而备受关注。

闽宁村西夏墓的封土，高低不等，皆为圆锥形，高者达3—4 米。在已发掘的八座墓中，有四座有墓园。与西夏陵一样，封土不居中位而位于墓园西北部。二座墓中还有天井，这是西夏陵及已知的其他西夏墓所没有的，在同期的宋墓中也不多见，反映了唐墓结构及埋藏思想对西夏的影响。

墓葬由墓道、甬道和墓室组成，皆为阶梯式墓道单室土洞墓。墓道方向多数坐北朝南，有的略向东偏。墓门与西夏陵陪葬墓一样也用圆木和木板封堵，墓室多为方形单室穹隆顶（也有平顶），四壁裸露，既不用砖砌，也无任何装饰。甬道较特殊，偏离墓室中央而位于墓室东侧，有的墓道、甬道与墓室东壁在一条线上，使其与墓室呈刀把形。

从出土汉文碑残片看，两见"野利"名讳，一见"张陟撰"。"野利"是党项豪族，而撰写碑文者，是元昊重臣右仆射兼中书侍郎平章事张陟[31]，为墓葬断代提供了确切依据。这是现知唯一的西夏早期墓葬。与西夏陵不同，残片中没有西夏文，说明在西夏早期西夏文尚未广泛使用。在出土文物中，最具特色的是 8 号墓的木俑，有武士、文臣、木鸡、木牛、木羊等，作工粗放。武士头戴盔甲，作骑马状，或许反映了西夏在战争中对骑兵的重视。墓中多有马、骆驼、绵羊等动物骨骼，有的为幼羊，说明当时党项人仍然保存着"衣皮毛，事畜牧"的传统习俗。在八座墓中，有五座为火葬墓，三座为棺葬墓，表明西夏早期盛行火葬[32]。

2. 银川新市区小型平民墓

1984 年，宁夏文物部门在银川新市区清理西夏小墓四座。这些墓的埋葬方法比较特殊，先在地面挖一土坑，然后用条砖砌成长宽约 1 米的小型墓室，黄泥或白灰勾抹砖缝，方砖铺地。墓室内垫土约 1/2 厚时，将盛放骨灰的坛或碗打破，置于墓室中间，用土填平，上盖条砖封顶，最后用土将墓坑填实，是否起冢，不得而知。墓内随葬品多寡不一，有陶制砚台、小盆，瓷制碗、盏、坛等，还有北宋钱币"祥符通宝"、"元祐通宝"[33]。较晚的"元祐"为北宋哲宗年号（公元 1086—1093 年），正当西夏崇宗乾顺初年。

另外，在银川市西郊沙渠，也发现小墓一座，形制与上述小墓略同，用砖砌成 1.1 米见方的墓室，墓底方砖下压有一枚铜钱，方砖上砌成圆形墓室，西北方向留有墓门，用一块方砖封堵。出土小口黑釉罐、铁油灯、人物铜镜各一件，还有宋代钱币"祥符通宝"、"景祐通宝"、"熙宁通宝"等钱[34]。

据出土钱币判断，这些小墓当为西夏中期墓葬。从墓葬情况判断，这些小墓只能是下层平民墓。已发掘的西夏墓多为皇室、权贵和官僚墓葬，下层平民墓是首次发现，这对研究西夏葬俗有重要意义。

3. 贺兰拜寺口紫圪垯墓

本墓与下述平罗涝湾村墓的清理，同时在《中国文物报》上报道[35]。

紫圪垯墓位于拜寺口村东约 1 公里的山梁上。1999 年 10 月，宁夏考古所对该墓进行了抢救清理。该墓用石块垒砌而成，多次被盗，顶已毁，仅存四壁。墓室略呈抹角方形，墓底铺砖，四壁及墓底涂抹白灰；南北 3.08、东西 3.04 米；南壁辟门，门宽 0.76、门道长 1.68 米，方向南偏东 15°。壁面上有壁画，西壁还刻有三个西夏字，但皆漫漶不清。出土文物以模制小泥塔为大宗，有二千多个，分为大中小三式，分别高 15、10、5 厘米。有的十分精致，表面涂金彩绘，有的塔心装有纯净白沙、经文、骨灰等。同时还出土有模制圆形板状小泥佛，直径 5—6 厘米，佛坐于莲花座上，有头光、背光，作禅定印，佛像两侧各有上下竖直的佛塔两个。另外，还有钱币、手印纹砖等。

4. 平罗涝湾村墓

涝湾村西夏墓，位于平罗县西部贺兰山洪积扇地带，南距银川西夏陵约 70 公里。1999 年夏，宁夏文物部门对此墓进行了清理发掘。该墓和西夏陵一样，在蒙古灭夏时被破坏，封土前地表有直径 12、深 11 米的大盗坑。甬道、墓室全毁，四壁无存。在盗坑底部发现大量被烧毁的木材，有的木材上还附有铜棺花，在填土中发现颅骨一具，说明这座墓可能是棺葬。现存封土呈圆柱形，黄土夯筑，底径 13、顶径 8、残高 6.5 米。墓道为阶梯式，残长 14、宽 2.5 米；台阶进深 40、高 25 厘米。和西夏陵 6 号陵一样，墓道阶梯两侧残留护阶木痕迹。

（三）武威西夏木板画墓

武威，又称凉州，自古以来就是河西重镇。降及西夏，称"西凉府"，是西夏三大府之一[36]，在西夏占有重要地位。公元 1038 年，元昊在京都兴庆府"筑坛受册，即皇帝位"后，他办的第一件事就是"自诣西凉府祠神"。19 世纪初，著名的"西夏碑"和最早的西夏钱币窖藏，就是在这里发现的。20 世纪 70 年代以来，这里的西夏遗迹、墓葬屡有发现，是除银川之外发现西夏墓葬最多的地方。

从 1977 到 1998 年的二十多年中，在这里先后五次发现西夏墓，多为西夏后期墓葬。其中，单人墓五座，双人墓二座。兹简述如下。

1. 武威西郊林场墓

1977 年夏秋，武威西郊林场在平田整地时，发现两座西夏墓，经清理发掘，并有简报发表[37]。这是第一次在武威、也是在甘肃发现西夏墓。1 号墓在北，墓门南向，2 号墓在南，墓门东向，均为小型单室砖墓。墓门为单砖拱形券顶，以大卵石封门；墓室四壁为平砖铺砌，墓顶呈圆锥形；后壁底部设二层台，用石灰抹面。两墓一南一北，相距 10 米。墓顶距地表1.5 米；墓门高 75—80、宽 68—90、进深 33—39 厘米；墓室长 130—160、宽 120—130、高 170 厘米。

这两座墓未经破坏，出土文物颇为丰富，以木器为主，制作精细，大体完好。仅在 2 号墓中就有木条桌、木衣架、小木塔、木笔架、木宝瓶、木缘塔等。这些木器，在西夏文物中均

图一四 武威西郊林场西夏墓出土木缘塔

为首次发现。其中木缘塔为八角形，通高 76 厘米，置于 2 号墓二层台上。塔身涂蓝色，上下绘云气纹，中书黄色梵文经咒，计有《一切如来咒》、《一切如来八字咒》、《药师琉璃光王佛咒》、《圣光天母心咒》、《归依三宝咒》等；特别是塔刹部分，留下了墨书墓主人的身份和死亡、埋葬日期等重要的资料（图一四）。

木缘塔（又称"灵匣"）体积小，是装骨灰的工具，塔身四周写佛经咒语，是为超度死者的灵魂升天。死者火化后，将骨灰装入木缘塔再土葬，所以墓室很小，仅 1 米多见方。据木缘塔墨书墓主人题记，知两墓为刘氏家族墓地。2 号墓主人为"西经略司都案刘德仁"，死时六十八岁，死于天庆五年（公元 1198 年），葬于天庆七年。1 号墓是夫妻合葬墓，主人为"西路经略司兼安排官□两处都案刘仲达"，葬于天庆八年；还有死于天庆元年的刘妻"李氏顺娇"。这两座墓属西夏晚期墓葬。墓主人祖籍彭城（今江苏徐州），皆是有一定官职的汉人。他们没有按汉族习俗完尸装棺土葬，而是火化后再土葬，显然是受了"佛教的影响"的结果[38]。

2 号墓中出土了彩绘木板画二十九件，其中二十四件清晰可辨，是西夏极其珍贵的绘画艺术品，十分难得。原放置在墓门内两侧、墓室左右壁和后壁墙角下。最大的长 28、宽 10.5 厘米，最小的长 9.5、宽 4.5 厘米，厚 1—2 厘米。内容有重甲武士、男女侍从、驭马人、随侍、老仆、童子等各色人物，还有鸡、狗、猪等家禽家畜；有的画在背面或侧面还有墨书题榜，如"蒿里老人"、"童子"、"二童子"、"大六"、"天关"、"太阳"、"金鸡"等。画面人物、禽畜等，为世俗生活所常见，是西夏官员生前生活的真实写照，具有极高的历史价值和艺术价值。

兹简介几幅如下：

编号 1，板侧墨书"蒿里老人"，为老人画像。竖长方形，高 28、宽 10.5 厘米。画中老人头带黑漆高冠，身穿右衽宽袖长衫，腰束带，手持竹杖。"蒿里"即古代挽歌中死人的葬地；"蒿里老人"当然是墓主人，意为他的灵魂，将在蒿里安息；此画画法精细写实，看不到丝毫神灵的色彩，是古代绘画难得的珍品。

编号 2，板背墨书"大六"，为驭马图。横长方形，高 8、宽 14 厘米。驭者头披短发，身穿交领缺胯短衫，腰束带，身前倾，作牵马状。所谓缺胯，是指短衫两侧开衩，以利行动，是一般庶民和卑仆贱役等下层人民的服饰。马扬尾奋蹄，作奔跑状。"大六"，可能是"六大"之误，佛教中有六大，即地、水、火、风、空、识，是构成万物世界的六种根本要素。

编号 3，五男侍图。横长方形，高 12、宽 21.5 厘米。侍

图一五　武威西郊林场西夏墓出土五男侍木板画

者头披短发，身穿圆领长袍，束腰带，五侍依次斜立，分别作拱手佩剑、拱手背包袱、怀抱金盘、双手抱罐、拱手肩披长巾状（图一五）。

编号4，五女侍图。横长方形，高12、宽21.5厘米。侍女前四人头梳高髻，秀发后披，身穿交领缺胯衫，后一人长发披肩，身穿圆领缺胯衫。分别作手捧奁盒、双手托盘、手执拂尘、曲臂挎包、肩披长巾等状。

编号12，屈腰男侍图，高16、宽6.5厘米。男侍头戴浅色方巾，身穿深色长衫，两腿并立，弯腰九十度，然后抬头仰视主人，脸上露出谄媚的微笑，来衬托主人的威严。

2. 武威西郊墓

1981年4月，武威体校植树时发现，与西郊林场墓相距不到0.5公里，应属同一时期。单室砖墓，门东向，略呈梯形，长100、前宽90、后宽86、残高73厘米。出土文物有瓷器三件，彩绘木板画一块[39]。

木板画长59、宽24、厚2厘米。上绘男女立像二人，男像穿翻领小袖长袍，腰束带，脚蹬乌靴，作双手合十状。女像穿翻领右衽长袍，腰束带，带上有花饰，脚蹬乌靴，作双手合十状。

3. 武威双人骨灰墓

1989年，武威市西郊十字路口修地下管道时，在距地表1米多深处，发现一座双人骨灰合葬墓。砖室墓略呈长方形，墓室很小，由大卵石封门。门高90、宽约70、进深38厘米，墓室长120、宽85厘米，拱顶。收回出土文物高足瓷碟二件，彩绘骨灰灵盒两具，已残[40]。

经复原，骨灰灵盒前大后小略呈棺形。其中一件长64、宽 52、高约 40 厘米。左帮绘男侍五人，皆秃发，穿圆领长袍，束袖口、系腰带，两手抱拳作揖；左帮绘女侍五人，现残存二人，皆发髻高耸，簪饰翘立，身穿右衽长袍，作双手合十状；前帮墨书汉文六字真言。另一件残损较重，长 52、宽 21、高约 35 厘米，上盖为圆弧形。棺头正中书"亡灵慈母吕氏"，旁书"男韩奴奴、次男□□、孙□□、孙韩霭狗"等。

4. 武威西苑小区墓

1989 年 7 月，武威奔马饮料厂在西苑小区施工时，挖出一件黑釉瓷瓶，宽肩鼓腹，高 28 厘米，内装骨灰。装骨灰的瓷瓶，即灵骨瓶，是火葬的另一种葬具。它和银川新市区的小墓一样，是贫苦劳动人民所用的葬具[41]。

5. 武威西关墓

1997 年，武威西关武警家属楼施工时发现一座西夏墓，位于西郊林场墓东南 1 公里左右。因民工及时报告，未受到大的破坏。也为砖室墓，大体坐南向北，略呈方形，墓室很小。由大卵石封门，门高 71、宽 62、进深 90 厘米；墓室长 140、宽 130 厘米，圆锥形顶。出土文物有木板买地券、彩绘木板画、小木棺、小木案、小木瓶、瓷器、北宋钱币等[42]。小木棺即灵匣，此墓也是骨灰装灵匣后土葬的。木板买地券又记述墓主人死于"大夏乾祐岁次乙巳年六月"，也即乾祐十六年，公元 1185 年。

在出土文物中，木板买地券、彩绘木板画、小木棺较为重要，兹作一简介。

小木棺：与 1989 年西郊十字路所出木棺略同，由棺盖、棺身、棺底三部分组成，长 83.5、通高 45.5 厘米。棺盖圆弧形，用木楔、铁钉固定在棺上；棺身前大后小，前宽 36.4、后宽 29 厘米；棺底长方形，长 67 厘米。棺底下部左右两侧，用两块木板支撑棺身，木板底部镂雕两个葵形小洞。小棺制作较为精细，应是盛放骨灰的灵匣。

木板买地券：呈横长方形，松木质，朱红楷书书写，长 38、宽 25.5、厚 2 厘米。买地券文字十五行，约二百多字，记述墓主人死于"大夏乾祐岁次乙巳年六月"，经"龟筮"，宜于在"西城郭外"买地一段，以便对尸骨"安厝之后，永保吉利"。买地券为墓葬提供了确切纪年，也是重要的西夏民俗资料。

彩绘木板画：呈横长方形，松木质，长 54、宽 24、厚 2 厘米。先用淡白色打底，再用淡墨淡彩作画。画面五人一字排列，多为短发，头后两侧各有一条辫子垂于肩部，身穿圆领束袖长袍，腰束丝带。唯五人面向各异，有的正面，有的侧向一边，有的侧得更甚。第四人为女性，头插白花一朵；其余四人为男性，皆有不同形式的胡须，反映了各自的爱好。

6. 武威西郊响水河墓

1998 年，在西郊响水河煤矿家属院打地平时，发现一座完整的西夏双人合葬墓。墓室结构、大小，与上述西郊十字路口墓略同，也为长方形，砖砌，由大卵石封门，墓室很小。墓室长 123、宽 95、高 97 厘米，人字形拱顶。响水河墓也是有明确纪年的墓葬之一。买地券记述墓主人死于"大夏乾祐廿三年岁次壬子"，即公元 1192 年。

出土文物多为木器，有棺状灵骨匣、木牍（买地券）、木桌、椅子、供器、酒壶、酒杯等。最为重要的是灵匣和木牍。

灵匣：二具，棺状，松木制。其中一件长 33.5、宽 21.5、高约 23 厘米，棺盖长 43 厘米。另一件长 41.5、宽 21、高约 21 厘米，棺盖长 59.5 厘米。棺盖分别长出棺 10、18 厘米。灵匣由铁钉和榫卯合钉而成。前案头墨书西夏文二行，大意是"墓主人的儿子为其母亲所供葬"。

买地券：一板，松木质。横长方形，长 31.5、宽 17.5 厘米。朱书十六行，大意是：墓主死于"大夏乾祐廿三年岁次壬子"，"祭主男窦依□□"，于"西苑外""卖（疑"买"之误）地一段"，以便"袭吉安厝宅兆"等[43]。

上述西夏墓，尽管名称有变化，但其位置都在武威西郊，这里应是西夏时期的一个大墓群。买地券中提到"城外西郭"、"西苑"等，为确定西夏时期凉州城的具体位置，提供了重要资料。这些墓葬都是埋藏骨灰的土葬，它的特点是：

第一，葬具都是骨灰盒，式样较多，有塔状（木缘塔）、瓶状（灵骨瓶），但多为棺状（小木棺）。

第二，因为埋藏的是骨灰盒，所以墓室较小。皆为砖室墓，面积没有超过 160 平方厘米的。

第三，出土文物有铜器、瓷器，而以木器较具特色。

第四，有的墓有明确纪年，记在木缘塔和买地券上，最早的为乾祐十六年，即公元 1185 年，最晚的为天庆八年（公元 1201 年），说明其为西夏后期墓葬。

第五，多出土精美的木板画，画面内容丰富，画法写实，多为生活、人物画，是不可多得的西夏文物精品，有重要研究价值。

这些墓葬多为汉人墓，与银川的西夏墓不同，没有陪葬动物，从另一方面为研究西夏葬俗、服饰和社会习俗提供了重要的资料。

（四） 内蒙古境内的西夏墓

1. 准格尔旗西夏壁画墓

1978 年，伊克昭盟准格尔旗黑岱沟村民，在整修梯田时发现西夏墓群。墓群早期被盗，现清理了幸存的五座[44]。墓室结构与常见唐宋方形仿木结构不同，是砖砌圆形仿木结构，单室墓，斜坡墓道。1 号墓，南向，墓道长 276、宽 80 厘米，甬道长 580 厘米。墓室很小，直径仅 220 厘米。墓门高 180 厘米，砌出仿木门楼，下有立额、门潜，门顶上砌出筒瓦、板瓦、滴水、屋脊和鸱吻。墓室内环墓壁砌筑六根方形壁柱。5号墓柱底还砌出方形柱础，柱顶砌出斗栱一组，立柱间砌出屋檐。檐枋斗栱为赭红色，下为有假门、壁橱，檐下绘夫妇对饮图。2 号墓略有不同，墓壁用石板垒砌，墓顶作穹隆式，用砖雕出椽子、滴水，上彩绘红黄二色。棺床平面为"凹"字形土台。

出土文物多为陶器，有葫芦形圆顶器、塔形圆顶器、罐形圆顶器、漏孔陶器等，还有四耳黑釉瓷瓶一件，"开元通宝"二枚。

壁画多已残毁。从所留判断，除彩绘外，还有施彩砖雕，如 2 号墓有剪刀、熨斗等生活用具。彩绘内容更为丰富，多为人物，有头戴高帻、高鼻深目的胡人，有身穿黑衣牵驼的驭手，有呼叫奔跑的骆驼等。1 号墓夫妇对饮图，男的是头戴幞头，身穿红袍的小官吏，女的是头扎环髻，身穿斜领长衣的贵夫人，皆坐高背椅，对坐方桌两侧，手捧盏托对饮，亦颇生动写实。据研究，其器物图像似唐代物，但男士所戴幞头两翅高，与白沙宋墓人物所戴幞头相类，而唐代幞头尚无硬翅。人物也与唐代丰满健美的形象不类。又高背椅椅背的横档两端翘起，与洛阳北宋画像石棺高背椅相类[45]。所以此墓应是党项族之墓。

2. 乌海参知政事墓

此墓于 20 世纪 60 年代发现，位于内蒙古乌海市黑龙贵东南。这里三面环山，四野无人，属沙碛不毛之地。墓地封土早年被毁，但享堂之类的建筑遗迹，至今犹存。墓地上散置葵花纹柱础和石柱各一，"小石狮二对，石羊一对，石马一对，文臣石像三，武将石像三"，"马背上有马鞍形，马尾打结"。还有残为两半的巨大的兽形碑座，残碑一通，"碑文行文格式都是唐代以来的通用方法"[46]，是现存西夏时期仅有的一方汉文碑。经陈国灿先生考辨推定，墓主人为西夏仁宗时期地位很高的某参知政事[47]。

3. 额济纳旗黑城塔墓

墓塔位于黑城城郊西 400 米处河床右岸的台地上。1909年，俄国学者柯兹洛夫发现墓塔。由于在塔内发现大量西夏文书，而备受世人关注，被称为是一座藏有大量西夏文献的"图书馆"。该墓塔高约 10 米，由塔座、塔身和圆锥形塔顶组成，顶部残毁。塔室面积约 12 平方米，中心立塔心柱，直贯塔顶，北边有台座，座上有作坐姿的人骨架一具，无葬具，也无火烧痕迹。从骨架判断，这既不是土葬，也不是火葬，人是坐化的。

那么，墓塔的主人是谁呢？因伴随着他的是大量图书，主人的身份便引起广泛的兴趣。头骨发现不久，俄罗斯人类学家沃尔科夫就进行了鉴定："头骨保存完好，颅底较窄，枕骨发育不良，牙齿很细小，脸骨一般说来尺寸不大而脸形齐正"，认为可能"属于女性"[48]。俄罗斯汉学家孟列夫据此提出一个浪漫的假设。他认为这个头骨可能是仁宗仁孝的遗孀罗太后，因她在皇族内部斗争中被摈斥于国事之外，"可能出家为尼，被放逐到黑城，而且死后葬在那座'著名的塔'中"，塔中的书是"她的私人的藏品"[49]。当然，这只是一种说法，究竟如何，因这个头骨在二战中遗失，有人想作进一步行研究而不能。至于为什么要进行塔葬，可能是受藏传佛教影响的结果。

（五）党项族葬俗的演变

与历代考古发掘的墓葬相比，上述西夏陵墓，可谓屈指可数。虽然如此，这些陵墓的考古资料，对研究西夏的社会经济、民族宗教、物质文化、民风民俗等都有重要价值。同时，结合文献资料考察，还可以看出党项族葬俗的演化情况。

党项族的原始葬俗为"火葬"；党项族内迁后的葬俗主要是土葬。与此同时，偶尔也有"水葬"、"天葬"的情况。此外，还有僧侣用的塔葬。而甘肃武威、宁夏和内蒙古，因地处东西，所受环境不同、影响不同，其墓葬形制和葬俗也完全不同。

党项族在内迁前，也即在川、甘、青游牧的时代，他们主要实行"火葬"。《旧唐书·党项羌传》载党项族"死则焚尸，名为火葬"；《太平御览》卷七九四载古代羌人"死，燔而扬其灰"。也就是说，"焚尸"、"扬灰"，不建坟丘。但是有的也要起坟头，在一首党项人歌颂祖先的《夏圣根赞歌》中写到：

"黑头石城漠水边，赭面父冢白高河。""父冢"当然是坟头。也即人死后，先要火化，然后再起坟土葬。考古资料证明这种葬俗一直影响到西夏的全过程。

西夏人也有水葬。《西夏书事》卷七载，李继迁于公元1003年建都西平（今宁夏吴忠市）后，"寻葬其祖红石峡（今陕西榆林市近郊），障水别流，凿石为穴，既葬，引水其上，后人莫知其处。"水葬在宋代西部的个别地方也确实存在，如凤州（今陕西凤县）"贫民不能葬者，弃之水中"[50]。这种弃尸水中的做法，当然没有李继迁葬祖那么复杂。但是李继迁水葬其祖，更可能是受了藏族葬俗的影响。藏民有的"居住在高山深峡……又缺少天葬、火葬条件的，只能实施水葬"。更重要的是，他们认为"水葬是回归自然"，"不仅可以洗去身上的晦气、邪气，还有着以身施舍鱼类，赎罪去孽等功德"[51]。李继迁葬其祖"障水别流，凿石为穴"，意在深藏，与藏族把尸体抛投水流的葬法有别，但总体上说，属于水葬。

西夏还有天葬，是党项族青年男女殉情而葬的方式之一。《友会谈丛》卷下载，青年男女殉情后，族方率"亲属寻焉，见不哭，谓男女之乐，何足悲悼！用缯彩都包其身，外裹之以毡，椎牛设祭，乃以其草密加缠束，然后择峻岭，架木为高丈，呼为女棚，迁尸于上，云于飞升天也"。男女双方的亲属"于其下击鼓饮酒，尽日而散"[52]。西夏还有类似藏族的天葬。在西夏谚语中有"列置尸场除首足"的话，意思是"先把尸体搬到尸场，用刀割下头和足，……然后抛给飞鸟吃，鸟吃得越多越好。据说，只有这样，人的灵魂才能升天"[53]。

上述水葬、天葬，虽然发生在西夏建国前后，但只是个别情况，并不是西夏的通行葬俗。党项人内迁后，由于自然环境的变化和长期受汉族文化传统土葬习俗的影响，葬俗主要实行土葬。西夏文辞典《同义》中有"棺"、"尸场"、"坟墓"、"丘墓"、"陵墓"等词汇。西夏文辞书《文海》中"坟"，释为"此者弃尸场建坟地之谓"。这些都说明西夏实行土葬。

西夏对墓葬如同神佛一样，依法进行保护。《天盛改旧新定律令》卷三"盗毁佛神地墓门"，对陵墓的保护措施竟有六条之多。其中明确规定："不准诸损毁地墓、陵、立石、碑记文等。"有的规定十分具体，如对皇亲、宰相、诸王"地墓上动手者徒六年，至棺椁上者徒十二年，棺椁损坏至尸者当绞杀"。以暴力"进行数次损坏，贪取地墓中物，则按强盗、偷盗法则及毁损罪，依重者判断"。

西夏和党项族的土葬，又有两种情况：一种是完全汉化的土葬，一种是与火葬相结合的土葬。

内蒙古乌审旗出土的五代、宋初夏州党项李氏家族墓，他们也是凿土为穴，进行土葬，并有记其生平事迹的墓志铭。党项大族折氏，从五代至北宋世代镇守府州（今陕西府谷），并有家族墓地。据《金石萃编》载，早在公元1833年，就发现了《麟州府谷镇之碑》（即刺史折嗣伦碑）。20世纪50年代以来，经考古调查和发掘，又屡有收获，至今已发现折氏家族墓志、墓碑十三通之多，并清理残墓数座。其中折继新墓是唯一没有被破坏的小墓，斜坡墓道，砖筑墓室，方砖铺地，内砌棺床；墓壁隐出四个方柱，柱头砖雕仿木斗栱，为单抄单栱三铺作，并加朱红彩绘[54]。内蒙古准格尔旗仿木结构的西夏壁画墓也有棺床，与折氏墓相类。它们与宋代中原常见的仿木结构砖室墓完全一样。《续资治通鉴长编》卷二五载，李继迁不愿入朝，"伪称乳母死，出葬郊外，以兵甲置棺中"。使用棺木正是传统土葬最重要的特点。永宁闵宁村西夏墓地的八座墓中，其中三座有"人骨和棺木"，说明这是棺木土葬。

但我们看到的除上述传统土葬外，更多的是一种火葬与土葬相结合的新型土葬。这是西夏葬俗的一大特点。这一葬法，与汉族墓不完全相同，而是尸体火化后再建坟土葬。西夏是否仍保留了传统的"焚尸"、"扬灰"的火葬，因不建坟丘、不留痕迹，从考古学方面很难证实。但这是最为简便、最节省的葬法，很适合穷苦大众使用，估计不会绝迹。西夏文辞书《文海》中有"烧尸"条，释云"火上烧化尸体之谓"；又有"丘墓"，释为"丘墓也，烧尸处骨尸所围之谓"；"丘"，释为"丘墓也，烧人尸处土圈之谓也"等。这也说的是尸体火化后还要建坟土葬。闵宁村的八座墓中，就有五座是"人骨火化后再埋入墓中"的。西夏陵182号陪葬墓，残骨有"烧灼痕迹"。银川西夏平民的小墓，也是埋骨灰的。这种葬法还影响到西夏境内的汉人。武威的几座木板画墓，从木缘塔题款看，死者全部为汉人，葬具就是装骨灰的木缘塔、小木棺和灵骨瓶等。

西夏灭亡几十年后，马可波罗途经河西地区看到当地居民的葬式，把它详细地记在他的《游记》中：一个有身份的人去世，在等待安葬入土前，要焚尸。"……焚前，死者之亲属在丧枢经过之道中，覆以金帛绢。枢过此屋时，屋中人献酒肉及其他食物于枢前，盖以死者在彼世享受如同生时。迨至焚尸之所，亲属等先行预备纸扎之人、马、骆驼、钱币，与尸共焚。据云，死者在彼世因此得有奴婢、牲畜、钱财等若所焚之数。枢行时，鸣一切乐器"。

这一记载，虽然已进入蒙元时期，但所反映的情景，或许正是西夏党项人的通常葬法。这也是先焚尸，再行土葬。

　　西夏人的葬俗，除主要是与火葬结合的土葬外，还有塔葬。黑城墓塔，正是这一葬式的表现。佛教塔葬由来已久。藏传佛教灵塔，是安放高僧大德遗骸之处。一般有肉身塔和骨灰塔。骨灰塔，则是将尸体火化后捡出的骨灰埋入塔中。肉身塔则要复杂得多，先要作复杂的防腐处理，然后放入塔中。处理后的遗体，要拉展并固定成坐化姿势。灵塔的设计有严格的要求，其塔座、塔身（瓶状）、塔刹（十三法轮）、刹顶的构成，是世界四大元素的象征。方形塔座表示坚固的"地基"，其上的塔瓶，表示"水球"，再上的十三层法轮，表示"火锥"，最上的刹顶，表示"气托"，象征波动的精神或脱离物质世界的灵气。这种结构，集地、水、火、空于一身的灵塔，不仅体现了肉体复归"四界"，能再度转世的佛教理念，还象征着出生、生活、死亡、精神、出生……的"生命之轮"，实现永无止境的生命轮回[55]。

注　释

［1］牛达生、贺吉德《西夏陵三题》，《宁夏社会科学》1995年第4期。

［2］《朱镕基总理视察银川西夏陵》，《宁夏文物》总第8期（1999年）。

［3］《"中国20世纪100项考古大发现"评选结果》，《中国文物报》2001年4月4日。

［4］同［1］。

［5］韩兆民、李志清《宁夏银川西夏陵区调查简报》，《考古学集刊》（5）第281页，中国社会科学出版社1987年版。

［6］韩小忙《西夏王陵》第88页，甘肃文化出版社1995年版。

［7］"钟虡"，是悬挂编钟的木架，它要放置在祭祠时鸣钟之处。"钟虡"一词，见于《后汉书·礼仪志》，明帝显节陵"无周垣，为行马，四出司马门；石

殿、钟虡在行马内"。行马：拦阻人马通行的木架。与祭祀有关的石殿、钟
虡要在行马内。又：古代悬挂钟磬鼓的木架，称"簨虡"。横木曰簨，直木
曰虡。《礼·明堂位》载："夏后氏之龙簨虡。"注云"簨虡，所以悬钟磬
也"，上饰龙纹。《南齐书·礼志上》载："虽金石辍响，而簨虡充庭。"但
是，这一解释对西夏陵来说并不完满，问题是每座陵都是要祭祀的，为什么
别的陵园没有这个"钟虡台"？

[8] 宁夏回族自治区博物馆《西夏八号陵发掘简报》，《文物》1978 年第 8 期。
原编为 8 号陵，后经正式编号，改为 6 号陵。

[9] 河南省文物考古研究所《北宋皇陵》第 425 页，中州古籍出版社 1997 年版。
另有一种意见认为，上宫"由鹊台、乳台、神道及石刻群等部分组成"；而
东、西、南、北四神门及其内的献殿、陵台等建筑，组成"宫城"；皇堂
（地宫）是另一独立的结构，不包含在上宫之内。见傅永魁、周到《北宋皇
陵》，中州书画社 1981 年版。

[10] 鹊台的"鹊"是什么意思？是否有显象吉祥、保护陵园的含义？古云：鹊
能报喜。《旧唐书·代宗本纪》卷一一载，大历八年"乾陵上仙观天尊殿，
有仙鹊衔紫泥补殿之隙缺，凡十五处"。

[11] 石像生：陵墓前神道两侧，用石头雕刻的文武官员和珍禽异兽组成的仪仗
队。俗称"石人石马"或"石人石兽"。"生"，意为犹如活人、活兽一般。

[12] 河南省文物考古研究所《北宋皇陵》第 450、451 页，中州古籍出版社 1997
年版。

[13] 牛达生《闲话西夏陵》，《寻根》2003 年第 5 期。

[14] 《简报》注意到椽洞的存在，认为"洞内还残留有腐朽的木质"，"椽洞向
下一侧的洞壁填以石块和碎砖，以防木椽因受力向下滑动而使洞口变形"。
但《简报》未对木椽的作用作出应有的解释，仍称其为斜坡墓道。笔者在
小墓中曾见到以木椽置于墓道台阶前部，用以加固台阶的做法。

[15] 宁夏文物考古研究所《银川西夏陵区三号陵园东碑亭遗址发掘简报》，《考
古与文物》1993 年第 2 期。宁夏文物考古研究所《西夏陵区 3 号陵园西碑
亭遗址发掘简报》，待发。

[16] 宁夏回族自治区文物考古研究所、银川西夏陵管理处《宁夏银川市西夏陵 3
号陵园遗址发掘简报》，《考古》2002 年第 8 期。

[17] 同 [13]。

[18] 牛达生《西夏陵考察测绘工作概述》，《宁夏社科情报》1990 年第 2 期。

[19] 宁夏回族自治区博物馆《西夏陵区一〇八号墓发掘简报》，《文物》1978 年

第 8 期。

[20] 上海纺织科学研究所纺织史组《西夏陵区一〇八号墓出土的丝织品》，《文物》1978 年第 8 期。

[21] 宁夏回族自治区博物馆《西夏陵区一〇一号墓发掘简报》，《考古与文物》1983 年第 5 期。

[22] 河南省文物考古研究所《北宋皇陵》第 410 页，中州古籍出版社 1997年版。

[23] 吴峰云《西夏陵园及其建筑特点》，《宁夏文物》1986 年创刊号。

[24] 宁夏文物考古研究所《西夏陵园北端建筑遗址发掘简报》，《文物》1988 年第 9 期。

[25] 同〔1〕。

[26] 同〔24〕。

[27] 此遗址有人认为是"瓮城"，但凸出去的部分，并无门与外面相通，故此说尚可商榷。

[28] 宁夏回族自治区博物馆《银川缸瓷井西夏窑址》，《文物》1978 年第 8 期。

[29] （明）胡汝砺编、陈明猷校勘《嘉靖宁夏新志》卷四，宁夏人民出版社1982 年版。

[30] 牛达生《西夏陵》，《中国大百科全书》（文物·博物馆）第 625、626 页，中国大百科全书出版社 1993 年版。

[31] 《宋史·夏国传上》卷四八五载景祐二年，李元昊"始大建官，以嵬名守全、张陟……辈主谋议"。

[32] 宁夏文物考古研究所《闽宁村西夏墓地》第 147 页，科学出版社 2004年版。

[33] 许成《银川新市区西夏墓》，《中国考古学年鉴》（1985 年）第 250 页，文物出版社 1985 年版。

[34] 银川市文物管理所编《银川市文物志》第 50、51 页（1987 年）。

[35] 西考保《宁夏考古屡获新成果——清理两处墓葬，发现一处塔群遗址，出土各类文物两千余件》，《中国文物报》1999 年 11 月 3 日。

[36] 与兴州"兴庆府"（今宁夏银川市）、灵州"西平府"（今宁夏吴忠市）并列。

[37] 宁笃学、钟长发《甘肃武威西郊林场西夏墓清理简报》，《考古与文物》1980 年第 3 期。

[38] 陈炳应《甘肃武威西郊林场西夏墓题记、葬俗略说》，《考古与文物》1980

年第 3 期。

［39］宁笃学《武威西郊发现西夏墓》，《考古与文物》1984 年第 4 期。

［40］孙寿岭《西夏的葬俗》，《陇右文博》1996 年创刊号。

［41］同［40］。

［42］武威地区博物馆《武威西关西夏墓清理简报》，《陇右文博》2001 年第
2 期。

［43］姚永春《武威西郊西夏墓清理简报》，《陇右文博》2000 年第 2 期。

［44］郑隆《准格尔旗大沙塔壁画墓及附近古城》，《内蒙古文物考古》1981 年创
刊号。

［45］黄明兰《洛阳出土北宋画像石棺》，《考古与文物》1983 年第 5 期。

［46］盖山林《内蒙古西部地区西夏和党项人的文物》，《前线》1992 年第 3 期。

［47］陈国灿《乌海市所出西夏某参知政事碑考释》，《内蒙古大学学报》1997 年
第 4 期。

［48］［俄］克恰诺夫《俄藏黑水城文献·前言》第 11 页，《俄藏黑水城文献》
第 1 卷，上海古籍出版社 1996 年版。

［49］［俄］孟列夫著、王克孝译《黑城出土汉文遗书叙录》第 46 页，宁夏人民
出版社 1994 年版。

［50］（宋）范镇撰、汝沛点校《东斋记事》卷三，中华书局 1980 年版。

［51］尕藏才旦、格桑本《天葬——藏族丧葬文化》第 96 页，甘肃民族出版社
2000 年版。

［52］（宋）上官融《友会谈丛》卷下，中华书局 1991 年版。（清）张鉴撰、龚
世俊等校点《西夏纪事本末》卷一〇，甘肃文化出版社 1998 年版。

［53］陈炳应《西夏谚语——新集锦成对谚语》第 9、99 页，山西人民出版社
1993 年版。

［54］戴应新《折氏家族史略》第 50 页，三秦出版社，1989 年版。

［55］尕藏才旦、格桑本《天葬——藏族丧葬文化》第 85、87 页，甘肃民族出版
社 2000 年版。

四　西夏城址及遗址

西夏雄踞祖国西疆，地域辽阔。《宋史·夏国传》云："夏国境土，方二万里。……河之内外，州郡凡二十有二。"其间城镇堡寨，更不知凡几。西夏太祖继迁，在抗宋自立后，就"招纳叛亡，建立州城"，以便有"且耕且战之基"[1]。景宗元昊时，"始于汉界缘边山险之地三百余处修筑堡寨"[2]。崇宗贞观年间，打破夏军流动作战的常规，更仿中原制度，在沿边"多筑堡栅"，以为防守[3]。就史籍所见，西夏所筑城镇堡寨，有的是作为统治中心而建的，如兴州、灵州；有的是为控御蕃部而建的，如省嵬城；有的是为了保护商路而建的，如浊轮寨；而更多的则是为了军事需要而建的，如黑城、凉州近旁诸寨等。

对西夏古城的考古工作，在 20 世纪初就开始进行了。西夏黑水城故址的发现及大量西夏文书的出土，对西夏学的研究产生了深远的影响。50 年代以来，在宁夏先后发现了石嘴山省嵬城、同心韦州城和海原西安城。在内蒙古发现了临河高油房古城、达拉特旗城塔村古城、鄂托克旗陶思图古城、吉兰泰镇希勃图古城等数十座西夏城址。80 年代，甘肃和内蒙古的考古工作者们先后对黑城进行了调查和清理。90 年代，甘肃古浪县发现干城、石井子、大鱼沟等西夏城址。与此同时，还在西夏故地发现了多处西夏遗址，出土了不少珍贵文物。这些发现，对西夏政治、经济、军事和物质文化的研究都有重要价值。

（一）内蒙古境内的西夏城址

据《中国文物地图集·内蒙古自治区分册》（西安地图出版社 2003 年版）记载，西夏城址遍布内蒙古西部伊克昭盟、巴彦淖尔盟、阿拉善盟、包头、乌海市等地，总计三十四处。其中伊克昭盟就有十五处之多。

1. 额济纳旗黑城古城

黑城古城，属古居延地区，位于内蒙古额济纳旗达赖库布镇东南 25 公里的荒漠地带，蒙古语称"哈拉浩特"。由于地处巴丹吉林沙漠边缘，气候干燥，水源短缺，古城内埋藏的大量文物得以保存。1908 年和 1909 年俄国探险家柯兹洛夫、1914 年英国人斯坦因、1927—1931 年中瑞西北考察团先后在这里考察、测绘和发掘，出土大量珍贵文书和文物。其中柯兹洛夫所获最为丰富，主要是西夏文和汉文文书，并为国际学术界所瞩目。

20 世纪 50 年代以来，阿拉善盟曾先后归属于宁夏、甘肃和内蒙古等省区。1972—1979 年，甘肃省文物部门在发掘居延地区汉代城障、烽燧遗址的同时，多次到黑城一带进行踏勘。1983 年和 1984 年，内蒙古文物部门两次在这里进行考古发掘，总发掘面积 11000 平方米，清理出房屋基址二百八十七间（所），出土了大量珍贵的文书、文物，并获得了难得的城市建筑资料[4]。

黑城南临干涸的额济纳河河床。额济纳河古称"弱水"或"黑水"。"额济纳"为"亦集乃"的音转，"亦集乃"就是西夏语黑水的意思。这条河发源于祁连山，并流入黑城东北方的大泽——居延海（今嘎顺淖尔湖）。在古代，居延地区带曾是一片绿洲。汉代设居延县，属张掖郡，大筑边塞亭障，屯戍活动极其活跃。20 世纪 30 年代，此地因出土居延汉简而名噪天下。

黑城位于古居延城南约 15 公里处，这里就是西夏黑水城和元代亦集乃路旧址。西夏时期这里有河流、农田、牧地、居民，也是黑水镇燕军司治所，是西夏防卫吐蕃和回鹘的北方军事重镇。元至元八年（公元 1275 年），著名的旅行家马可波罗曾途径这里，记载了在黑水城所见情况："从此甘州城首途，若骑行十六日，可抵一城，名曰'亦集乃'（Edzina）。城在北方沙漠边界，属唐古特。居民是偶像教徒。颇有骆驼牧畜，恃农业、牧业为生。盖其人不为商贾也。"[5]说明这里农牧业发达，居民信仰佛教。从出土的大量文献和文物看，这里的文化也较发达。《元史·地理志》称亦集乃路"乃汉之西海郡居延故城。西夏尝立威福军"。考古资料证明，这则记载是不准确的，"汉居延故城不在黑水城，而是在黑水城东部"，也不是西夏威福军治所，而是"西夏黑水镇燕军司所在地"[6]。

如今的黑城，地处一望无际的沙漠之中。城墙、城门基本上保留下来。平面布局略呈方形，东西长 421、南北宽 374 米。四周城垣保存较好，基宽 12.5、顶宽 4 米左右，平均高度达 10 米以上。东西两墙置城门，东门偏北，西门偏南，相错而设。城门外皆有方形"瓮城"，门皆南开，以避风沙。城墙四角增加厚度，筑有向外突出的圆形角台。城墙顶部外缘建有女墙，系用土坯砌成，没有垛口。墙体夯筑，夯层明显，墙内尚存木骨夹棍。城垣外有马面二十个，计南北各六个（南垣最西一个被毁），东西各四个；马面作方形，有收分，端头翘起。

城内至今仍存断垣残壁，范围约略可辨。现已探明，城内主要大街，东西向的有四条，南北向的有六条。大街两侧多为店铺和民居，还查清了元代总管府、广积仓的位置。佛寺遗址散见于城中，清真寺与墓地分布于城外西南。

另外，在城垣西墙北端和西北角台上，建有五座喇嘛塔，在城中心建有三座佛塔，在城外西北隅有佛塔群，在南城外有佛塔一座，总计二十余座。这些大小不同、残损程度不一的佛塔，使古城更为雄伟壮观，也使这座在大漠中沉寂了数百年的古城更具魅力，令人遐想。

过去认为，这就是西夏黑水城故址。但考古证明，现在的城是叠压在一起的大小两座城址，大城并非西夏黑水城，而是元亦集乃路故城，而东北隅的小城才是西夏黑水城址。小城东北两面墙体被压在大城城垣之下，修筑大城时作为基础使用。而西南两面墙体，则被元代居民改造利用，分解为不相连属的数段。其上的建筑，被柯兹洛夫称为"高台建筑"。小城平面呈方形，边长238、墙基宽9.3米。城墙平地筑起，墙土系由别处运来，夯筑结实，夯层清楚。小城南墙中段，尚有小城城门、瓮城遗迹。瓮城方形，门向东开。综合上述现象，西夏黑水城建制为"城的平面呈正方形，正南设城门，有瓮城、马面、角台等设施。利用额济纳河为天然屏障，未设护城壕"。这种设置状况，"具有明显的军事性质"[7]。

历次对黑城的考古调查和发掘，出土了大量的文书和文物。1909年，柯兹洛夫在城外西北被称为"图书馆"的一座墓塔内，发现了大量西夏文书，其中有西夏文、汉文文书近五百种，绘画三百余幅等，内容十分丰富。这大量的文书，是继殷墟甲骨、敦煌遗书之后的又一次重大考古发现。这项空前的内涵极其丰富的重大考古发现，为西夏研究开辟了新纪元。1983年和1984年，内蒙古文物考古研究所在城内发掘出土的多为元代遗物，有建筑材料、生产工具、武器、日常生活用品、文具玩具、鞋帽服饰、钱币印章、宗教用品等，都有重要研究价值。

在黑城出土的文物中，最重要的莫过于西夏文书和绘画。西夏文书我们拟在第九章中详为论述，这里对绘画略作介绍。

黑城绘画，现已公布的近六十幅[8]。这里所说的绘画，实际上多为卷轴画（包括唐卡）。从质地讲，大多数为绢本绘画，也有纸本绘画，还有当时中原所无的棉布绘画、木板绘画。从内容讲，主要是佛教绘画，还有少量道教绘画和世俗绘画。佛教绘画中中原风格的有阿弥陀佛接引图、水月观音、观自在菩萨、大势至菩萨、文殊菩萨、普贤菩萨、炽盛光佛、毗沙门天王等；藏传佛教风格的有圣三世明王曼荼罗图、欢喜金刚、不动明王、金刚亥母、降魔成道图、八相塔图和坛城图等；道教绘画有玄武大帝、玉皇大帝、月孛星图、木星、土星、月星图等；世俗绘画有贵人图、相面图等。这些绘画作品内容极为丰富，反映了西夏绘画的时代气息和民族特点，具有很高的欣赏价值和研究价值。

需要顺便一提的是，20世纪60年代以来，在宁夏的青铜峡一〇八塔的2号小塔中，在贺兰拜寺口双塔和宏佛塔的维修工程中，在额济纳旗绿城遗址中，也发现了类似黑城的近二十幅佛画、唐卡等，又为研究西夏绘画增添了新的实物资料。

2. 额济纳旗绿城城址

绿城古城，在额济纳旗境内，位于著名的西夏黑水城东南20公里处，因城西绿庙得名，1991年被中央电视台《望长城》摄制组发现。1993年，内蒙古博物馆又作了进一步调查。平面近椭圆形，东西约180、南北约150米。南北两墙略直。城内遗迹较多，城西有八处寺庙遗迹、数十座塔基和方形墓[9]。在南面的一座遗址内，发现了两尊泥菩萨；在东面的遗址中，发现露出地表的木柱，在其周围有泥佛残臂、西夏文佛经及绢质佛画一幅（唐卡）[10]。

在两尊泥菩萨中，甲像基本完整，仅手脚略有残损。像高64厘米，单腿盘坐，头戴花冠，两耳垂肩，面带笑容，眉心点红，颈部佩带项圈，上身裸露，身披彩巾，下身内穿彩裤，外系罗裙，腰间系花结。两菩萨均装饰花丽，神态安详自然，有较高的艺术价值。

西夏文佛经多为残本，经整理翻译，印本有《金刚般若波罗蜜多经》、《圣观自大悲心总持功德依经集》、《顶尊相胜总持功德依经录》等，写本有《佛说消除一切疾病陀罗尼经》。《金刚经》历来流传很盛，绿城有多种版本出土，说明此经在西夏流传甚广，影响很大。《顶尊相胜总持功德依经录》经研究，部分页面正好是仁孝仁宗为皇后冈氏所写的施经发愿文，对研究西夏印经有重要价值。

3. 阿拉善左旗希勃图城址

希勃图城址，位于阿拉善左旗吉兰泰镇希勃图嘎查东约500米的山丘上。其间修有长500、宽4米的盘山路可直达古城。平面呈长方形，南北长60、东西宽40米。墙体内外石块砌筑，中间填充红土碎石，残高1—2米。东墙正中设门，城四角有长方形石砌角台，向外各设置望孔两个。城中设置望台一座。采集有白釉瓷片、石磨盘及"崇宁通宝"钱。据推测，这里是西夏"白马强镇（军司）故城"[11]。

4. 临河高油房古城

高油房古城，位于内蒙古临河市古城乡，现在还有人居住。1956 年以来，农民在古城内农耕取土时，便常有文物出土，其中有陶器、瓷器、铜器、铁器、钱币、玉印、铜印等等，还有造型精美、做工精细的金佛、金碗、金盏托、鱼形纹金剔指、镂空人物金耳坠等，是少见的西夏文物珍品。这些文物的屡次出土，说明这是西夏时期的一座重要城址。高油房大量文物和珍贵金银器的出土，说明它是在遭到突然袭击后被毁损的[12]。

经内蒙古文物部门调查，古城略呈方形，方向正南，东墙保存较好。边长约 990 米，墙基宽 7—8、残高 1—5 米。四墙正中设城门，外有瓮城，东西墙的瓮城门南向，南北土墙瓮城门向东。城垣四角有角楼基址，直径 15 米。每面城墙的外侧都有马面七个，间距约 60 米。

城内以南北门为界分为东西两面，土质明显不同。西面以灰黄色土为主，土质较好，多有村民居住，间有耕地。东面以灰黑土为主，土地碱化，不生草木。东南部有房屋遗迹，还有宽约 2 米的巷道，在巷道两侧还挖出了排水沟和用石磨盘覆盖的水井。东北部可能是西夏铸造铁钱的场所，1958 年大跃进时挖出大批铁钱。这里的文化层很厚，最深处可达 3 米。据说，马、牛、羊骨很多，整窖出土。其他西夏古城也有类似现象，值得研究。

高油房古城，比黑城的西夏小城大，比黑城的元代大城也大，是现知西夏最大的城址。从丰富精美的出土文物看，可以想见它的地位和繁荣程度都不会小于黑城。这里地处西夏北部地区，南临黄河，面对辽金，具有重要的战略地位。但他是西夏的什么城呢，值得关注，有人认为"或许就是文献中的斡罗孩城"[13]，也有人认为它是"西夏黑山威福监军司故城"[14]。

5. 达拉特旗城塔村城址

城塔村古城，位于达拉特旗耳字壕乡城塔村西。古城背山面水，在哈什拉沟河谷的北边。略呈方形，东西490、南北436米。受河水冲刷，仅东南角存留城墙，残高1—2米，其余皆为耕地。古城内陶瓷残片随处可见，还有宋、金钱币。内蒙古文物部门收集到白瓷罐、大碗、黑釉小口瓶等物，还有上印"西京雍和坊松砚瓦记"题款的残砚一件[15]。"西京"为辽、金时代的大同。这里与辽、金接壤，"西京"字砚的发现，说明双方互有往来。

6. 鄂托克旗陶思图城址

陶思图古城，位于鄂托克旗陶思图村东北3公里处。它北临黄河，南接大漠，为沙垄环抱，南面越过沙垄250米，即为包兰铁路。古城的黄土夯筑，保存较为完整。古城坐北朝南，略呈方形，东西78、南北73米；墙基宽4、残高1.5米；城墙四角高出地表4.5米，似有角台建筑。在西、南二墙正中辟门，门道宽6米。堡内遗物以陶片为主，有零星瓷片，还有砖瓦等[16]。

陶思图城的城门开在西、南两墙，比较少见，或许与沙垄环城的地形有关。这里位于西夏都城兴庆府北部，可能是拱卫京畿的驻军小城。

7. 准格尔旗城坡城址

城坡古城，位于准格尔旗哈岱高勒乡城坡村约 500 米处，踞黄河北岸。古城依山而建，西高东低，分为南北两城。北城为大城，平面略呈梯形，北墙长 300、南墙长 200 米，东西墙分别为 200、210 米。墙基宽约 3、残高 1—7 米。西墙正中设门，有瓮城，四角有角台。南部为小城，其北墙即为大城南墙东段，又向东延伸 90 米。平面略呈横长方形，东西长 290、南北宽 50 米，基宽 2、残高 1.5 米。地表散布建筑构件及陶瓷残片、铁器等。瓷器残件有罐、碗、盘、碟等[17]。城坡古城与金代的城湾古城（今山西河曲县境内）隔河相望，是西夏边防驻军城堡，在军事上有重要意义[18]。

（二）宁夏境内的西夏城址

1. 石嘴山省嵬城故址

省嵬城位于宁夏石嘴山市惠农县庙台乡。这里为古代定州地，南距西夏都城兴庆府（宁夏银川市）约 50 公里，土地膏腴，人口众多，向为蕃族樵牧之地，在军事上有重要意义。早在西夏建国前的公元 1024 年，德明就"筑省嵬城于定州"，"以驭诸蕃"[19]。这是西夏最早建筑的城址。"省嵬"这一地名一直保存到现在，这在西夏学研究中是不多见的。

1965 年和 1966 年，宁夏文物部门两次到这里试掘，对南门进行了清理，并发表了《简报》[20]。

古城略呈方形，夯土筑成，北墙长 588、南墙长 587、东墙长 593、西墙长 590 米，城墙残高 2—4 米，有收分，下墙宽 13 米。东、西两墙没有城门，东南二面辟门，只有一个门道。南门道长 13.4、宽 4.1 米。门洞两侧铺一层不甚规整的长条石作基座，基座上有四个圆形石柱础。门道中有一道石门槛，用规整的条石砌筑，高出地面 0.3 米，长 3.1、宽 0.4 米。石门槛两端各有一个石门枕，上面均有沟槽，似为安装门框之处。沟槽北边是一个半圆形的孔，高出地面 0.5 米，是承门枢的轴孔。

发掘时，在门两侧发现斜立着的经火烧过的木柱，在填土中发现大量木炭和烧结块、铁门钉、铁片、鸱吻残件等。此外，还有罐、瓶、碟、碗等瓷器，有秃发状的人头像、瓦胎石砚台、弩机牙、石纺轮及钱币等。在城址中未发现砖瓦，但却有大量木炭和骆驼、马、牛、羊骨头出土。

有几种现象值得注意：

第一，公元 1033 年，李元昊即位之初，为改革旧俗，"制秃发令。先自秃发，及令国人皆秃发，三日不从令，许众杀之"[21]。作秃发状的瓷人头像的出土，真实地反映了西夏的社会习俗，为西夏人的发式提供了形象的资料。

第二，在出土的近二百枚钱币中，有"开元通宝"、"乾元重宝"、"唐国通宝"、"建炎通宝"、"正隆元宝"等，总数不到二十枚，其余全是北宋货币，最早的是"至道元宝"，最晚是"宣和通宝"，约占 90%，而西夏钱币竟不见一枚。这一现象说明，西夏商品经济不够发达，社会流通的主要是北宋钱而非自铸钱币，西夏在经济上对宋朝依赖性很大。

第三，据《宋史·夏国传》载，西夏"俗皆土屋，惟有命者，得以瓦覆之"。除城门中有少量砖瓦外，在城址中未见砖瓦，或许正是这一情况的反映。

第四，灭亡西夏的战争，极为残酷，屠城杀戮，难以计数。在门两侧发现有斜立着的经火烧过的木柱，在填土中发现大量木炭和烧结块，似乎说明省嵬城被毁于蒙古灭夏战争时期。

2. 同心韦州故址

韦州城位于宁夏同心县韦州镇老城。这里东为青龙山，西为小罗山，两山间地势平坦，其南为宋夏边界，地理位置十分重要，是扼守南北交通要冲的西夏静塞军司所在地。"韦州"这一地名，也是从西夏沿用至今的。

韦州城平面略呈方形，东西长 571、南北长 540 米。东、南两墙辟门，南门外有瓮城。城墙黄土夯筑，保存尚好，高 10、顶宽 4、基宽 10 米，城墙四周有马面四十九座，间距 43 米。城内有古塔两座，一为建于西夏的康济寺塔，一为建于元代的小白塔[22]。1985 年宁夏文物部门在维修康济寺塔时，曾发现西夏文题记砖和明代铜佛、佛经等多种文物。

3. 海原西安州故址

西安州故城，位于海原县西安乡西 2 公里处。这里背靠天都山，南临锁黄川，地宜耕牧战守。建于西夏初期，"名南牟，为国主游幸处，内建七殿，极壮丽，府库、宫舍皆备"[23]。驻有重兵，是西夏向南扩张的指挥中心。

天都山对西夏极为重要。宋人称这里"介五路间，羌人（指西夏）入寇，必经彼点集，然后议其所向"[24]。宋元丰四年（公元 1081 年），宋五路大军伐夏，熙河经略使李宪率兵一路"营于天都山下，焚夏之南牟，并其府库"。元符二年（公元 1099 年），"以南牟会新城建为西安州"[25]。宋靖康元年（公元 1126 年），夏乘宋金交战之机，攻取西安州，直至夏亡。明成化四年（公元 1468 年），于城中筑隔墙一道，分为南北二城。

据调查,古城黄土夯筑,略呈方形,边长 700、基宽 12 米。北城倾圮严重,残墙仅高 2—3 米。南城保存较好,墙高 4—8 米。东西偏南各开一门,门道宽 8 米,门外围以直径约 12 米的半圆形瓮城。地面有宋夏瓷片,出土过明宣德炉、铜镜等[26]。

4. 银川北沙城子城址

北沙城子城址,位于银川市西夏区北 6 公里处,现为贺兰山农牧场占用。古城残基尚存,略呈长方形,东西长 1000、南北宽 800 米。城中有建筑台地一处,地表有西夏时期的琉璃砖瓦等建筑材料,如绿色琉璃莲花纹方砖、忍冬纹条砖等。还发现四方柱础,直径 88、高 37 厘米,其中两方刻有莲花纹[27]。

(三)甘肃古浪西夏城址

西夏占领甘、凉等地,控制河西走廊后,对东西方经贸往来和文化交流产生了重大的影响。凉州、甘州、肃州、沙州等城,皆为西夏要地,河西地区当有更多堡寨遗存。史载,熙宁六年(公元 1073 年),西夏为防止宋军入侵,就曾"修凉州城及近旁诸寨"[28],但见之报道的仅古浪县数城[29]。古浪位于武威东南部,西夏时属凉州之地,此数城或即熙宁时所修筑。兹简述如下。

1. 干城城址

干城城址,位于古浪县干城乡干城村西北 1.5 公里处。平面呈长方形,东西长 140、南北宽 130 米,总面积 18200 平方米。城墙夯筑，墙基宽 3、残高 6 米。城内外地表散见大量灰陶片，说明该城始建于汉代。又散见黑釉、白釉、豆绿釉瓷片，说明西夏时期仍在使用。

2. 大鱼沟城址

大鱼沟城址，位于古浪县干城乡大鱼沟村东北 1 公里处。平面呈纵向长方形，东西宽 120、南北长 100 米，总面积 12000 平方米。城墙夯筑，墙基宽 4、顶宽 2、残高 10 米。西墙开门，四角筑墙墩。地表散见黑釉、青花瓷片，与武威塔儿湾所出西夏瓷器相同。

3. 石井子城址

石井子城址，位于古浪县新堡乡石井子村西北 1.5 公里处。平面呈纵向长方形，东西宽 350、南北长 500 米，总面积 175000 平方米。城墙夯筑，墙基宽 3、顶宽 1、残高 7 米。南墙开门，东北角、西北角筑墙墩。地表散见黑釉、白釉褐、豆绿釉瓷片，与武威塔儿湾所出西夏瓷器相同。

（四）西夏遗址

1. 贺兰山中的西夏遗址

贺兰山是西夏的"神山"、"圣山"，西夏统治者曾在山中大兴土木，景宗元昊"大役丁夫数万，于山之东营离宫数十里，台阁高十余丈，日与诸妃游宴其中"[30]。经初步调查发现，在贺兰山中部南起三关口，中经榆树沟、山嘴沟、大口子沟、滚钟口沟、黄旗口沟、镇木关沟、拜寺口沟、苏峪口沟、贺兰口沟、插旗口沟、西伏口沟、北迄大水口等十三条山沟中，皆有西夏遗址。有的沟内有多处遗址，或在山间高台，或在沟边台地上，或在沟中较宽广的地方，只要有适合地形，皆有遗址可寻。

　　这些遗址面积大小不等，残破砖瓦、陶瓷残片随处可见。遗址前多有高低不等的石砌护壁。数万平方米的大型遗址，多被群众称为"殿台子"、"皇城台子"。有的沟内还有陶瓷窑址。位于银川西北约90公里的大水口遗址，群众称为"昊王避暑宫"。遗址在山口两侧，层层台地，依山势而建，皆有石砌护壁，高数十米，绵延数公里，规模宏大。有的地方尚见断垣残壁，有的遗址基座、台阶尚存[31]。

　　拜寺口沟从东向西依次有土关关、峡道、方塔区、南面台子等多处遗址。其中殿台子遗址在沟尽头贺兰山分水岭下，坐西面东，呈八字形展开，有六级台地，约50000平方米。地表建筑材料俯拾即是，其中琉璃砖瓦不少，有绿色、酱紫色等；有的为白色瓷胎，质地坚硬，造型规整，如绿釉六边形莲花纹砖，十分精美[32]。

　　拜寺口北寺大型塔群遗址，残留塔基六十二座，有方形、八角形、十字折角等形式，分布在十一级平台上。有的塔基有塔心室，内装擦擦（小泥塔），有的基座上尚残留彩绘壁画和梵文咒语[33]。

　　上述遗址，为研究西夏建筑提供了重要资料。

2. 额济纳旗古庙遗址

　　古庙遗址，位于内蒙古额济纳旗达兰库布镇东约40公里处。古庙附近几十公里的范围内，散布着大大小小的红柳冢（长着红柳的沙土丘），少有人烟。这座数百年之前的古庙，就埋在红柳冢下面。古庙附近古迹很多，在沙丘中暴露出来的就有房基、残塔、土台、土坑、灰坑和古墓，还有圆形的石碌碴等，说明这里曾经是个人口密集的地方。但元代以后，此地逐渐荒废，以致连个地名也没有流传下来。

1963 年，内蒙古文物部门清理发掘了古庙遗址，发现了泥塑造像十五躯。古庙坐西向东，宽 5.62、进深 4.65 米；庙壁四角的壁柱尚存，在积土中清理出枋、梁、檐椽、墙角柱、斗栱、华栱等。庙壁由土坯垒砌，因受积沙压力而内倾，仅北墙直立，残高 2.87、厚 0.42 米。墙外表抹草拌泥，外刷红粉，红粉中杂有碎麻。壁面四周绘红黑套边的云纹或莲瓣纹。

庙内后三墙各有大型塑像五尊，立于土坯砌就的高近 1 米的土台上。计有佛像一、弟子二、菩萨二、金刚力士四、供养人六身；另有小佛像数身，大部分保存完好[34]。

在这组塑像中，原编 4、5、6 号三像较有特色，均为供养人立像，皆身材适度，衣纹流畅，造型精工，可谓这组佛像的代表作。5 号为一老者，身高 1.29 米；束发连冠，脸面清秀，髭须修长，面目慈祥；身披宽袖大衣，下穿长裙，裙间下垂彩带。4 号像为一中年男子，方脸丰润，头戴方巾，巾带绾结于颏下；外披大衣，内穿交领衫，下穿长裙，裙间有花纹饰带，右手上提置胸前，左手挽宽袖下尾。神态自然，栩栩如生。6 号为中年女像，身高 1.23 米，方圆脸，簪发贴花，眉清目秀，脸色温顺；身披宽博大衣，胸着璎珞，下穿长裙，裙间有花纹饰带。

另有力士像比较奇特，如原编 2 号，上身裸露，披巾结于胸前，下穿彩裙；面相严峻，鼓腹挺肚，刚劲有力，很像一个蒙古摔跤手，与一般力士造像风格完全不同。

另有供养人坐像，头戴东坡巾[35]，身着宽博大衣，方脸长须，一幅道貌岸然的神态，十分写实。

额济纳旗，西夏时期为黑水镇燕军司所在地，是西夏的边防重地，也是畜牧业发达、游牧民族频繁活动的地区。但这批佛像，在人物造型、服饰方面，与太原晋祠圣母殿的宋代塑像，有很多相似之处，头戴东坡巾的老者，更是宋朝人的形象。但它"比晋祠宫女的服饰要艳丽得多，衣纹要流畅得多，色彩要灿烂得多。从造型风格看，都深具现实人的生活韵律，而不带阴霾的宗教之感"。"从塑像的衣饰和面容看，完全是汉族式样"[36]，说明这里也是汉族人活动的地区。如果没有众多汉族人民在这里生活，这批佛像就失去了存在的依据。过去，总觉得这荒漠地带是少数民族的天下，看来这种认识是应当重新审视的。

3. 准格尔旗周家壕遗址

周家壕遗址，位于内蒙古准格尔旗哈岱高勒乡张家圪旦村附近一处向阳坡地上。地势北靠山丘，三面临沟，总面积约10000平方米。1989年，内蒙古考古所配合铁路工程，对城址进行了抢救性发掘。在遗址中部开挖5×5米探方四十个，清理灰坑五个，发掘面积1000平方米，出土大量家畜骨骼及各类瓷片等文物，并发表了简报[37]。瓷器以青釉为主，还有黑釉、酱釉、白釉、绿釉等，多为碗、盘、碟等小型器物及大缸。造型简单，工艺粗糙，大多与宁夏灵武窑瓷器相类。

4. 安西榆林窟坛城遗址

2004年10月，在甘肃安西榆林窟发现西夏时期大型坛城遗址。该遗址是在航空照片上发现，并经有关专家先后六次实地考察才确认的。这是我国发现的年代最早的坛城遗址之一，也是我国保存最为完整、规模最大、形制最清晰的坛城遗址，是西夏遗址中的新类型。

坛，是梵语曼荼罗（mandala）的汉译，藏语称"吉科尔"，是佛教的理想之城，也是壁画的主要图像之一，在敦煌莫高窟第 465 窟和安西榆林窟第 3 窟就有坛城图像。壁画上的坛城，是以不同的颜色彩绘的，坛城内供奉各种神佛。另外，还有木制的、金属材料制的立体坛城，是密教修法时用来安置佛像，放置供物、供具的地方。立体坛城，是密宗教徒观修、灌顶场所必有的设置。而安西坛城，则是建在地面上的大型坛城，是西夏高僧大德进行重大佛事活动的场所。

安西坛城遗址，位于城东北 6 公里处的戈壁滩上。平面呈正方回字形，外墙边长 142 米，而残高不足 1 米；内墙边长 109 米，残高数十厘米不等；其中心为一直径 49.3 米的大圆坛。大圆坛中间偏北处，有一座 6.3 平方米的方形台基，台基北侧 3 米处有一直径 4.5 米的圆形坛基。外城北墙内侧有三十个小土堆，直径 1.2—1.4、残高 0.2 米。遗址平面布局清晰，大体保持了原有面貌。在坛城内外，发现有青花瓷片、黑釉瓷片和人工砍削过的木橛。这处遗址的发现，为研究密宗佛教仪轨提供了重要的实物资料[38]。

注　释

[1]（宋）李焘《续资治通鉴长编》卷四二，中华书局 2004 年版。

[2]（宋）李焘《续资治通鉴长编》卷一三二，中华书局 2004 年版。

[3]（元）脱脱等《宋史·何常传》，中华书局 1977 年版。

[4] 内蒙古文物考古研究所、阿拉善盟文物工作站《内蒙古黑城考古发掘纪要》，《文物》1987 年第 7 期。

[5] 冯承钧译、党宝海新注《马可波罗行纪》，河北人民出版社 1999 年版。

[6] 陈炳应《西夏文物研究》第 92—96 页，宁夏人民出版社 1985 年版。

［7］同［4］。

［8］［俄］米开罗·皮欧特罗夫斯基编、许洋主译《丝路上消失的王国——西夏黑水城的佛教艺术》，（台湾）历史博物馆 1996 年版。

［9］国家文物局主编《中国文物地图集·内蒙古自治区分册》（下册）第 640 页，西安地图出版社 2003 年版。

［10］史金波、翁善珍《额济纳旗绿城新见西夏文物考》，《文物》1996 年第 10 期。

［11］国家文物局主编《中国文物地图集·内蒙古自治区分册》（下册）第 631 页，西安地图出版社 2003 年版。

［12］陆思贤、郑隆《内蒙古临河县高油房出土的西夏金器》，《文物》1987 年第 11 期。

［13］郑隆、陆思贤《临河县高油房西夏城址的调查》，"西夏研究学术讨论会"论文（1981 年）。

［14］王天顺主编《西夏地理研究》第 130、131 页，甘肃文化出版社 2002 年版。

［15］汪宇平《达拉特旗城塔村古城》，《文物参考资料》1954 年第 8 期。

［16］张郁《鄂托克旗陶思图西夏城堡》，载《内蒙古文物资料选辑》第 172 页，内蒙古人民出版社 1964 年版。

［17］内蒙古文物考古研究所、伊克昭盟文物工作站《内蒙古准格尔煤田黑岱沟矿区文物普查述要》，《考古》1990 年第 1 期。

［18］郑隆《准格尔旗大沙塔壁画墓及附近的古城》，《内蒙古文物考古》1981 年创刊号。

［19］（清）吴广成撰、龚世俊等校证《西夏书事校证》卷一〇，甘肃文化出版社 1995 年版。

［20］宁夏展览馆《宁夏石嘴山市西夏城址试掘》，《考古》1981 年第 1 期。

［21］（宋）李焘《续资治通鉴长编》卷一一五，中华书局 2004 年版。

［22］宁夏回族自治区文化厅、文管会编《文物普查资料汇编》第 112 页（1986 年）。

［23］（清）吴广成撰、龚世俊校证《西夏书事校证》卷二五，甘肃文化出版社 1995 年版。

［24］（元）脱脱等《宋史·张叔夜传》，中华书局 1977 年版。

［25］（元）脱脱等《宋史·地理志》，中华书局 1977 年版。

［26］宁夏回族自治区文化厅、文管会编《文物普查资料汇编》第 180 页（1986 年）。

[27] 银川市文物管理所编《银川市文物志》第 21 页（1987 年）。

[28] （宋）李焘《续资治通鉴长编》卷二四四，中华书局 2004 年版。（清）吴广成著、龚世俊等校《西夏书事校证》卷二四，甘肃文化出版社 1995 年版。

[29] 郭振伟《甘肃河西的西夏窑址和城址》，《丝绸之路》1998 年第 1 期。

[30] （清）吴广成撰、龚世俊等校证《西夏书事校证》卷一八，甘肃文化出版社 1995 年版。

[31] 牛达生、许成《贺兰山文物古迹考察与研究》第 9、10 页，宁夏人民出版社 1988 年版。

[32] 宁夏文物考古研究所、贺兰县文化局《贺兰县拜寺沟西夏遗址调查》，《文物》1994 年第 9 期。

[33] 宁夏文物考古研究所、贺兰县文化局《宁夏贺兰县拜寺口北寺塔群遗址的清理》，《考古》2002 年第 8 期。

[34] 内蒙古文物工作队《额济纳旗沙漠中古庙清理记》，《内蒙古文物考古》1981 年创刊号。

[35] 《清理记》称为"高冠"，实际应为"东坡巾"。故宫博物院藏南宋刘松年作"会昌九老图"，其中所绘白居易、李元爽等九老，都戴的是这种头巾。宋代文人喜欢身穿宽博的衣衫，头戴造型高而方正的巾帽。"东坡巾"又称"高装巾子"，巾子为高耸的长方形，戴时棱角对着前额正中，外加一层前面开衩的帽墙，天冷时可以翻下来保暖。黄能馥、陈娟娟《中国服饰史》第 310 页，上海人民出版社 2004 年版。

[36] 盖山林《绚烂多彩的艺术奇葩——记额济纳旗西夏彩塑》，《内蒙古文物考古》1981 年创刊号。

[37] 内蒙古文物考古研究所《准格尔旗周家壕与马家圪旦西夏元代遗址发掘》，《内蒙古文物考古文集》第 1 辑第 579—584 页，中国大百科全书出版社 1994 年版。

[38] 《甘肃安西发现西夏时期大型坛城遗址》，《光明日报》2004 年 10 月 20 日。

五 西夏窑址和窖藏

　　我国是丝绸之国，也是瓷器之乡。瓷窑的发掘和研究，是 20 世纪 50 年代开始的一项考古工作。经过数十年的发展，已成为中国考古学的一个分支。瓷窑考古的发展，使人们摆脱了仅靠文献、传世品研究的局限性，为中国古瓷器和陶瓷史的研究开辟了新的途径。考古发掘为解决相关窑口和窑系的问题提供了丰富而翔实的资料，一些学者据此写出了多种中国陶瓷史的专著。但西夏瓷器和西夏窑如何，则鲜为人知，还是一个新的课题。

　　20 世纪 50 年代以来，在宁夏、甘肃、青海和内蒙古西部的西夏故地，西夏瓷器就有零星发现，多出土于墓葬、遗址、

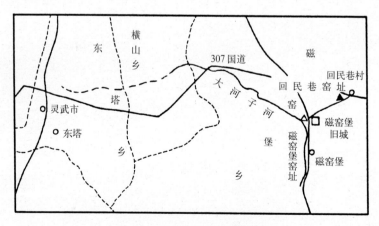

图一六　灵武窑位置示意图

窖藏中。其中1975年宁夏灵武崇兴[1]、1978年甘肃武威青嘴村[2]、1979年青海互助[3]、1982年内蒙古准格尔旗准格尔召乡[4]、1983年青海湟中维新乡[5]等地的瓷器窖藏，出土了玉壶春瓶、剔刻花经瓶、剔刻花扁壶、白釉高足碗等精美瓷器。在此前后，1982年武威塔儿湾[6]、1986年宁夏贺兰山插旗沟、2004年宁夏海原临羌寨古城等地，还发现了西夏窑址，也有精美瓷器出土。这些发现，都为研究西夏瓷提供了重要的资料。但是，正式发掘并揭开西夏瓷面纱的，却只有宁夏灵武窑和灵武窑附近的回民巷窑址（图一六）。

（一）宁夏灵武窑（包括回民巷窑）

灵武窑属古灵州（今宁夏吴忠市）之地。灵州自古就有黄河灌溉之利，是我国古代西部名城，在西夏建都兴庆府（今宁夏银川）之前，一直是宁夏平原的政治、经济、军事、文化中心。唐代开元年间，为朔方节度使治所；安史之乱后，唐肃宗在此即位，一度升为大都督府。宋咸平五年（公元1002年），为夏国主李继迁所陷，夏国的统治中心由夏州（今陕西靖边北）迁此，并改称西平府。公元1020年西夏都城北迁兴庆府后，灵州地位仍十分重要，是西夏三大府之一。毅宗谅诈时，灵州又成为西夏十二监军司之一的翔庆军司所在地。宋元丰四年（公元1081年），宋部署五十万兵力，分五路从不同方向对西夏大举进攻，发动了著名的"灵州之战"。但西夏坚壁清野，这次战争以宋军大败告终。仁宗仁孝时，权臣任得敬以灵州为基地妄图"分土列国"，最终失败，于西夏乾祐元年（公元1170年）被诛。

灵武窑址在灵武市东 35 公里的一个小沙丘上，因地面上瓷片堆积如山，俗称"瓦罐窑"；又因在明代磁窑堡旧城附近，也称磁窑堡窑。灵武窑遗址面积约 24 万平方米。中国社会科学院考古研究所在 1984 年、1985 年和 1986 年分三次对窑址进行了发掘。选择重要部位开挖探方十四个，发掘面积 700 平方米，发现西夏窑炉三座，清代窑炉一座；西夏作坊八座，元代作坊一座；出土瓷器、工具、窑具等三千余件及大量瓷片；并对西夏瓷的种类、造型、纹饰和制造工艺进行了深入的研究，取得重大成果，并见之于《宁夏灵武窑发掘报告》[7]。根据地层叠压关系和出土文物分析，灵武窑创于西夏中期（崇宗、仁宗时期），经元明直至清代，分为五期，其中第一、二期为西夏中晚期，第三期以后属元明清时期。

回民巷窑址，在灵武窑东北约 2 公里处的一个南北向的山梁上。这个窑址东西约 200、南北约 400 米，俗称"瓦碴梁"。1987 年，中国社会科学院考古所曾做过调查[8]。1997 年，宁夏考古所配合天然气输气管道工程，进行了抢救性清理发掘，清理窑炉二座，灰坑三座，出土文物二千余件，对西夏瓷作了重要补充[9]。据研究，回民巷窑略早于灵武窑，并废于西夏晚期。

需要说明，文中的灵武窑，实际上指的是磁窑堡窑，这里只是借用了"灵武"这一名称。从某种意义上说，回民巷窑也应是灵武窑的一个组成部分。现以灵武窑为主，对西夏窑的窑炉和烧制工艺、制作工艺和装饰技法，以及装饰纹饰、瓷器特点等分述如下。

1. 灵武窑的窑炉和烧制工艺

灵武窑的窑炉和烧制工艺，深受宋金影响，大体与中原相

似。但又因地制宜，在某些方面有所改进，形成了自己的
特点。

（1）灵武窑的窑炉、作坊和窑具。灵武窑的窑炉，平面
布局呈马蹄形，由窑门、火膛、窑室和烟囱组成。从遗迹判
断，其建造程序是，先在地上挖一个椭圆形的坑，将窑床、烟
道、炉箅分别置于炕内，然后在地面上围绕坑口用土坯垒砌窑
壁，窑后垒砌烟囱。烧窑时用土坯将窑洞门封闭，门墙上部留
有可开可闭的孔洞，以观察火候。其基本形制"是北方馒头
窑的雏形"。从炉膛内发现煤渣，"知当时是用煤为燃料"的。
有的窑炉如 Y1，在火膛下部有较深的灰坑。灰坑前的工作面，
主要作用是向火膛添煤，照看窑火。由于从宋代开始，北方诸
窑已普遍用煤作燃料，在工作面下设有既可出灰、又可通风的
暗道。值得注意的是，唐代窑炉还没有设置此种暗道，宋代耀
州窑虽有，但比灵武窑要浅。

作坊，是烘坯和施釉的场所，有的也兼作起居之用。灵武
窑作坊，平面布局有方形的，也有长方形的。它们有的建在平
地上，有的则挖深坑筑成半地穴式。四壁用砖或用土坯砌筑。
屋顶早已无存，按常规可能是用较粗的树干作横架，在横架上
铺以树枝茅草，然后用草泥抹平而成。作坊内有火炕，有烟
囱，用以烘坯。T8F2 作坊，室内有三个火膛的大火炕，炕前
有一个盛釉浆的大盆，证明这里是烘坯、施釉的场所。又如
T11F1 作坊，是在生土层上挖一竖穴式深坑，筑有上中下三层
地面，第三层地面有小炕，可睡人；另一端有烘坯的火炕，其
下圆形火膛遗迹尚存，炕内有土坯砌筑的烟道，已被烟熏成黑
色。陕西耀州窑在作坊遗址内也发现烘坯火炕。

烧窑离不开窑具。灵武窑的窑具有匣钵、顶碗、顶盘、顶

钵、垫条、垫饼、垫圈、馒头形窑具和工字形窑具等。这些窑具，除匣钵是放置瓷坯的工具外，其余都是烧窑时支垫瓷坯的工具。

匣钵在唐代开始使用，是烧窑技艺的重大进步。瓷坯放入匣钵装烧，可防止灰尘、杂物落在坯体上，更重要的是避免了明火的接触，使坯体受热均匀，起到保护坯体、提高瓷器质量的作用。灵武窑的匣钵有平底桶状和开底桶状两种，多数近器底壁部有一圈或两圈圆孔。这种匣钵为中原其他窑址所少见。这是因为窑址地处沙漠，气候干燥，室外棚架晾坯易干裂（南方诸窑在室外晾坯），故多采用室内烘坯，致使瓷坯含水量较高。使用这种带孔匣钵，可使水蒸气尽快排出，而不影响器物质量。

（2）灵武窑的烧装方法。计有八种。支圈烧法，是将罐、盘等类器物放在圆形垫圈上烧制。工字形窑具支撑垛烧，是在装烧瓶状器物时，用工字形窑具支撑两侧，使之稳妥。这种窑具的优点是可使器物之间的接触面达到最小的程度。垫条对烧法，是指盆、缸等较大的器物，多用对口烧法。两器对口间衬上几个垫条，可调节器内温差，提高器内温度。芒口对烧法，是指碗、钵等小的器物，将口部所施之釉刮掉，也即形成芒口，然后对口装在匣钵内烧制。器物搭烧法，是多种器物相互搭配装烧。如盆、罐搭烧，在大口盆的内底刮出涩圈，然后倒扣一芒口深腹罐。在肩部做出涩圈的经瓶，也可倒扣上一件碗、钵之类的小器物搭烧。另外还有垫托搭扣法和泥饼插烧瓷钩法。

在所有烧装法中，最重要的是顶碗覆烧法。其所用窑具是顶碗、顶钵、顶盘等，皆是上小下大的喇叭形窑具，最适合烧敞口的碗、盘、钵等器物。烧装时，将这类器物的坯胎扣在顶碗等窑具上，并依次倒扣多件，然后罩以开底式匣钵装烧，称顶碗覆烧法。此法又可细分为两种烧法：一种是坯体施釉后，内底刮掉一圈釉，形成涩圈，然后坯体依次相扣，称为顶碗涩圈覆烧法；一种是在坯体内底不刮出涩圈，而是将器底足圈粘上沙粒，在顶碗等窑具的上口亦放上沙粒，然后坯体依次相扣，称为顶碗沙圈覆烧法。这种烧法，优于一般的叠摞正烧法（指无顶碗支撑，上部坯体压力由下部坯体承担的烧法）。由于顶碗等窑具的支撑，坯体的压力集中在坯体较厚的圈足部位，而碗壁不受压力，从而做到胎壁轻薄。灵武窑碗、盘的最大特点是"挖足过肩"。所谓"挖足过肩"，是指圈足的内侧高于外侧，器底特薄。

　　总之，灵武窑瓷匠的烧装原则是，合理利用有限的空间，装烧更多的器物，产生更大的效益。

2. 灵武窑的制作工艺和装饰技法

　　（1）成形工艺。灵武窑的器物成形工艺有两种，一种是轮制成形，一种是模制成形。轮制成形的工具有两种，一是瓷轮，一是刮板。瓷轮古名"陶钧"，俗称"辘轳"。大量日常圆形用具均为轮制。瓷轮由轮盘、轴棍和轮基构成。轮基中部有轴眼，用以安插木质轴棍。木质轮盘固定在轴棍顶部。灵武窑发现的一些轮基，都是可以安插轴棍的。刮板有木制的、有瓷制的，是一种片状工具。灵武窑所见，多为用残瓷片磨制而成，口部呈不同角度的弧状。制作时，将轮盘上的瓷泥拉成雏形，然后用刮板定型。瓶、罐、壶等器具的器耳、把手、壶嘴等是瓷器的附件。应先用瓷泥作好这种附件，待稍干后用泥浆粘接在相应器物上。

在常用瓷器中，除大量瓶、罐等圆形用具外，还有人物、动物、贴花饰件、器物附件等器物，不能用轮制成形，只能用模制成形（也有少数为手塑成形的）。

模制成形有单模制和复模合制两种。单模制是一些较为简单的器物，如砚台、棋子、瓦当、滴水等，在事先做好的瓷模上压模成形，然后入窑烧成。复模合制是一些比较复杂的器物如人像、动物等，先捏塑原形，用瓷泥烧成前后两片瓷模，然后将泥入模压印成形，再将两片用泥浆粘接在一起，入窑烧成。

有些较复杂的器物，用一种方法难以成形，需要两法兼用。如具有西夏特点的扁壶的成形过程，是首先在瓷轮上拉成两个较扁的半圆形坯，然后用泥浆粘接扣合在一起。此后为了加固大型扁壶的胎体，在接缝处粘接一圈附加堆纹，然后在顶部挖一个洞以备安壶嘴，再将另制的壶嘴、器耳用泥浆粘接在器物相应部位，最后挖圈足，修整成形。制作扁壶需要很高的工艺水平。灵武窑最大的扁壶直径近40厘米。若大的两片尚未完全干燥的半圆形胎体，要严丝合缝地粘接在一起，需要极高的技艺。

（2）装饰技法。灵武窑的器物装饰技法，有刻釉、剔刻釉、刻化妆土、剔刻化妆土、刻花、印花、点彩、镂空等。其中刻釉、剔刻釉占有突出地位，是灵武窑装饰的一大特点。

在西夏瓷器中装饰技法中，化妆土的使用非常广泛。所谓化妆土，就是在胎体上涂一种白色浆料，待其干后再施以透明釉。一般的白釉瓷皆用此手法。瓷胎上施用化妆土的直接目的，是为了增加成品瓷的白度。

进一步的装饰方法，有刻花、刻釉、刻化妆土三种方法。

刻花法，是在不涂化妆土的胎体上，用刻刀直接刻出花纹，再施釉。由于胎体较暗，烧成的釉呈青色，纹饰不明快，此类产品较少。

刻釉法，近似阴刻，即在已施釉的胎体上刻出花纹，由于花纹部分露胎，而形成胎釉之间的色差。但其刻线较细，色彩不鲜明，此法很少单独使用。

刻化妆土，是在施化妆土的胎体上刻出花纹，再罩以透明釉，也形成胎、釉之间的色差，底呈白色，刻纹部分呈浅青色，给人以清秀之感。

但最具特色的是剔刻釉法和剔刻化妆土法。它与上述简单的线刻不同，是用刀剔刻。

剔刻釉和剔刻化妆土的区别是，前者在釉面上刻花，后者在化妆土上刻花。剔刻的效果，与使用"开光"这种手法有关，有必要先谈"开光"。

所谓"开光"，是传统的装饰方法之一，是从古代房屋窗户的形式演变而来。为了使器物突出某一形象，往往在器物某一部位预留出某一形态的空间，如扇形、蕉叶形、菱形、心形、桃形、圆形等，然后在这一空间内部饰以某种花纹，称为"开光"。"开光"这种手法，不仅常见于陶瓷器皿的图案上，也见于景泰蓝、雕漆的工艺中。

剔刻釉法，是在施釉的胎体上，用刀刻掉部分釉面，使留下的釉面形成花叶等主体纹饰，细部纹饰则用刻釉法刻出，使纹饰具有浮雕感。剔刻釉地面大，胎釉之间色差对比明显，给人以明快之感（图一七）。

剔刻化妆土法，是在施有化妆土的胎体上，剔刻掉部分化妆土，使之形成花叶等主题纹饰，再刻细部纹饰和地纹，然后

图一七 灵武窑出土剔刻釉牡丹花纹经瓶

罩以透明釉。烧成后，剔花部分则在浅青色地上呈现出白色花朵，刻花部分则在白地上显现出浅色青花纹饰，两者结合在一起创造出极为美好的艺术效果。

瓷器上采用"开光"构图法进行装饰始于唐代，宋代磁州窑系的白釉黑花和剔刻花产品亦多用之，尤以瓷枕为甚。在灵武窑第一、二期，也即西夏中晚期的剔刻花扁壶、经瓶、瓮、盆、碗、钵等器物，绝大部分采用"开光"构图，并形成主题纹饰，这是其他窑口所少见的。西夏剔刻花在"开光"外刻划密集的线纹和花叶纹作为地纹。这就把"开光"内的主题纹饰衬托得更加突出。剔刻花宾主分明，疏密得当，体现了典雅高洁的艺术特色。

3. 灵武窑的装饰纹饰

西夏瓷器品类繁多，计有生活用具、文房用品、娱乐用具、瓷塑艺术品、宗教用品，兵器和建筑材料等。此外，窑具、工具等，亦多为瓷质。在这众多的瓷器品类中，以生活用具最为丰富。

西夏瓷器中生活器皿有碗、盘、盆、壶、罐、瓶、瓮、釜、杯、钵、唾盂、盒、炉、灯盏、器托、器盖、漏斗、铃、钩和纺轮等。

碗是瓷器中最多的一种，釉色有褐釉、青釉、白釉、黑釉、紫釉等色。而器形，有斜壁碗、唇口碗、曲腹碗、葵口碗、折沿碗、高圈足碗六类。而瓶的种类更多，有经瓶（梅瓶异称，盛酒用具）、花口瓶、净瓶、玉壶春瓶、小口双耳瓶、小口深腹瓶、葫芦瓶、盘口多耳瓶等九种。罐、钵种类也较多。而每一种器物的釉色、大小、精粗又有多种形式。

灵武窑瓷器的装饰纹饰，也是题材丰富，构图精美。既有宋辽金广为流行的题材，也有独具特色的题材。

（1）反映民间习俗的纹饰。婴戏纹（婴儿攀枝），是在一件深腹罐残片上，有一戏婴图。婴儿肥头大耳，两眼炯炯有神，尖鼻小嘴。以极洗练的线条，表现了婴儿天真幼稚的形态。戏婴是人们喜爱的一种题材，反映了对美好生活的追求。

鹿衔花纹有二式，一是开光鹿衔牡丹花，一是开光鹿衔莲花。牡丹花、莲花都是象征吉祥的花草，鹿是表现祥瑞的动物。这两种事物的结合，寄托着人们对美好生活的期望。

送葬狩猎图，是在多件小口深腹瓶上，有线刻送葬狩猎图。图中间为一马，马鞍上立有幡旗；马前一狗为前导，狗左侧为一扑鹅的海东青，右前方有一惊慌奔跑的小兔；马后有一高靴，内插长竿前挑一灯。海东青，学名鹘，又称鹰，是一种猛兽。上喙勾曲，饲养训熟后，善猎鹅、兔。西夏以"羊马立国"，善骑射，尚武喜战，狩猎不仅是一种游乐活动，更是强身健体和提高战斗力的活动。在西夏文献中，多有西夏向宋辽金进献海东青和细犬的记载。说明鹰、犬不仅是狩猎的工具，而且是对外交往的用品。图中马鞍上插的幡旗，马后的高靴挑灯，可能是象征其死后在阴间还要穿靴活动，继续享受如同人间一样的生活。

（2）动物纹饰。在器物上的动物纹饰，除马、狗、鹅、兔、海东青和鹿纹外，以鱼纹较多。人们对鱼喜爱，不仅因其外形美观，与富裕的裕字同音，还取其多子之义。新石器时代的陶器上就有鱼纹，其后各代器物、尤其是瓷器上多有出现。鱼的美丽的外形，使之成为数千年来人们最喜爱的题材之一。灵武窑的鱼纹，多出现在盆类的容器上，更便于展示其美。

（3）图案纹饰。图案作为主体纹饰的较少，经瓶上有剔刻藻井式图案，碗内壁有点彩菱形纹，碗底刻有古钱纹等。以图案作地纹的，有水波旋涡纹、弧线纹等。以图案作边饰的多达十四种，其中多为缠枝花叶纹、几何纹、二方连续纹、水波纹、波浪纹等。

（4）植物花卉纹饰。在西夏瓷器的纹饰中，植物花卉最具特色。这些花卉有莲花、梅花、菊花、石榴花、茨菇等，而牡丹花占整个花卉纹饰的 80％ 以上。在经瓶、扁壶、罐、盆、钵等器物上，剔刻有大量牡丹花。牡丹花可分为折枝、缠枝、串枝三种。折枝多在开光内，以一个花头为最多，少数为两个花头，也有个别三个花头的。缠枝则无开光界线，布满整个画面。有的扁壶上的花纹，是由一个缠枝上环绕的四个花头构成的；有的经瓶，则用一"S"形花枝缠绕，花头一上一下交错一周。串枝多用在罐和扁壶上，花枝、花头平串一周。

牡丹花雍容雅致的花姿，被视为富贵祥瑞的象征。宋代、辽代牡丹花盛行，宋陵的石刻群中，牡丹花比比皆是，辽圣宗永庆陵所绘《四季山水图》中的《夏图》，主要就是三朵大牡丹花。西夏瓷器上牡丹纹花饰，因器施画，姿态各异，令人喜爱。有的一枝独放，亭亭玉立；有的两两相对，婀娜俊俏，姿容娇娆。众多的牡丹花纹，体现了西夏百姓对其有着特殊的喜爱心理。用剔刻技法形成主体纹饰，胎、釉色差对比强烈，宾主分明，疏密得当；而采用开光构图，又给人以明快之感。这么多装饰精美的各色器物，反映了丰富多彩的西夏社会生活状况。

灵武窑所烧建筑材料，有瓦当、滴水、板瓦、筒瓦等。瓦当多为兽面纹，滴水则饰莲花、莲叶、茨菇等水生植物纹。这些建材均为素烧，但制作较为规整。另有白釉瓷板瓦和槽形瓦

（暂名），较为特殊，白釉瓷板瓦较常瓦为小，上下等宽，弧度较小，凸面施釉；槽形瓦仅一面施釉，上面中间有槽沟。这两种瓷瓦，在西夏陵也有出土，但用途不明，白釉瓷板瓦或作贴面之用。《宋史·夏国传》载："俗皆土屋，惟有命者得以瓦覆之。"看来，这些瓦件都是为官府生产的。

4. 具有民族特色的灵武窑瓷器

在西夏的瓷器中，无论是器形还是纹饰，与中原地区窑系器物多有相似之处，但也有独具特色的西夏瓷器。这些器物与党项族的社会状况和生活习俗相关。如秃发俑头，是党项族特殊发式的形象资料。西夏开国皇帝李元昊在其建国前就发布过"秃发令"，规定"如三日不从令，许众杀之"[10]。又如，纺轮的数量也很大，反映了党项族家庭毛纺织业的繁荣。最具特色的是器形扁圆、上有系绳之耳、器表剔刻牡丹花纹、造型别致的扁壶（图一八）。这是骑马民族驰骋于草原、沙海，用以装水、装酒的最佳用具。这种扁壶数量很大，为国内其他窑系所少见，是灵武窑独有的产品。

在雕塑品中，有人物和动物两类。人物塑像主要有秃发人、髻发人、戴风帽人和力士等。男性头像多为秃发，并分为多种式样。女性头像的发式有单髻和双髻。这些都是研究党项人的形象资料。动物有马、驴、羊、狗、猪、狮、虎、豹、鸭、鸟等，而以骆驼为多，造型多稚拙粗犷。褐釉骆驼呈卧姿，两峰突起，直颈仰首，两目凝视前方，表现了吃苦耐劳、安详恬静的性格。骆驼、马的数量较大，反映了游牧民族对它们的喜爱。瓷埙小巧玲珑，也是游牧民族喜爱的乐器。

灵武窑出土了许多与佛教有关的瓷质用品，如力士俑、擦

图一八　灵武窑出土剔刻花四系瓷扁壶

擦、如意轮、莲花座、数珠、摩羯鱼[11]等。反映了西夏崇尚佛教的盛况。擦擦又称小泥塔，是佛教密宗常见的用品之一，在西藏非常盛行，在西夏的遗址、墓塔中也多有发现，但一般皆为泥质，也有陶质的，瓷质的还比较少见。数珠又称念珠，除瓷质的外还有骨质的，为念佛记数之用，是佛教徒不可或缺之物。在所见西夏有关皇帝的发愿文中，其所施物品中多有数珠，动辄数万串，"普施臣吏僧民，每日持诵供养"[12]，可见一斑。

需要说明的是，西夏瓷的生产工艺不是无根的，而是有其历史渊源的。回民巷以黑、褐、青釉为主，"受陕西耀州窑影响较大"[13]；而灵武窑的剔刻花瓷是磁州窑系的代表产品，白釉瓷又为定州窑系所长。西夏瓷是在河北、山西磁州窑系、定州窑系的影响下形成与发展起来的；同时也受到陕西耀州窑的影响。

灵武窑品种繁多，釉色丰富，创造出许多精致的具有民族特色的产品，达到了较高的技术水平和艺术成就。西夏在吸收宋金北方山西、河北、陕西诸窑先进工艺的营养下，发展自己的制瓷工业，为我国陶瓷工业的发展和繁荣，做出了重要贡献。灵武窑的发现和研究成果，为研究西夏物质文化提供了科学依据，填补了我国陶瓷史的空白。

（二）其他西夏窑址

1. 贺兰山插旗沟窑址

插旗沟窑址，位于贺兰山插旗沟缸沿子附近，距沟口约10公里，属贺兰县金山乡。据1986年调查，窑址背山面沟，地势开阔，面积约800平方米。有瓷窑遗址四处，窑址底呈圆形，最大直径7.2米，并有窑具发现。地面有大量碗、盆、罐、缸等日用瓷器残片[14]。

另外，在贺兰山榆树沟中也有西夏窑址一处，发现碗、盘等器物残片。

2. 武威塔儿湾窑址

20 世纪 70 年代以来，在武威境内城乡，多次出土西夏瓷器。其中 1987 年，在南营青嘴湾出土窖藏瓷器四十五件。党寿山先生研究认为，塔儿湾西夏窑址的发现，证明这些瓷器都是当地生产的[15]。

塔儿湾窑址，位于甘肃武威市古城乡上河村。这里是南北走向的狭长山谷，山间为湍流急下的杂木河。上河村背山面河，窑址就在上河村内靠山的一块台地上。这里发现以青石板为面的作坊遗迹，出土匣钵、支垫和骨刀等工具。1982 年以来，农民取土垫圈、修建学校，屡有西夏瓷器出土。武威文物部门收集到瓷器、瓷片有数千件之多，其中完整和已经复原的共有一百一十五件，器形有碗、碟、壶、罐、瓮、瓶、釜、钵、灯等。釉色有白、黑、褐、酱、豆绿、剔刻釉等。遗址中还出土了西夏流通的汉唐及北宋钱币五十一枚。在一件豆绿釉瓮下部，墨书汉文"光定四年四月卅日郭善狗家瓷"十三字，为瓷窑的时代提供了第一手依据。

这里的瓷器，与灵武窑不完全相同，有强烈的地方色彩。

剔刻釉瓷，和灵武窑一样，也是在施釉的胎体上，用刀刻掉部分釉面，使留下的釉面形成主体纹饰。但有"开光"的不多，多为缠枝花纹，构图也很精美。在纹饰上，也有牡丹，但多为灵武窑所无的西番莲。如一件剔刻釉罐，直口、溜肩、鼓腹、圈足，腹下部露胎；高 47、口径 14、腹径 40 厘米；肩部剔刻连续卷草纹，腹部为盛开的五朵缠枝西番莲，肩、腹之间有带状纹相隔。

另外，塔儿湾窑址的釉上彩绘花纹瓷，为其他窑所少见，最具特色。这种瓷的工艺，是在白釉上施彩，有黑彩和褐彩两

图一九　武威塔儿湾窑址出土彩绘仙鹤瓮

种。其中一件白地黑花瓮，颈部绘卷草云纹，腹部绘上下翻转
的四朵缠枝牡丹，用笔明快，线条流畅。一件白地褐花罐，肩
部为卷草云纹，腹部有缠枝西番莲四朵，腹下露胎处墨书西夏
文人名"芦五"二字，风格稚拙粗犷。又有六系白地褐花瓮，
六系间绘六朵盛开的莲花，系下绘莲瓣，腹部绘十一只展翅飞
翔的仙鹤，或单或双，以云头纹间隔，形体生动，似在彩云中
搏击（图一九）。仙鹤这种纹饰，也为灵武窑洞所无。

多色釉瓷，也为其他窑所少见。这种瓷，在一件器物上，
施多种釉，如白、褐二色釉碗，褐、豆绿二色釉壶，黑、紫、
豆绿三色釉瓮等。

在瓷器的生产中，难免在胎、釉、彩上出了毛病，如有裂
伤变形的，有粘釉漏釉的，有剥彩磨彩的等等。这些烧坏的瓷
器，其中有的是要报废的。如一件褐釉剔刻花小瓮的残片上，
墨书西夏文四行九字，汉译为"斜毁，发酵，（有裂）伤，下
速斜，小"，意思是这件发酵用的小瓮有裂痕，下部严重倾
斜，应予报废。这是对该器的"检查验收"意见。看来塔儿
湾窑对残次品的处理是有一套制度的。这对研究西夏制瓷工业
有重要意义。

3. 海原临羌寨古城窑址

临羌寨古城，在宁夏海原县贾淌乡马营村西，西距县城
15 公里，俗称"古城子"。古城坐北朝南，南临河沟，呈横向
长方形，东西两墙开门，周长约 1 公里。1994 年以来，经常
有人到这里"挖宝"，出土各种文物和瓷器。

据考察[16]，窑址位于城内临近西墙的南半，占地约 2 公
顷。窑址北部，有残留土坯坑面的作坊遗迹，有装瓷坯的匣钵
以及石碾、石碾槽、石磨、轮基、石臼等工具，还有青铜刻

刀、刮刀、骨毛刷、瓷研杵等用具。遗址东部有水井、水池和陶洗缸。在水井的西南侧，有窑炉遗址，是"典型的北方馒头窑"。遗址南面中部，是堆放残次品的地方，有碗、盘、罐、扁壶等器物，这是因火候高低掌握不好造成的次品。

临羌窑出土的器物，有扁壶、执壶、碗、盘、罐、高足杯、钵、釜、灯具等，而以瓶类最多，有经瓶、梅瓶、玉壶春瓶、花口瓶、葫芦瓶、小口瓶等，装饰手法和釉色也是多种多样。其器形之完整，装饰之花华丽，造型之精美，可与灵武窑器物媲美。

扁壶，是临羌窑最具特色的器物之一。大者40厘米左右，小者仅10厘米。造型多为扁平，但也有它处未见的两面凸出、像两个盆子扣合在一起、正反两面都有圈足的扁壶。釉色多为单色釉，以黑、褐、茶叶末色的深色釉为主，也有白色釉。纹饰以剔刻花为主，也有素面的。上下片结合部位的周围，多用泥条合缝加固，形成一圈手捏附加堆齿纹。

另有仙鹿衔草叶纹扁壶，主题纹饰皆开光，在壶体圈足两侧，左侧为仙鹿衔草叶纹，右侧为倒垂的折枝牡丹。线条流畅，布局匀称，鹿形生动。彩绘猴戏鹿梅瓶，通体白地黑花，肩部绘莲花纹，正面两侧为下垂的卷叶纹，腹部主体纹饰为在芦草丛中毛猴戏鹿的场面，反面为盘旋于天空的两只大雁。诸物形体生动，轻松活泼，表现了高超的绘画手艺。所绘猴鹿形象，足可与敦煌壁画同类形象媲美。

（三）西夏窖藏

在西夏故地的宁夏、甘肃、内蒙古等地，发现多处窖藏，出土了各种精美的器物。这些窖藏，多数在荒郊野外，没有任何地面标志，多数是农民在劳作中偶然发现的。文物部门知悉后，只能收回若干文物，很难对窖藏形制作出具体描述。据分析，窖藏器物很可能是在某种突发事件发生时埋藏的，不同于一般财主家构筑的深埋地下的私宅窖藏。现简述如下：

1. 灵武石坝窖藏

石坝位于银川东黄河东岸，属灵武市横山乡。这里北靠明长城和横城古堡，横城是古代的一个重要渡口。1976 年，在石坝村南约 200 米的沙滩上，在距地表 1.5 米深处，发现一批银器，计有银碗、银盒、银发钗等十九件。其中，银碗二式六件，有的器底墨书西夏文重量，为西夏的度量衡制提供了重要资料。

一式两件，直敞口，浅曲腹，小平底。其中一件高 3.6、口径 10.5、底径 5.3、壁厚 0.1 厘米。内外皆素面，内壁底部墨书西夏文"三两半"，实测 137.5 克。二式四件，器形与一式略同，唯唇部外张，器形较高。其中一件高 7、口径 10.7、底径 4.6 厘米。内壁底部墨书西夏文"三两"，实测 114 克。另一件稍大，内壁底部墨书西夏文"二两八"，实测 112 克。据测算，西夏每两值 38—39.1 克。而宋制，每两值 39—40克。由此得知，西夏的衡制"与宋王朝的权衡制度是相似的"[17]。

2. 武威张义乡窖藏

1972 年，张义乡村民在小西岘沟挖药材时发现。这里群山耸峙，黄羊河的一条支流由北向南倾泻，文物藏在沟东北的两个岩洞中。1 号洞是自然岩洞，2 号洞在 1 号洞上部，为人工开凿。文物原藏在 2 号洞中。2 号洞中有佛座、佛像、泥塔等，出土竹笔等文物多种，其中西夏文书内容最为丰富，史料价值极高[18]。这是建国后第一次出土窖藏西夏文物，受到学界重视。

西夏文书，有印本、有写本，有西夏文和汉文的，还有藏文残片。

西夏文印本，有两种：一为《杂字》，存两个半页；与俄藏《杂字》相类。一为《佛说观弥勒菩萨上生兜率天经》后半部，存二十四个半页，施经时间是"乾祐乙巳年二月"，即乾祐十六年（公元1185年）。

西夏文写本，有药方、佛经、会款单、占卜辞残页等。佛经中有天盛己巳元年（公元1149年）的《文殊师利行愿经一卷》残片，还有少见的蝴蝶装写经一本。"会款单"比较奇特，内容为天庆虎年（公元1194年）正月，有十个西夏人，有的出一百五十钱，有的出一百钱，有的出五十钱，总计七百五十钱，可能类似现在的互助集资款。

西夏文木简，长20.7、宽5.7厘米，两面楷书，内容是"施食"情况和咒语。

汉文文书，有布告、申请书、欠款单、便条等残页等。其中人庆二年（公元1145年）的"日历"和光定二年（公元1212年）的"监乐官府"的公文较为重要。

窖藏中的其他文物，有木刮布刀一件，西夏"乾祐元宝"、北宋"景德元宝"、"宣和通宝"等钱币及小泥塔等。其中竹笔两支甚是有趣，是将竹子的一头削出一个斜面，斜面下削尖，再将笔尖中间裂一细缝，如同现在的蘸水笔一样。一支没有用过，长13.6厘米；一支笔尖有墨迹，长9.5厘米。据研究，俄藏西夏汉文印本，有三种字体，其中一种为"写刻体"，就是用"专门削尖的小木笔书写后刻制的字体"[19]。

这批文物中，有多个西夏年号。其中最早的是西夏人庆二年（公元1145年）的日历，最晚的是光定二年（公元1212年）的公文，因此被确定为"西夏中晚期的遗物"。

3. 武威针织厂窖藏

针织厂位于武威市北关十字北侧，过去，这里是郊区农田连接的乱葬岗。1980年5月，该厂挖地坑时，在距地表1.5米的沙土中挖出瓷器、铜器等文物。其中瓷器有豆绿釉扁壶、黄绿釉瓮、褐釉剔刻花罐等，铜器有提梁铜锅，最为重要的是挖出了铜火炮（也称铜火铳）一尊，铁弹丸一枚，还有黑色火药0.1公斤。这是第一次出土这种兵器，具有重要研究价值。

这尊铜火炮锈色斑斓，保存完好。管状，由前膛、药室、后尾三部分组成，全长100厘米，重108.5公斤。据党寿山先生研究，这里出土的瓷器和武威塔儿湾西夏瓷器相类，故定为"西夏晚期"[20]。2002年，银川也出土铜火铳一件，形制与武威炮完全相同，也由前膛、药室、后尾三部分组成，只是形体较小，全长24厘米，重1.5公斤[21]。

管状火器，是内装火药、铁弹等物，由引信击发用以杀伤敌人的器械。近现代的枪炮，就是由这种管形火器发展演化而来的。史载，南宋初，已有竹制管形火器用于战争。而金属管形火器，过去认为元代才有。武威炮和银川铳的发现，证明早在西夏后期，也即宋金时期，已有这种火器的使用。在黑城西夏汉文文书中，新发现的伪齐阜昌三年（公元1132年）武翼郎秦凤路第七将榷会州冯某某，致安抚使衙遣状，记有"遣炮手张立、孟元，火药匠张□、陈福等四人，随状发遣赴行衙出头去讫"等内容。这一资料极为重要，是将"炮手"与"火药"联系在一起的仅见的文献资料。它说明公元12世纪前期，伪齐政权中已有"炮手"、"火药匠"等军事人员，也为公元12世纪西夏已经使用火炮提供了重要的文献依据[22]。武威、银川铜火炮（铳）的发现，对研究西夏及我国古代兵器史、军事史都有重要价值。

4. 武威署东巷窖藏

1987年，在武威市署东巷行署院内建筑家属楼时发现，窖藏位于行署大院东北角。施工中在距地表3米以下的坑内，挖出一批文物。所出文物散失不少。文物部门经多方努力收回金器五件，银锭二十二枚，还有珍珠、孔雀兰石珠及北宋钱币、瓷器残片等文物。银锭十分重要，将于第六章相关部分论及。金器中有金杯、金钵、珍珠金链、金钏等，形制规整，制作精细。而金杯、金钵，胎体细薄均匀，纹饰优美，做工精湛，更是西夏的艺术珍品。

金杯，二件。侈口、直壁、平底、薄胎。高4.7、口径9.1、底径3.2厘米。杯心为两枝交错的牡丹团花纹，杯口内沿为连枝菊花纹。

金钵，一件。直口、浅腹、平底、薄胎。钵口外沿为一周忍冬纹；钵心有两层花纹，内层为莲花、牡丹、海棠组成的团花，外层为一圈连枝海棠。

据研究，西凉府与西夏皇族关系密切，多有皇亲和官员在此定居生活。西夏光定七年（公元1217年），蒙古铁骑围攻西夏都城中兴府，神宗遵顼，竟然惊慌出走到此避难。行署大院旧时是凉州最大的建筑，也是历代凉州首脑机关所在地。西夏皇族亦可能在此行止。窖藏文物很可能是公元1226年，蒙古铁骑围攻凉州，西夏皇族或官员在逃窜时，"埋藏在府署内或王室内的遗物"[23]。

5. 武威亥母洞石窟窖藏

亥母洞石窟位于武威市新华乡缠山村，由自然山洞稍加整饬而成，坐西朝东，从南向北有四个洞窟，经多次地震，窟室受到严重破坏，塌落的岩石充塞其间。1987 年当地群众在修复亥母洞时，发现一批西夏文物，1989 年做了进一步的清理。该窟最早见于《乾隆武威县志》："山上有洞，深数丈，（西夏）正德四年修。"1994 年，北京大学宿白教授曾亲临现场考察，认为"系就崖体裂罅稍加修整"而成。而"亥母系藏传佛教噶举派修密法之重要本尊"，西夏王室自公元 12 世纪下半叶，"即与噶举派关系密切"，所以这应是西夏洞窟。

一号洞前建有晚期小殿，"小殿后壁即亥母洞开口处。洞窄长，内原建喇嘛塔四座，纵列成行，四塔皆圮残"。其中第三塔保存较好，大半尚存。"第三、四塔间，靠右壁地面凿出长方地形槽，内堆置小陶塔甚多"[24]。该洞宽 2、进深 8 米，喇嘛塔底边长 1.5、残高 1.3—1.5 米。进入深处，向左右两侧、向上皆有洞室相通，惜已塌陷。其后三洞，皆已严重塌毁，难以进入。

与一般石窟不同，亥母洞中未见塑像、壁画，但却藏有大量西夏文物和文书，而以一号洞为多。据说，所出佛经大部分被毁，但残存者也十分重要。文物有唐卡七件，五方佛绘画一件，噶举派第二法王米拉日巴坐像一尊，鸟形鞋六件，还有残佛像头、小泥塔、褐釉扁壶等。文书有乾定申年（公元 1224年）典糜契约、乾定酉年（公元 1225 年）卖牛契约、乾定戌年（公元 1226 年）记账单各一件，是研究西夏经济极为重要的新资料。另有西夏文佛经十种，藏文佛经近百页[25]。其中的西夏文《维摩诘所说经》下集，经孙寿岭先生研究，为现存最早的泥活字印本，受到学界重视（详见本书第九章《西夏文书》相关部分）。

6. 临河高油房窖藏

窖藏，在内蒙古临河市古城乡高油房古城内，南距市区40公里。在前述"城址"一节中已经谈及，这里是西夏时期的一座重要城址，可能是西夏黑山威福军司所在地。这里的文化层很厚，最深处可达3米。1956年以来，农民在古城内农耕取土时，便经常有文物出土。据统计，1956年出土玉印一枚，1958年征集到器物数十件，1959年出土金银器约27公斤，1964年发现金器二十余件，1966年出土金佛、金碗、银壶、银瓮等。1958年"大跃进"时，在东门内挖出大批西夏"乾祐元宝"铁钱，有的已锈结成数百斤或千数百斤的大块，还有大量的宋钱。这里很可能是西夏铸造铁钱的场所。此外，还出土过陶器、瓷器、铜器、铁器、钱币、铜印等[26]。这些十分珍贵的文物，部分为内蒙古文物部门征集，但大部分流失，十分可惜。这里所谓窖藏，由于历史的原因，找不到一个固定的位置，更难述其形制，但上述文物都应原是埋在不同的西夏窖藏中的。

在出土的文物中，有一批金器，十分少见，最为精致，兹择几件，简介如下。

双鱼纹柄剔指金刀。1958年出土，通长7.2厘米。柄部做成镂空双鱼柱形，头向柄端，两鳃相对，张口托荷；鳍尾相接，尾部束带。双鱼头尾上下，各有荷叶、莲蓬、瓜棱、连珠等纹饰。刀首作鸡心花板，上有带环圆孔，便于系带。下接双面斜刃剔指。

透雕人物金耳坠，一对。1959 年出土，长 4.2、宽 1.4 厘米。人像三尊，正中疑为观音，双手相握，左右侍立二人。人像的上下方，装饰盛开的花朵，花朵中心，原应有宝石，今已不存。耳坠背后连接弯钩，以便悬佩。

金碗。1959 年出土，高 3.5、口径 10.7 厘米。敞口、浅腹，小圈足。碗心錾刻凤凰团喜纹，碗腹刻芍药、牡丹和西番莲各一枝，碗口刻缠枝牡丹纹一周，圈足外沿刻卷云纹一周。刻工细腻精湛。

莲花形金盏托。1966 年出土，通高 5、盘径 12.8 厘米。由托盘、托盏和圈足三部分组成。通体锤鍱成莲瓣形，宛如一朵盛开的莲花。托盘为平底莲瓣形；上承莲瓣形盏托，盏托内中空无底；盘下为喇叭形莲瓣圈足。盏托外沿及盘的边沿和盘底，均錾刻缠枝草叶纹一周。

金佛。1966 年出土，结跏趺坐佛，佛头不存，残高 7.6 厘米。身着袈裟，腰系罗带垂至座下，外披通肩大衣。袈裟边缘，皆有精细花纹。胸腹挺直，双手置于膝上，形体自然生动。

7. 准格尔旗准格尔召窖藏

准格尔召乡位于准格尔旗西约 70 公里处。1982 年，准格尔召乡民植树时被发现。窖藏在一条季节性河流东面的台地上。出土时，一个大瓷瓮内盛放瓷器，瓮口上覆盖一口铁锅，瓮腹部套一铁箍，铁器堆放在大瓮周围。共出土瓷器二十一件，铁器五十四件[27]。出土大量不同形制的铁器，是这一窖藏最大的特点。在西夏窖藏中，这是首次大量出土西夏铁器，对研究西夏社会生产和人民生活有重要价值。

瓷器有瓮、碟、盆、钵、罐、碗、瓶等，器形与灵武窑相类。其中酱釉剔刻花葵口瓶，花口、直颈、圆腹；高17.1、口径7.6、底径8厘米；腹部剔刻缠枝牡丹花纹。白釉彩绘花纹碟，敞口、斜壁、圈足；高3.4、口径15.6、底径4.8厘米；碟底彩绘黑色草叶纹。两件皆做法精致，用笔流畅，花叶自然。

在这批铁器中，有生活用品和生产工具两类。生活用品有镬（大口锅，古釜之大口者也）、釜（炊器，敛口，深腹、圆底，或有两耳）、锅、火盘、鏊子、铛（铁锅的一种，底平而浅，多用于烙饼、炒菜）、火撑、臼、杵、杵头、箅、熨斗、勺、锁、剪刀、刀、箕、箍、马镫等；生产用具有镢、锹、铲、锄、镰、铧、犁镜、马衔等。另外，还有押解犯人用的铁手铐，说明这批铁器的主人，可能是个官员。这批铁器，从一个侧面反映了西夏人的生产状况和生活水平。

这些铁器大都完好无缺，做工精致，有的外形都很讲究。如火盘，边沿做成八瓣莲花口；又如鏊子，凸起的圆形鏊面，中心铸出八瓣莲花纹，花纹外环有弦纹一周。大部分铁器，与近现代所用铁器并无太大差异，说明西夏人过着与汉人同样的生活。同类型的生活用具，如做饭用具有铁镬、铁釜、铁锅，烙饼用具有铁鏊、铁铛、铁火盘等。这些不同用具，方便使用，也反映了当时生活的丰富多彩，使用时可根据不同情况做出选择。

8. 伊金霍洛旗窖藏

伊金霍洛旗窖藏，并不是一处窖藏，而是在其境内的白圪针、瓦尔吐沟、陶家圪楞、牛其圪台、根皮庙五处窖藏。这些窖藏，都是在1985—1986年内蒙古文物普查时发现的。出土文物主要是瓷器、铁器、石磨等，总计四十多件，大多保存完好[28]。

白圪针窖藏的瓷器十分精美，不亚于灵武窑中同类精品。如酱釉剔刻花经瓶，小口、束颈、斜肩、上腹部微鼓、圈足。通高39.5、口径5.5、最大腹径16、底径9厘米。腹部两面各剔刻牡丹一支，有葵形开光。而近底处刻划一鹿，作惊恐回首状，口中喷出一团云雾，则为它器所无。又如，酱釉剔刻花罐，大、平沿、束颈、溜肩、鼓腹。通高38.5、口径23、最大腹径35、底径20厘米。腹部剔刻牡丹花纹，也很精美。

铁器与准格尔旗铁器大体相类，有铁臼、铁勺、铁锅、铁犁铧、铁锄、铁刀等，还有准格尔召所无的新品种，如铁锯、相套的铁环、铁镢等。其中瓦尔吐沟窖藏出土的二件羊首铁灯，最为特殊，皆锻制，灯杆为细长的圆形柱，柱下两侧连接尖状铁钎，似可插入地下。柱上部为羊首，羊首额下接一圆形灯碗，碗径9厘米。灯柱高低有差，一长71.5厘米，一长103厘米。羊首的"羊角后顶部有一个圆形装饰，类似冠，头顶后有卷曲的披毛状装饰，似结绶"；两件冠饰大小略有差异。党项族是以畜牧为主的民族，是否有对羊的崇拜，则未见之于文献。在甘肃张掖有"忠武王庙"，据研究，是为西夏神宗遵顼之父李彦忠修建的。"忠武王庙碑记"中有"神以羊首冠饰，朱衣端笏"，表明西夏有"对羊的崇拜"[29]。

注　释

[1] 钟侃《宁夏灵武县出土西夏瓷器》，《文物》1986年第1期。

[2] 钟长发《武威出土一批西夏瓷器》，《文物》1981年第9期。

［3］许新国《青海互助土族自治县发现宋代窖藏》，《文物资料丛刊》第 8 辑，文物出版社 1983 年版。

［4］伊克昭盟文物工作站《准格尔旗发现西夏窖藏》，《文物》1987 年第 8 期。

［5］贾洪建《青海省湟中县下马申出土的一批文物》，《青海考古学会会刊》1985 年第 7 期。

［6］党寿山《武威文物考述》第 83—101 页（2001 年）。孙寿岭《武威新发现的西夏瓷器》，《文物》1993 年第 1 期。

［7］中国社会科学院考古研究所《宁夏灵武窑发掘报告》，中国大百科全书出版社 1995 年版。本节内容和引文，未注明出处者，皆出自本报告。

［8］中国社会科学院考古研究所《宁夏灵武县回民巷窑址调查》，《考古》1991 年第 3 期。

［9］宁夏文物考古研究所、灵武文管所《宁夏灵武市回民巷西夏窑址的发掘》，《考古》2002 年第 8 期。

［10］（宋）李焘《续资治通鉴长编》卷一一五，中华书局 2004 年版。

［11］摩羯为梵文 makara 的音译，是印度神话中的水怪，《慧琳音义》卷四一："摩羯，海中大鱼，吞陷一切。"西夏陵出土了完整的摩羯鱼脊饰。

［12］史金波《西夏佛教史略》第 262 页，宁夏人民出版社 1988 年版。

［13］同［9］。

［14］宁夏文管会，文化厅编《宁夏文物概况一览表》第 23 页（内部资料 1987 年）。

［15］党寿山《武威文物考述》第 99 页（2001 年）。

［16］李进兴《临羌寨考记》第 62—65 页，四川大学出版社 2003 年版。

［17］董居安《宁夏石坝发现墨书西夏文银器》，《文物》1978 年第 12 期。

［18］甘肃省博物馆《甘肃武威发现一批西夏遗物》，《考古》1974 年第 3 期。

［19］［俄］孟列夫著、王克孝译《黑城出土汉文遗书叙录》第 61 页，宁夏人民出版社 1994 年版。

［20］党寿山《武威文物考述》第 111 页（2001 年）。

［21］牛达生、牛志文《西夏铜火铳：我国最早的金属管形火器》，《寻根》2004 年第 6 期。

［22］白滨《〈俄藏黑水城文献〉汉文部分述要》，漆侠、王天顺主编《宋史研究论集》第 416 页，宁夏人民出版社 1997 年版。

［23］党寿山《武威文物考述》第 123 页（2001 年）。

［24］宿白《武威元蒙时期的藏传佛教遗迹》，《藏传佛教寺院考古》第 271 页，

文物出版社 1996 年版。

[25] 孙寿岭《武威亥母洞出土的一批西夏文物》,《国家图书馆学刊·西夏研究专号》(2002 年增刊)。

[26] 陆思贤、郑隆《临河县高油房西夏城址的调查》,"西夏研究学术讨论会"论文 (1981 年)。陆思贤、郑隆《内蒙古临河县高油房出土的西夏金器》,《文物》1987 年第 11 期。

[27] 伊克昭盟文物工作站《准格尔发现西夏窖藏》,《文物》1987 年第 8 期。

[28] 高毅、王志平《内蒙古伊金霍洛旗发现西夏窖藏文物》,《考古》1987 年第 12 期。

[29] 陈炳应《西夏文物研究》第 68 页,宁夏人民出版社 1985 年版。

六、西夏钱币、官印和符牌

钱币、官印和符牌，在过去属金石学的范畴。有关西夏钱币、官印和符牌的收藏、研究和著录，至迟在清代乾嘉时期就已开始。20世纪50年代、特别是70年代以来，随着我国考古事业的发展，西夏钱币和官印也有很多重要的发现。学界人士凭借丰富的实物资料，在总结前人研究成果的基础上，突破前辈著录释读、考证辨伪的窠臼，开始了对西夏货币制度、官印制度和符牌制度的探索，并取得了相当的成果。

（一）西夏钱币

西夏钱币的研究，当然主要是铜、铁钱币，同时也涉及金银、交钞的使用和货币经济等。20世纪80年代中期前，人们的注意力在钱币方面，其后，又深入到金银、交钞方面。下面，就五个问题分述如下。

1. 前人对西夏钱币的研究

《宋史·夏国传》记载，西夏于南宋绍兴二十八年（公元1158年），"始立通济监铸钱"。这是有关西夏铸钱仅有的记载。但是，从金石学的角度著录西夏钱币，则晚到清乾隆《钦定钱录》（公元1750年），始明文著录了一枚"天盛元宝"。但这也造成似乎西夏钱币只有"天盛元宝"一种的错觉。从乾隆年间到建国前的两个世纪中，我们的先辈在西夏钱币研究上作了不少工作，概括地讲有如下三项：

（1）系统地著录了西夏钱币。清嘉庆十年（公元 1805年），金石学者刘青园[1]，在凉州（今甘肃武威）发现西夏钱币窖藏，他从中捡得"西夏元德、天盛、乾祐、天庆、皇建、光定诸品"，还有"西夏梵字钱"。这是首次见于文献的西夏钱币的一次重大发现。初刊于嘉庆十四年（公元 1809 年）的初尚龄《吉金所见录》，对此进行了详细的记述和系统的著录。从而改变了人们以为西夏钱币只有一种"天盛元宝"的认识，使西夏钱币在钱谱中初具规模，形成系列，成为人们进一步研究的基础。晚出的钱谱论著，诸如张崇懿《钱志新编》，李佐贤《古泉汇》，倪模《古今钱略》，以至丁福保《古钱大辞典》等，皆相沿著录，或从中采撷西夏钱币资料。

（2）破读了西夏文钱。西夏文字是西夏钱币使用的文字之一。随着西夏的灭亡和党项族的消亡，至迟在明代中期，西夏文字便成为无人可识的死文字，钱币上的西夏文字当然也就无人认识。公元 1804 年，乾嘉派学者张澍，在其故乡凉州发现了汉夏两种文字的"西夏碑"，人们才又重新认识了"夏国字"[2]。有趣的是，发现"西夏碑"的第二年，刘青园便云游到凉州，看到了这块碑，并根据碑上的"夏国字"，认识了过去谱录中所说的"梵字钱"就是西夏文钱，改变了过去"梵字钱"无所归属的状况，称其为"西夏梵字钱"。但是当时并不识其为西夏何字。

20 世纪初，随着西夏学的发展，西夏文字的研究和释读取得了重大进展。1914 年，西夏学者罗福苌[3]在其《西夏国书略说》中，第一次著录并译释了四种西夏文钱，依次为"福圣宝钱"、"大安宝钱"、"乾祐宝钱"、"天庆宝钱"，结束了西夏文钱统称"梵字钱"的历史，做出了重大贡献。1937年，古泉家赵权之又发现并译释了西夏文"贞观宝钱"[4]，使西夏文钱币品种更为丰富。

（3）对部分钱币进行了考证辨伪工作。清乾嘉以降，钱谱如林，成果累累。与此同时，伪造钱币之风亦极盛行，就是优秀的钱谱，也难免杂入伪品钱。上述《钱志新编》、《古泉汇》、《古今钱略》，都是清代的重要钱谱，它们在相沿著录西夏钱币的同时，也杂入一些伪品钱，如"天授通宝"、"正德元宝"、"应天元宝"、"乾定元宝"等。方若《言钱别录》、丁福保《古钱大辞典》，正确地认定这些钱币为伪品。铁钱"永安一百"、"永安一千"，自道光以来，有北凉、南唐诸说，而《古今钱略》著录为西夏钱。泉人郑家相论据确凿，力排众议，认定为五代刘守光据燕时所铸，否定了它们是西夏钱的说法[5]。

应该看到，由于时代的局限，我们的先辈不可能获得丰富的实物资料，而幽闭书斋，与世隔绝，仅凭几枚传世品，进行见物不见人的研究，必然制约着钱币学的发展。建国前，《泉币》是唯一发表过西夏钱币文章的刊物，然而只有七篇，每篇二三百字，总计不足二千字，便从一个侧面说明了这一点。但是，先辈的成果，毕竟是我们进一步研究的基础，我们应当珍视。

2. 西夏钱币的发现与研究

20世纪60年代以前，尽管也有钱币和货币史方面的论著出版，但有关西夏钱币的内容，少得可怜。以马克思主义观点研究货币史的权威巨著，彭信威《中国货币史》1965年第三版，涉及历代钱币、货币制度、货币购买力、货币理论、信用等各个方面，约七十四万字，可谓洋洋大观。然而，涉及西夏钱币者仅有千字，可见一斑。

20 世纪 50 年代以来，西夏时期使用的钱币在西夏的陵墓、遗址、窖藏、城址、古塔中多有发现，更重要的是发现了不少西夏时期的钱币窖藏。到目前为止，西夏钱币窖藏，见诸报道的近三十处，其中重要的、报道较为系统的有十几处，分布在宁夏、甘肃、内蒙古西部、陕北等西夏故地。下面对重要的西夏钱币窖藏略作介绍，以发现时间先后为序。

（1）那林镇窖藏。那林镇在内蒙古准格尔旗境内。据报道，1949 年发现西夏铁钱窖藏，出土钱币约六千公斤，其中主要为"乾祐元宝"，也有少量宋"天圣元宝"铁钱。1953 年，又发现"乾祐元宝"铁钱[6]。据农民反映，解放前，在暖水乡樊家渠，也出土过一大批铁钱，共装了十几车，被驻军运走[7]。

（2）高油房铁钱窖藏。高油房是西夏故城，在内蒙古临河县境内。1958 年大炼钢铁时，农民们挖出已锈结成数百公斤重的大铁块，人们将其砸碎回炉炼铁。在此之后，内蒙古文物工作队到现场调查时，仍有数千斤，并从其中捡选"乾祐元宝"铁钱 10 公斤[8]。这里可能是西夏铸钱场地，西夏灭亡后废弃。

（3）八岔梁窖藏。八岔梁属西夏盐州，在宁夏盐池县城郊。1975 年 7 月，当地农民挖出约 75 公斤古钱。内有西夏"天盛元宝"和"光定元宝"。其余为两汉、新莽、隋唐、五代、两宋和金等朝钱币，有五十多种。其中北宋钱约占 50%[9]。

（4）二道川窖藏。二道川属西夏盐州，位于内蒙古鄂托克前旗南与盐池县交界处。1979 年 5 月，当地农民挖出古钱 33.5 公斤。内有西夏"天盛元宝"、"乾祐元宝"、"天庆元宝"、"光定元宝"等钱。其中折二钱"元德重宝"是首次出土，为泉界人士所重视，并被中国钱币博物馆珍藏。此外，尚有两汉、唐、五代、两宋和金等朝钱币，其中北宋钱占97%[10]。

（5）武威窖藏。这是继清代刘青园发现凉州西夏钱币窖藏后的又一次发现。1979年9月，武威地区文化馆，在县城文教局院内发现。在距地表深约50厘米的炉灰坑内，发现古钱四十二公斤，约一万余枚。内有西夏"天盛元宝"。此外，还有西汉"五铢"、新莽"货泉"、唐"开元通宝"、"乾元重宝"和金"正隆元宝"等钱，而以北宋钱最多，计二十三种[11]。

（6）大风沟窖藏。大风沟位于宁夏平罗县西贺兰山腹地，四面环山，是现代露天煤矿。1979年6月，民工挖沟时，在深约100、直径约80厘米的竖穴土坑中，挖出古钱33公斤，计八千五百多枚。宁夏博物馆派人到现场考察，并收回古钱实物。内有西夏汉文钱"天盛元宝"、"乾祐元宝"、"天庆元宝"、"皇建元宝"、"光定元宝"五种。特别重要的有西夏文"大安宝钱"、"乾祐宝钱"、"天庆宝钱"三种，是建国后第一次出土。此外，还有两汉、新莽、隋唐、五代、两宋、辽金等朝钱币一百一十种。经计量统计，其中北宋钱最多，占84.8%，西夏钱仅占1.42%[12]。

（7）王泉沟窖藏。王泉沟是贺兰山北部的一个小山沟，位于宁夏石嘴山西贺兰山腹地，地处崇山峻岭中，至今人迹罕至。1980年8月，山洪暴发冲破窖藏，被猎人发现，并报告博物馆。宁夏博物馆派人到现场考察，据说是一个深约60、直径约50厘米的竖穴土坑，出土古钱23公斤，计五千四百多枚。内有西夏文"大安宝钱"，汉文钱"天盛元宝"、"乾祐元宝"、"天庆元宝"、"皇建元宝"、"光定元宝"诸品。此外，多是两汉、新莽、隋唐、五代十国（晋、汉、周、前蜀、南唐）、两宋、辽金等朝古钱，约一百二十种。经统计，其中北宋钱最多，占87.24%，西夏钱仅占0.89%[13]。

（8）盐店乡铁钱窖藏。盐店乡属内蒙古达拉特旗，窖藏在新民渠村河边台地上。1980年8月，窖藏被雨水冲毁后为农民吴羊保发现。铁钱原装在五口大铁釜中，计1048公斤，二十七万二千一百五十四枚，是出土铁钱最多的窖藏。现存伊克昭盟文物工作站。在已清理的十八万三千二百零四枚中，有"天盛元宝"一万四千零五十八枚，"乾祐元宝"十六万八千一百三十一枚。此外，还有唐代铁钱"开元通宝"二枚和北宋铁钱一千多枚，其中"宣和通宝"九百九十三枚，部分背有"陕"字。西夏铁钱占99.45%[14]。另外，在该处的"天盛"铁钱中，还有背俯月纹一枚[15]。又据反映，在1959年"大跃进"群众打井时，还"挖出过两处窖藏铁钱，各约有十几公斤"[16]。这里很可能是另一处西夏铸钱场所。

（9）阿都赖铁钱窖藏。阿都赖，是内蒙古包头市沙尔沁乡的一个自然村。1981年4月发现，包头市文管所派人考察。该窖藏距地表深1.5米，铁钱成串环列置陶罐中，上盖方砖。约一百多公斤，计一万五千余枚。"乾祐元宝"居多，约占90%，余为"天盛元宝"。"天盛"铁钱中有背穿上"西"字钱一枚，是首次出土钱背有文字的西夏钱币[17]。此外，还有少量北宋背"陕"字"宣和通宝"铁钱[18]。

（10）滚钟口窖藏。滚钟口是银川西部贺兰山山口之一，俗称小口子。1984年8月，装有古钱的一个大灰陶罐，被山洪冲出。经宁夏博物馆派人考察，并收回实物计125公斤，二万九千五百零六枚。内有西夏汉文钱"天盛元宝"、"乾祐元宝"、"天庆元宝"、"皇建元宝"、"光定元宝"五种，西夏文钱"大安宝钱"、"乾祐宝钱"、"天庆宝钱"三种。其中汉文行书"乾祐元宝"和篆书"光定元宝"是首次出土。而篆书"光定元宝"，史志旧谱不载，且与楷书钱成对钱，弥足珍贵[19]。另有两汉、新莽、隋唐、五代十国、两宋、辽金等朝钱币二百多种。经统计，其中北宋钱最多，占85.58%，西夏钱仅占1.48%[20]。

（11）堆子梁窖藏。1985年1月，陕西定边县堆子梁村农民发现古钱一陶罐，计42公斤，约一万多枚。内有西夏"天盛元宝"、"皇建元宝"、"光定元宝"三种。此外，还有两汉、新莽、隋唐、五代十国、两宋、金等朝钱币一百多种，而以北宋钱为多[21]。

（12）萌城乡窖藏。萌城乡在宁夏盐池境内，西夏时属清远军，地处宋夏交通要冲。1985年夏，该乡农民在挖窑洞时，发现一朽烂毡筒内装有铜钱约100公斤，并有西夏文"元德九年"款"首领"二字铜印一方。现藏盐池县博物馆。在其钱币中有西夏汉文"天盛元宝"、"天庆元宝"、"皇建元宝"、"光定元宝"四种，有西夏文"福圣宝钱"、"大安宝钱"、"天庆宝钱"三种，还有王氏高丽"三韩通宝"一枚。其中，"福圣宝钱"系首次出土。另有两汉、新莽、唐、五代十国、两宋、辽、金等朝古钱六十多种，而以北宋钱为多[22]。

（13）陶利乡窖藏。陶利乡在内蒙古乌审旗西，这里地处无定河上游，属西夏夏州地界，是西夏王朝的发祥地。1987年2月，窖藏被狂风吹出，是一个直径120、深85厘米的圆形土坑，底部铺有粟糠，内藏铜钱605公斤，乌审旗文物工作站收回 430 公斤，是最大的西夏铜钱窖藏。经清理，在十一万五千零四十五枚中，有汉文钱"天盛元宝"二千零七十五枚，"乾祐元宝"六枚，西夏文"福圣宝钱"七枚，"大安宝钱"二十枚；其每种数量之多，皆超过所知其他窖藏。而隶书"元德通宝"三枚，在西夏钱币窖藏中是首次出土，证明此钱是西夏钱而非安南钱[23]。另有秦汉、北朝、隋唐、五代及两宋、辽金等朝钱币七十七种。其中，秦"半两"、"永安五铢"、"常平五铢"、"布泉"、"五行大布"、"通正元宝"、"乾亨重宝"等钱，在西夏窖藏中是首次出土。北宋钱三十三种，计九万二千六百五十一枚，约占总数的 81%[24]。

（14）马骝村铁钱窖藏。位于内蒙古土默特右旗水沟洞门乡马骝村。1988 年，旗史志办公室进行文物古迹考察时，在村民马云桂家发现约 200 公斤铁钱，有"乾祐元宝"和"天盛元宝"两种，据说是在盖房挖地基时发现的，窖坑上盖有圆形铁器[25]。

（15）板洞圪旦铁钱窖藏。位于东胜市罕台庙乡元圪旦村南，1995 年发现，出土铁钱、铁器等。铁钱中文字可辨者，有"天盛元宝"和"乾祐元宝"，还有宋"宣和元宝"，总计三千九百多枚[26]。

另外，1986 年在陕西定边县南郭山区，1989 年在宁夏平罗县贺兰山小水沟，1990 年在石嘴山市贺兰山小耶和沟等处，都发现西夏窖藏铜钱钱币[27]。钱币数量多寡不一，有的是装在陶瓷罐中埋入地下的。每座窖藏，多有汉、唐、五代等钱，而以北宋钱币为多。西夏钱币，每窖皆有"天盛元宝"和"光定元宝"。定边南郭山区窖藏，还出土了西夏文"福圣宝钱"、"大安宝钱"和汉文"元德通宝"、"乾祐元宝"、"皇建元宝"等钱[28]。1990 年，内蒙古伊克昭盟首次出土了真书"元德通宝"，十分难得[29]。

　　1989 年，在敦煌莫高窟北区石窟的发掘中，在第 113 窟发现了西夏钱币铁钱，其中有"天盛元宝"十二枚，"乾祐元宝"十六枚，还有北宋"宣和通宝"八枚。在北区新发现的二百四十多个石窟中，只有第 113 窟发现了西夏钱币，尽管数量不多，还是比较重要，它"填补了莫高窟乃至敦煌地区西夏钱币的空白"[30]。同时，这也是见之报道的河西地区第一次发现西夏铁钱。

　　除上述窖藏外，在远离西夏故地的湖南、湖北、辽宁、吉林、陕西关中、甘肃东南部和内蒙古东部也有零星发现，多为

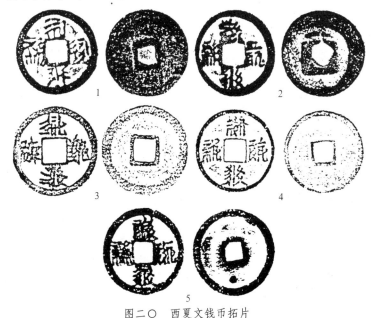

图二〇　西夏文钱币拓片

1. 福圣宝钱　2. 大安宝钱　3. 贞观宝钱　4. 乾祐宝钱　5. 天庆宝钱

"天盛元宝"，还有"天庆元宝"、"皇建元宝"和西夏文"福圣宝钱"、"大安宝钱"等（图二〇）。有的发现很重要，浙江宁波废品中选出少见的汉文"元德通宝"和西夏文"大安宝钱"[31]。而内蒙古巴林左旗三道营子的辽代窖藏中，竟然出土了西夏文"大安宝钱"和从未见之著录的隶书"大安通宝"[32]。这些发现，不仅丰富了西夏钱币的内涵，而且对研究西夏的货币也有一定价值（表六）。

表六　西夏钱币简表

序号	币名	铸造年代	大版别				备注
			质地	书体	读法	币值	
西夏文钱							
1	𗋀𗧘𗰣𗵽 （福圣宝钱）	毅宗（公元1053—1056年）	铜	行真	旋读	小平	
2	𗦂𗼃𗰣𗵽 （大安宝钱）	惠宗（公元1075—1085年）	铜	行真	旋读	小平	背月纹、星纹
3	𗱕𗑲𗰣𗵽 （贞观宝钱）	崇宗（公元1102—1114年）	铜	行真	旋读	小平	传世品
4	𗧢𗵒𗰣𗵽 （乾祐宝钱）	仁宗（公元1170—1193年）	铜	真书	旋读	小平	
5	𗼨𗧘𗰣𗵽 （天庆宝钱）	恒宗（公元1194—1205年）	铜	真书	旋读	小平	
汉文钱							
6	大安通宝	惠宗（公元1075—1085年）	铜	隶书	直读	小平	背月纹
7	元德通宝	崇宗（公元1120—1126年）	铜	隶书	直读	小平	
8	元德通宝	崇宗（公元1120—1126年）	铜	真书	直读	小平	
9	元德重宝	崇宗（公元1120—1126年）	铜	隶书	直读	折二	
10	大德通宝	崇宗（公元1135—1139年）	铜	隶书	直读	小平	钱博、传世品

序号	币名	铸造年代	大版别				备注
			质地	书体	读法	币值	
11	天盛元宝	仁宗(公元 1149—1169 年)	铜	真书	旋读	小平	背西字
12	天盛元宝	仁宗(公元 1149—1169 年)	铁	真书	旋读	小平	背西、背月纹
13	乾祐元宝	仁宗(公元 1170—1193 年)	铜	真书	旋读	小平	
14	乾祐元宝	仁宗(公元 1170—1193 年)	铜	行书	旋读	小平	
15	乾祐元宝	仁宗(公元 1170—1193 年)	铁	真书	旋读	小平	背星纹等
16	乾祐元宝	仁宗(公元 1170—1193 年)	铁	真书	旋读	折二	存英国
17	天庆元宝	恒宗(公元 1194—1205 年)	铜	真书	旋读	小平	
18	皇建元宝	襄宗(公元 1210—1211 年)	铜	行真	旋读	小平	
19	光定元宝	神宗(公元 1211—1222 年)	铜	行真	旋读	小平	
20	光定元宝	神宗(公元 1211—1222 年)	铜	篆书	旋读	小平	

注：本表所列为可认定的西夏钱币及其大版别。如细分小版别，可得二百多种。

上述出土钱币，特别是完整的窖藏，提供给我们的不仅是多少品种、数量的钱币，不仅是新发现的钱币品种，更为重要的是从窖藏位置、周围环境、窖藏结构等方面，提供了更多的供我们研究的信息。从窖藏地点多在无人居住的深山峡谷和荒漠地带，从窖藏多为临时挖掘的土坑而非构筑坚固的地窖，从窖藏最晚的西夏钱币多为"光定元宝"等情况判断，这些窖藏很可能是蒙古灭夏战争中逃难的难民埋藏的。透过这一现象，似乎看到了战争的残酷无情和给百姓带来的深重灾难。同时说明这些钱币在埋藏之前，正是西夏社会的流通货币，因而具有重要研究价值。数十年来，业内人士对西夏钱币的研究，在钱币学、货币史、西夏学的新著中有所反映，更体现在所发表的约一百五十篇论文、报告、报道中，其中不乏精道之作。

总览这些成果，主要有以下几个方面。

第一，对有关西夏钱币的文献资料进行了系统的梳理，基本理清了西夏钱币的眉目。过去，有关西夏钱币的资料，散见于钱谱书刊，文字贫乏，内容简单，没有一篇完整、系统的论述。人们对西夏钱币的了解，常常是支离破碎，真伪莫辨，很难窥其全貌。经过对清代以来数十种钱谱、论著中有关资料的排比、分析，终于确定最早明文著录西夏钱币的钱谱是乾隆《钦定钱录》，第一部系统著录西夏钱币的钱谱是《吉金所见录》，第一次译释了西夏文钱币的著作是《西夏国书略说》。同时，根据新的出土品和前人研究的成果，对钱谱论著中的二十多种西夏钱币一一考其源流，定其真伪，进行了科学的总结[33]。

第二，对"梵字钱"有了进一步的认识。今天，人们已经认识宋代洪遵《泉志》所载"梵字钱"，就是西夏文"大安宝钱"。而当时洪遵并不是这样认识的。所谓"梵字"，本为印度古文字，又称梵文、梵书。然而，洪遵《泉志》所载"梵字钱"中的"梵字"，其含义并不是印度古文字，更无西夏文的意思。而所谓"梵字钱"，是对既不能识其字，又不能辨其"国"的少数民族钱币的泛称[34]。这种认识，从宋至清并没有什么改变，人们仍然不识其字，《康熙字典》、乾隆《钦定钱录》等著作，仍沿袭《泉志》之说，认为"梵字钱""文不可辨"，"音义未详"[35]。直到前述刘青园时才认出所谓"梵字钱"，就是"西夏文钱"。而将"梵字钱"与"大安宝钱"挂上钩，则是 20 世纪 80 年代之事，并认为"梵字钱"文字，是不识西夏字的人用汉字的笔形附会而成的。

第三，考证和认定了部分存疑的西夏钱币。过去，对一些西夏钱币，诸如折二"元德重宝"，真书"元德通宝"，行书"乾祐元宝"，背"西"、"天盛元宝"等，仅见个别记述，很难得到学界的认定。近年来，这些钱币的相继出土，使上述记载成为定论。隶书"元德通宝"平钱，是越南钱还是西夏钱，从清末争论到20世纪80年代，内蒙古乌审旗陶利窖藏一次出土了三枚，使这一问题得到了彻底解决[36]。丁氏《泉志菁华录》、《古钱大辞典》著录折二西夏文"大安宝钱"，唐石父先生认为系据《吉金所见录》"西夏梵字钱"仿刻，这一认识得到学术界的认同[37]。特别是从未见之著录的篆书"光定元宝"、隶书"大安通宝"的出土，极大地丰富了西夏钱币的内涵。

第四，对西夏钱币制度的研究，有了良好的开端。西夏钱币最大的特点，是将本民族的文字用于钱币，诸如"大安宝钱"、"天庆宝钱"等。辽、金也是少数民族政权，也有自己的契丹文和女真文，但没有反映在自己流通的钱币上。然而，西夏钱币制度的主要方面，是受北宋影响的。北宋流行年号钱，盛行对钱，西夏无论汉文钱还是西夏文钱，都是年号钱。1984年，银川滚钟口"乾祐元宝"行书、真书对钱，和"光定元宝"篆书、真书对钱的出土，进一步证明了北宋钱制对西夏钱制的深刻影响。

第五，对西夏货币经济，进行了有益的探讨。很难想象，在西夏陵墓、遗址、城址的考古中，西夏钱不一定有，而北宋钱却绝不会少。更令人惊奇的是，所有铜钱窖藏，都以北宋钱为主，约占80%—90%，西夏钱没有超过1.8%。笔者对贺兰山大风沟、王泉沟、滚钟口三处窖藏钱币计量分析，北宋钱币分别占 84.9% 、87.2% 、85.6% ，而西夏钱币仅占 1.4% 、0.9% 、1.5% 。这大量的材料，强烈地说明一个事实，就是西夏虽然铸造钱币，但西夏社会上流通的主要币种不是西夏钱，而是北宋钱。究其根本原因，还是西夏社会经济发展水平不高所致。同时反映了"西夏经济在一定程度上对宋朝的依赖，是宋夏关系方面的一件大事，也是西夏社会经济一大特点"[38]。

第六，西夏钱币制作精美，受到泉界好评。西夏钱币轮廓规整，字体端庄，铸造精工，受到古今钱币家的称赞。清代古泉大家翁宜泉《古泉汇考》称："西夏钱制，史册不载，据所见夏钱，字端楷，制精好。"经济学家千家驹、彭信威也称赞："制作精致，文字整齐。"也有人认为西夏钱币制作很精美，文字也规矩，他们的文化要超过契丹人。西夏钱币的精美，反映了西夏较高的经济、文化发展水平。

3. 西夏铁钱和铁钱专用区的设置

在西夏钱币窖藏中，铁钱窖藏集中在内蒙古河套地区的临河、包头、达拉特旗、准格尔旗黄河一线。出土量很大，如表所示，是铜钱窖藏所未有的（表七）。

表七　内蒙古西夏铁钱窖藏简表

窖藏名称	地址	发现时间	数量			资料来源
			乾祐	天盛	宣和	
那林窖藏	准格尔旗	1949 年	约 6000 公斤（主要为乾祐钱）			《考古通讯》1954 年第 2 期
那林遗址	准格尔旗	1953 年	一批乾祐钱			《考古通讯》1954 年第 2 期
高油房窖藏	临河县	1958 年	数千公斤（主要为乾祐钱）			高油房西夏城址调查

窖藏名称	地址	发现时间	数量			资料来源
			乾祐	天盛	宣和	
盐店乡窖藏	达拉特旗	1980年	166131枚	14058枚	993枚	《内蒙古金融》1989年第3期
阿都赖窖藏	包头市	1981年	13500枚	1300枚		《中国钱币》1983年第3期
马骝村窖藏	土默特右旗	1988年	200公斤			《考古》1995年第10期
板洞圪旦窖藏	东胜市	1995年	3936枚			《中国文物地图集·内蒙古自治区分册》(西安地图出版社2003年版)

注：有的窖藏还有少量宋钱，表中略去。

　　宋朝为防止铜钱外流，大量铸造铁钱，在临近西夏的陕西、河东铜铁钱兼用区内使用。西夏是否也有铁钱专用区呢？内蒙古的考古工作者们对此做了有益的探讨，最早提出西夏"与金贸易区为铁钱流通范围"[39]。20世纪末出版的西夏法典《天盛改旧新定律令》，对这一说法作了肯定，并被学界所接受。《天盛律令》明确规定："诸人不允将南院黑铁钱运来京师，及京师铜钱运往南院。"若违律时，不论多少，都要受到"二年"徒刑的处罚[40]。也就是说，西夏同宋朝一样，铁钱的使用是有地区限制的。西夏也有"北院"，当然是指西夏北部与金接壤的地方。按地望，发现铁钱窖藏的内蒙古河套地区，当属西夏北院，而不是南院。引文中的"南院"，很可能是指西夏南部与金接壤的地方，但迄今为止，在西夏故地的南部地区，尚无发现西夏铁钱窖藏的报道，这就可能是法典印刷有误，将"北"误印成"南"。如按此理解，西夏铁钱的使用范围只限在夏金边贸频仍的北方边境地区。

西夏所以设置铁钱专用区，是有其历史背景的。

首先，西夏人有使用铁钱的经验。与宋代每朝都铸铁钱不同，西夏只有仁宗仁孝时铸过"天盛"和"乾祐"两种铁钱。但西夏人使用铁钱的时间，却甚为久远。因为宋朝规定，"陕府系铜铁钱交界处，西人之来，必须换易铜钱，方能东去"[41]。也就是说，早在庆历年间，宋朝设置河东、陕西铜铁钱区的那一天起，西夏人就开始使用铁钱了。又因夏州"茶山铁冶"一度为宋所有，西夏人就用青白盐"易陕西大铁钱为用"。公元1127年宋室南迁后，北宋钱币不可能继续输入西夏。而仁宗时期，用宋钱与金交易就要贬值，使西夏"商人苦之"。这都逼使西夏不得不设"通济监"，并大量铸造铜钱、铁钱，以为市场之需。仁孝铸钱之多，这在考古上也是得到印证的。

其次，为了保护西夏人自己的经济利益。由于地理的隔绝，西夏与南宋基本上没有经济往来，而金便成为西夏对外贸易的主要对象。河套地区，属西夏胜州故地，隔河与金天德军、云内州相对；向东南与陕西的绥德、保安为邻。这些历来是西夏与宋辽进行边境贸易的榷场所在地，到了金代，相继恢复与扩大，商贸活动活跃。西夏人在使用宋朝铁钱的经验中，也深得其中的奥妙。西夏政府为了防止铜钱外流，保护自己的经济利益，设置铁钱区也在情理之中。

第三，西夏有生产铁钱的物质条件。西夏境内有丰富的铁矿，设有"铁匠局"，负责铁器的生产，并明确规定了生产每类铁器的耗减率，说明西夏具备了大量铸造铁钱的物质条件。安西榆林窟西夏壁画"锻铁图"中的木风扇鼓风设备，与宋朝使用的略同，说明西夏的锻冶技术已相当发达，大体与中原地区保持同一水平。宋朝人曾叹曰，西夏所造"甲胄皆冷锻而成，坚滑光莹，非劲弩可入。自京赍去衣甲皆软，不足当矢石。以朝廷之事力，中国之伎巧，乃不如一小羌（西夏）乎"[42]！

4. 西夏白银和交钞的使用

西夏是否铸造和使用银币、是否使用交钞，历来为西夏货币研究中的一个热点问题。20 世纪 80 年代以来，俄藏黑水城文献研究成果的相继发表和出版，为西夏研究提供了前所未有的资料。有关西夏货币使用的资料，在辞书《文海》、兵书《贞观玉镜将》、特别是《天盛律令》中多有反映。陈炳应先生在利用汉文文献的同时，充分利用西夏文文献，对西夏白银、交钞的使用和"钱币法"进行了研究，先后发表多篇文章[43]，进行论述，取得重要成果。

第一，西夏有无金银矿，是否能冶炼锻铸金银器的问题，仅根据汉文文献是解决不了的。而《文海》、《圣立义海》和《天盛律令》等西夏文文献，对此作了肯定的回答，即西夏境内有金银矿，并将"为官方采金、熔银铁"，作为苦役之一[44]。设"金银工人院"，负责金银器的打造，并有"金银损耗法"，明确规定熔铸金银器耗减数字[45]。

第二，西夏的白银是如何使用的？从综合汉夏文献看，有的用于贸易，有的放高利贷，但主要是赏赐。贸易方面，西夏毅宗谅祚派往宋朝的使臣"以钱银博买物色"[46]。惠宗秉常处理一起贸易纠纷案时，当事人"铸银近万，乃持裂用，诸处为贩"[47]。放高利贷方面，毅宗谅祚的近臣高怀正"贷银夏人"，以谋利被处死[48]。主要是赏赐，据西夏兵书《贞观玉镜将》记载，西夏军队赏罚严明，有关规定系统具体，有很强的操作性。对立大功、奇功人员，除提升官职外，奖赏的诸多物品中还有金银制品、银锭，银器中有"银碗"、"银腰带"、"银鞍鞯"等；金器中有"金碗"、"金腰带"、"金鞍鞯"，如"百两银碗"、"十两金腰带"等。《天盛律令》记载，所奖诸多物品中还有银两，按功劳大小，有一两、二两、三两、五两、七两等。

第三，西夏金银的使用形式，从上文中已可看出，有的是割裂的银块，有的为金银器皿，有的是银锭等，另外，还有银币。据载，仁宗时，尚食官阿华因敢于直谏，仁孝皇后"赐银币奖之"[49]。但银币形制不明，尚待考古发现。

1987 年，武威市署东巷窖藏出土银锭二十二枚，是第一次发现与西夏有关的银锭，十分重要，备受学界关注。据报道，这批银锭，上有重量、"行人"、"称子"等錾刻文字，及"使正"、"官正"、"赵铺记"、"夏家记"等戳记。其形制与宋朝金银锭"基本一致"，是西夏的"通用银锭"[50]。但随着研究的深入，对其是否是西夏所铸提出质疑，有人认为："称其为西夏通用银锭，证据尚嫌不足。若理解为西夏利用宋之银锭作为货币使用，或许更接近于实际情况。"[51] 又有人认为，这批银锭的形制和铭文，"具有明显的金代银锭的特征"，应为"金代银锭"[52]。这一问题的解决，有待于新的发现及更深入的研究。

宋朝使用交钞，与宋往来密切的西夏是否也使用交钞？这不能不为学人所关注。至今未发现任何西夏纸钞的线索，但却有文献证明西夏在使用宋朝的交钞。陈炳应撰文援引《续资治通鉴长编》、《宋会要辑稿》中诸如宋庆历六年（公元 1046

年）蕃官刘化基"以官钞易马"事，宋庆历七年西夏、唃厮啰人收买"陕西粮草、交钞"事，宋嘉祐八年（公元1063年）宋宰臣韩琦言"秦州永宁寨以钞市马"事等资料认为："从上述资料不难看出，在宋、夏官私边境贸易中，在西夏与宋之间的贸易中，都曾使用过宋朝发行的交钞。"

5. 西夏钱币法

西夏钱币的使用范围很广，除在社会上买卖购物外，还有诸如官吏俸禄、劳动力计值、财物折钱计算、纳税、典当借贷及赏罚等，遍及《天盛律令》各章。这实际上是货币流通状况和货币经济发展的反映。

西夏货币经济的发展，也反映在管理机构的设置、钱币铸造和货币流通的管理上。这些资料，或许就是西夏的"钱币法"。

第一，管理机构。根据《天盛律令》，西夏"铸钱"事，归"户案"（略同于"户部"）管理；还设有"钱监院"，可能是政府专管"铸钱"的机构。但"钱监院"是否就是"通济监"？则尚需斟酌。

第二，铸造管理。《天盛律令》规定了铸造钱币和库存钱币的损耗率。铸造钱币"一两中可耗减二钱"，即损耗率为2/10。官库中的"钱朽烂"，"一缗可损耗二钱"，即损耗率为2/1000。有关人铸钱造成损失，要受到"黥杖"并服"苦役"的处罚。库存钱谷交接手续，都有明确而具体的规定。另外，还规定其他匠人不得"铸钱、毁钱"，若违律，要受到与"到敌界卖钱"同样的处罚。

第三，流通管理。《天盛律令》规定禁止到敌国去卖钱，禁止在水上运钱到敌界买卖。同时，铁钱的使用有地区的限制，设置铁钱流通区，禁止将南方的铁钱运到京师（中兴府），禁止将京师的铜钱运到南方。若违反禁令，都属犯罪行为，按情节轻重，给以相应处罚，检举人可得到相应奖赏[53]。

近二十年来，西夏钱币的研究可谓成果累累。但是，有些问题尚待深入研究。如，仁孝所铸铜钱，远远大于前朝，但有趣的是，"天盛"钱在数量上有较大的突破，"乾祐"钱相对较少；而铁钱与之相反，"乾祐"钱数量很大，而"天盛"钱仅为"乾祐"钱的1/10。为什么会形成这种状况？仁孝之后的纯祐等几代，为何又只铸造铜钱而不继续铸造铁钱？西夏南部在今甘肃、青海一带与金接壤地区，尚未见有铁钱窖藏的报道。是根本没有呢，还是没有发现？还有，西夏社会的购买力，夏钱与宋钱的比值，货币理论和货币政策以及西夏钱币与西夏政治、经济、文化方面的联系等等，都需要加强研究，作进一步探索。又如，陈炳应先生关于西夏文"福圣宝钱"应译为"禀德宝钱"，并认为是元昊钱的问题；还有关于西夏钱币的版别和对钱划分的问题等，都有待于深入研究。相信通过学人的共同努力，一定会有新的成果出现。

（二）西夏官印

官印是古玺印的一种，是封建社会各级行政机构、长官行使权力的凭证。我国古代使用玺印，始于战国，到秦始皇立国，始有定制，是为官印，并一直沿袭至今。对古代玺印撷拾成谱，始于明代，到了清代更是盛极一时。而西夏官印见之于著录，则晚至公元19世纪中叶。概况地讲，最早著录西夏官印的是清末鲍康《观古阁丛稿》和吴云《二百兰亭斋古铜印存》，然而因不识其字，并不知其为何代之印。最早认识西夏官印并进行摭拾和研究的，是著名学者罗振玉、罗福苌父子。1914 年，罗福苌《西夏国书略说》仅收录二方；1916 年，罗振玉《隋唐以来官印集存》收录七方；1925 年，出现第一部西夏官印专书——罗振玉《西夏官印集存》，已达三十三方。与此同时，王静如等人的五六种著作也有著录，多寡不一。

1. 西夏官印的发现

20 世纪 50 年代以来，各地文博、高校等部门陆续又有新的发现，到公元 1882 年，罗福颐将印谱著录和各地藏品汇集编成《西夏官印汇考》，收录官印总计九十七方，为集大成之作。此后，在西夏故地又多有发现，如宁夏的同心、固原、盐池，甘肃的张掖、庆阳、静宁、兰州、民乐，陕西的横山、榆林，内蒙古的伊克昭盟、准格尔旗、包头。青海和四川也都有出土和发现。初步估计，除见诸著录和报道的外，加上民间收藏的，其总数约有一百五十多方。其中，最早的是崇宗天祐民安六年（公元 1094 年）的“首领”二字印，最晚的是桓宗天庆八年（公元 1201 年）的“首领”二字印。西夏官印，是我国最早使用少数民族文字铸造的官印，也是现存最为丰富的古代少数民族政权的官印。

据《天盛律令》记载，西夏官印有纯金、纯银、铜镀银、铜四种。但现在所见官印，全为铜印。以印面文字多少，分为二字印、四字印和六字印三种，其中二字印最多，约占 90%以上。这些官印皆为铸造，其共同特点是多为抹角方形，四楞四角的很少；大小、厚薄多不一致；背面有纽，形制单一，多为直纽，纽上有的有穿；纽上有西夏文“上”字（个别的为汉文“上”字），以示用印之方向。印面文字为九叠篆白文

（阴文），四周有边框。背面印纽两侧有凿刻文字，文字极不规范，不少难以辨识。大都右侧为年款，标明官印颁发和使用的时间，左侧为执印者姓氏，多冠以"首领"或"正首领"职衔。但也有例外，如有的只刻年款不刻姓氏，有的只刻姓氏不刻年款。另外，还有不多的几方私印和押印。西夏官印字文深峻，造型规整，屈曲平满，古朴大方，是古玺印的优秀制品之一。

2. 西夏官印的种类

二字印。最小的一方边长 4 厘米，最大的一方边长 6 厘米，一般在 4.9—5.8 厘米之间。印面文字皆为"首领"二字。有的印背文字特殊，如 1984 年宁夏同心出土的一方，印背西夏文为"自掌纪施"四字，而无年款，尚属首例[54]。又如青海出土天庆年间的一方，印背上方有西夏文"权检校"三字，也为初见，"对研究西夏的官制有着重要的价值"[55]。尚有十多方印背缺刻文字，可能是尚未颁发的新印。

二字印中最为特殊的是"工监"官印，至今仍为孤品。边长 5.3 厘米，印背两侧无题款。1973 年出土于内蒙古准格尔旗纳林乡[56]。从内容上看，类似四字印，应与某种工监有关。

四字印。《西夏官印汇考》载五方，边长在 5.4—6 厘米之间。释文为"工监专印"（二方），"卓啰监军"，"迺讹庚印"，"首领磨璧"。另外，西安文管会藏"庞乞专章"一方。近年，在固原发现崇宗贞观二年"工监专印"一方，边长 6.8 厘米，是四字印中最大的一方[57]。

六字印。《西夏官印汇考》载四方，边长在 6.4—7.5 厘米之间。释文为"嵬名礼部专印"，"恶恶史官专印"，"静（?）

图二一　西夏官印（二、四、六字印）

1. 二字印文　2. 二字印背文　3. 四字印文　4. 六字印文

州粮官专印"，"绥（？）州马官专印"。据悉，在甘肃静宁县
博物馆也藏有一方六字官印，释文不详。印背多无文字，其
中，"恶恶史官专印"，印背年款为仁宗"大庆元年"，"绥州
马官专印"，印背上方（不在纽上）凿刻汉文"上"字，皆为
仅见（图二一）。

另有一印比较特殊，直角方形，有边框，边长5.5厘米。此印的最大特点是赤文，而不是白文。正面文字不识，与九叠篆"首领"二字不同。背文译为"正首领嚩毘屈国成"，知其亦为首领印。

此外，还有杂印二方：一方为西夏文"监"字印，赤文，无边框，高2.5、宽1.7厘米。另一方为西夏文"千"字印，圆形，直径3.8厘米。纪年印二方：一方为西夏文"元德二年"，直角方形，边长4、厚0.8厘米。为新西兰著名社会活动家路易·艾黎征集，甘肃山丹县"艾黎捐赠文物陈列馆"藏。吉林博物馆也有"元德二年"一方。"元德"为西夏崇宗年号。另一方为西夏文"乾祐"，直角长方形，长3.5、宽1.8厘米。"乾祐"为西夏仁宗年号。年号印用途待考。

3. 西夏官印的研究

（1）西夏官印印文的认识。对西夏官印的研究，是从背款文字开始的。罗振玉、王静如、罗福颐皆根据所译官印年款文字，对汉文史籍中西夏纪年的错误，进行了订正。印背所刻党项族首领姓氏，如嵬名、磨壁等，是研究西夏姓氏乃至党项民族的新资料。比之年款、姓氏，更为重要的是对官印印文的认识。西夏官印印文，笔画重叠，盘旋曲折，字形诡异，加上任意增减笔画，更是难以认识。从清末到20世纪70年代，鲜见有涉猎者。

那么，是谁揭开这一谜底的？笔者1983年撰写《揭开西夏官印之谜》一文时[58]，曾闻"首领"二字，是黄振华先生译释，并写入文中。后见白滨文章，对此更有准确、具体的说明。70年代初，黄振华从西夏文官印背款上的"首领"、"大首领"等西夏文楷书受到启示，经过长期揣摩，始释出二字官印的西夏文九叠篆书印文为"首领"二字，从而揭开了西夏官印印文之谜。他还对其所见七十二方西夏官印试为译释，撰成《西夏官印集释》一文。这是对西夏官印印文篆书最早的探索[59]。其后，李范文先生结合西夏陵出土残碑篆额的复圆与译释，苦心钻研，反复对比，对四字印、六字印进行了译释，并结合文献资料，进行考证，撰成《西夏官印考释》一文[60]。尽管对其译文学界尚有歧见，但可成一家之言，也难能可贵。

（2）《天盛律令》中对西夏印制的记述。西夏使用铜印，在汉文史籍中多有反映。如在宋夏战争中，宋军缴获的战利品中就有西夏铜印。在有关宋夏交兵的资料中，在宋军的战果中，除获得"器甲"、"马匹"多少，破"砦"多少，斩获多少，生擒"大首领"、"首领"、"小首领"多少外，就是获得"铜印"多少。如元丰六年（公元1083年）宋夏永乐之战中，获"铜印六"；元丰八年（公元1085年）四月"破贼六砦，斩首六百余级，凡首领十三人，获铜印十四颗，骆驼牛马以万计"等[61]。但西夏官印的品种、铸造和使用制度，在汉文文献中却无一字可寻。

黑城出土的西夏法典《天盛律令》，给我们留下了宝贵的资料。如前述，西夏官印按质地，分为纯金、纯银、铜镀银、铜四种；按等级，分为司印和官印两类；司印是皇太子、中书等政府部门的印章，官印是三公、诸王、宰相等各级官员的印章。

同时，对印之重量、尺寸按等级之高低都作了具体规定。重量为：金印重一百两；银印重五十两、二十五两；镀银铜印重二十两、十五两、十二两；铜印重十一两、十两，最轻者九两。形制皆为方形，尺寸为：最大"长宽各二寸半"，最小为"一寸七分"，共分八等[62]。官印的管理和使用，在《天盛律令》中也有具体规定。

（3）西夏官印的特点。受唐宋文化影响，西夏官印大小与唐宋官印略同，所用字体也为九叠大篆。西夏官印各依司位、官品等之大小、高低颁发，并规定了各等级印的质地、重量和大小尺寸。孔云白《篆刻入门》说："隋唐以来，各以印之方长厚薄分寸大小，以别官职之尊卑，品级之高下。非若仅以纽授为别也。"从上述记载看，在等级观念上，西夏官印所体现的是完全一致的。

我们在看到西夏官印深受唐宋文化的影响的同时，更看到了西夏官印显而易见的特点。背款不镌刻官职名称，而刻显示族帐世袭身份"首领"的名称，说明部落和族帐"首领"、"大首领"的重要地位，是保留固有民族传统在官印上的反映。唐宋官印皆用赤文（阳文），西夏官印独用白文（阴文）；宋代官印背刻年款，西夏官印除年款外还刻姓名；宋代官印纽上已无穿孔，西夏官印仍保留古代印纽穿孔的形制[63]。这些特点，固然有西夏统治者有意强调其与宋制之不同，然而亦有实用的成分。西夏的军队，多由部落首领统率。官印纽上穿孔，仍是为了便于佩带，以适应其游动的生活[64]。

在西夏官印的研究中，有些问题尚待解决。如至今未发现西夏前期景宗、毅宗、惠宗和西夏晚期襄宗、神宗时期的印。西夏官印为模铸而成，按说其形制应大体一致，但现在所见，其尺寸大小，边框斜直，皆有差异，特别是"首领"二字，字字篆法不同。这是何因，尚难作出科学解释。我们相信，随

着新的发现和研究的深入，西夏官印的研究必然会有新的
进展。

（三）　西夏符牌

西夏符牌的种类和使用，在西夏法典《天盛律令》中已
提及的有"银符"、"鍮（即铜）符"和"兵符"等，还使用
具有牌符功能的"铁箭"[65]。西夏的符牌，有银质、铜质、
木质等。据载，元昊初，明确规定"发兵以银牌召部长（部
族首领）面受约束"[66]。宋元丰四年（公元1081年），因国
主秉常被囚，诸酋拥兵自重，国内大乱，夏帅乙埋"数出银
牌招谕，不从"[67]。木符广泛使用，宋熙宁二年（公元1069
年），宋军出麟、府"破贼（西夏）马户川，斩馘数千，获绣
旗、木符、领卢印"[68]。但我们所见到的多为铜牌，据统计不
到三十枚，皆为传世品。这些铜牌，或见之于著录，如《增
订历代符牌录》、《衡斋吉金识小录》等，或为有关文博、院
校、研究等部门藏品，竟无一出土品。倒是21世纪初，在武
威出土了一枚银牌，较为难得[69]。

牌符的种类和功能，从其上文字分析，可分为信牌、守御
牌、宿卫牌、装饰牌四类，还有其他杂件。

1. 信牌

现存二枚。国家博物馆收藏一枚，铜质，圆形，直径15
厘米。上下两片套合而成，制作精工。下片刻西夏文楷书
"敕燃马牌"四字，"燃"有"火急"之意。其上部有半圆形
符嵌，符顶高3.2厘米方形穿口。上片圆牌正面线刻四连忍
冬纹，可嵌入下片符嵌。圆牌两端刻有镀金西夏文"敕"字

图二二　西夏信牌

(图二二)。另一枚为西安市文物管理处收藏，形制、文字、纹饰与上枚全同，只是直径略小，为14.7厘米。

与唐宋符牌一样，信牌是皇帝传达紧急军令的符牌。西夏文辞书《文海》称，"迅速紧急之燃马上用，故名信牌也"。《天盛律令》将信牌分为"火急符"与"非火急符"两种。前者为敌人寇边、我方发兵和缉捕逃叛时签发的符牌，后者为其他行政事务如催促草工、修浚渠道等情况发的符牌。"敕然马牌"当为"火急符"一类，"非火急符"信牌尚未有发现的报道。

《天盛律令》卷一三中对符牌如何使用，作了详细的规定。执符人有很大的权力，一般不使用官马，而是使用"私畜或牧场"之乘骑；民不予"而逃者"，一律"徒十二年"；不予且"殴打"执符人者，当绞杀。但持牌人也要承担很大的责任，如上奏军情要案而误期，以时日多少处刑；执火急符追捕"十恶"罪犯，延误五日以上者，"当绞杀"。应派执符人而未派，长官承罪；执符人无理勒索搅扰家主要治罪；公事毕，逾期不交符者治罪；失符、窃符者以及非公派而私派者绞等。

2. 守御牌

守御牌是守御军人佩带的名牌。现存六件，为符牌中较多的一种。圆形，比信牌小，直径5厘米左右。上有銎孔，可佩带。正反两面皆阴刻西夏文，有的文字为双钩，文字精粗不一。正面为"防守待命"四字，背面为西夏人名，如味屈契丹、千玉宝讹等。

3. 宿卫牌

宿卫牌为内宿人员当值期间所佩带的符牌。数量较多，正反两面文字皆为阴刻西夏文，多为长方铲形，长约5、宽约4厘米左右，上有銎孔，可佩带。两面有西夏文，正面为"内宿待命"四字，背面或为人名，或为番号，有的为双钩西夏文"吽"字和"耶"字。

另有一牌，文字较为特殊：正面、背面各有相同的西夏文六字，汉意译为"寝宫后门待命"，一面阳刻，一面阴刻，牌形较大，长9.5、宽6厘米。此牌制作精工，文字精妙，应是宫廷寝宫当值人员所执的符牌。

前面提到的武威银牌，1995年出土于武威市政府东院。出土时，牌首穿索圆穿已残。残长7.5、宽5.3厘米。正面西夏文字与铜牌"寝宫后门待命"完全相同，唯阴刻文字较细；背面为西夏文人名"勒尚千狗"。从附图看，银牌反倒没有铜牌精致，不知何因。

《天盛律令》卷一二有"内宿待命"的有关记载。内宿当值人员很多，有内宿承旨、医人、帐门末宿、内宿神策、官守护、外内侍、阁门、前内侍、内侍承旨以及药酒器承旨、侍帐事者、殿使、厨庖、主传桌、门楼主、更夫、采薪灌水者、殿提举、皮衣房、裁量匠、内宫守护者、沿门巡检等二十五六种人员，多为宫廷宿卫、职役人员。宋代设有"内侍省"，或称"内侍监"，掌管传达诏旨，守御宫门，洒扫内庭，内库出纳和照料皇帝起居等事务。西夏政府设有"内宿司"，可能与宋"内侍省"的职能相类。

《天盛律令》对"内宿待命"的行止，有不少具体的规定：如除奉旨外禁止带武器入宫，不通报不许入宫；内宫禁止喧哗，禁止射箭投掷；宿卫者当值禁饮酒；外邦来投者，不得派为内宫宿卫；臣僚奏事不得过御道；汉臣当带汉巾；禁丧服、披发、冬冠凉笠入宫；宿卫不当值不得入；翻越宫墙者绞；持武器伤人者斩；供馔迟缓，制不精，伺药不洁者治罪；御用舟车，营造不固者，工匠绞，执事者徒；内宫、皇城不按时关闭，丢失钥匙者治罪等。

4. 装饰牌

除上述三类外，还有正面阴刻西夏文三字、四字、五字不等，背面或为人名、或为素面的装饰牌。其形制有圆形、方形、马蹄形三种，用途和性质不明。另外还有一面为西夏文，一面为花卉、人物和建筑图案的符牌，或为桃形，或为圆形，甚精致。这些符牌少见，可能是达官贵人的饰物。

5. 刻有西夏文字的其他杂件

（1）西夏文六字真言铜镜。方形，边长7.3、厚0.5厘米。镜面平整光滑，镜背中部微凹，直径5.8厘米。圆圈中心有纽。环纽阴刻西夏文"唵嘛呢叭迷吽"六字真言。此镜藏于上海博物馆。

（2）西夏文真言铜镜。圆形，直径 6.8 厘米，上有穿，可悬佩。内刻一小圈，直径 3.4 厘米。圆圈中心刻一结跏趺坐佛，一手执鲜花，一手悬数珠。小圈至边缘以莲瓣形分为九格，每格刻西夏文一字，依次为"唵嘛呢叭迷吽唵阿吽"。

（3）镀银真言铜牌。圆形，上覆带有銎孔的荷叶，通高 6厘米。牌上一面铸有作功（奔跑）人物，一面阴刻西夏文"唵嘛呢"三字。此牌藏于甘肃山丹县艾黎博物馆。

以上诸件，皆与西夏崇奉佛教有关。

（4）西夏文小刀。计有三件：一件藏国家博物馆，长19.5、柄宽 1.8 厘米。刀柄上阴刻西夏文姓名，汉译为"夏智年"三字。刀柄端有三角形小孔，可系带佩于腰间。一件藏内蒙古博物馆，长 17、刃宽 1.7 厘米，刀柄上阴刻西夏文姓名，汉译为"恶恶舅娃"四字。刀柄端有方形小孔，可悬佩。另一件，长 11.8、刃宽 1.5 厘米。无柄，尾部有穿孔。刀身阴刻西夏文四字，汉译为"此经典说"。

西夏服饰"衣紫旋襕，金涂银束带，垂蹀躞，佩解结锥、短刀、弓矢韣"等[70]。此小刀，或即夏人银束带上所垂之短刀。在石窟壁画中，亦可见到西夏供养人束带、带下垂物件的形象。

注　释

[1] 刘师陆：清代金石学家。山西洪同人，字子敬，号青园，生卒年月不详。清嘉庆二十五年（公元 1820 年）进士，历任庶吉士，江西清远知县，河北霸

昌道台等职。嗜古钱，精于金石，著述颇丰。但传世仅《虞夏赎金释文》一卷。

[2]（清）张澍《养素堂文集·书天祐民安碑后》，兰州古籍书店 1990 年版。

[3] 罗福苌：近代西夏学者。字楚君，浙江上虞人。著名学者罗振玉之子。年未冠，即通法文、德文，并治梵文、西夏文。仅据《番汉合时掌中珠》数页，及西夏文《法华经》残卷，即"旁通四达，遂成其读"（王国维《罗君楚传》）。著有《梦轩琐录》（梵学著作）三卷，《宋史夏国传集注》一卷，《俄人黑水访古所得记》、《西夏赎经记》等，并译释多种西夏文佛经。其中，《西夏国书略说》（汉文、德文两种）是一部研究"西夏国书"的专著。

[4] 赵权之《介绍新发现一种西夏文钱》，《泉币》1940 年第 3 期。

[5] 转引自丁福保《古钱大辞典》下编第 1568 页"永安一千"条，中华书局 1982 年版。

[6]《文物工作报导》，《考古通讯》1954 年第 2 期。

[7] 张秀峰《对西夏铁钱的几点认识》，《内蒙古金融·钱币两会专刊》（1986 年）。

[8] 郑隆、陆思贤《临河县高油房西夏城址的调查》，"西夏研究学术讨论会"论文（1981 年）。

[9] 陈永忠《一九七五年盐池出土一批西夏货币》，《盐池县志资料汇编》第 3 集（1982 年）。

[10] 陈永忠《79 年盐池出土的一批西夏货币》，《宁夏大学学报》1981 年第 2 期。笔者认为出土地二道川属内蒙古鄂托克前旗，和宁夏盐池县交界。

[11] 宁笃学《甘肃武威县发现铜钱窖藏》，《考古与文物》1981 年第 2 期。

[12] 牛达生《宁夏贺兰山发现西夏窖藏钱币——兼论西夏货币经济的若干问题》，《考古与文物》1986 年第 6 期。

[13] 同 [12]。

[14] 伊克昭盟文物工作站《内蒙古达拉特旗盐店乡出土西夏窖藏铁钱》，《内蒙古金融》1989 年第 3 期。

[15] 同 [7]。

[16] 同 [7]。

[17] 金申《包头郊区发现一批西夏铁钱》，《中国钱币》1983 年第 3 期。

[18] 师宝珍《包头出土天盛元宝背"西"铁钱》，《中国钱币》1985 年第 2 期。

[19] 牛达生《银川首次出土篆书"光定"平钱》，《中国钱币》1985 年第 2 期。牛达生《贺兰山滚钟口西夏窖藏钱币》，《中国考古学年鉴》（1985 年）第

250—251 页，文物出版社 1985 年版。

[20] 牛达生、许成《贺兰山文物古迹考察与研究》第 59 页，宁夏人民出版社 1988 年版。

[21] 陈敬文等《陕西定边发现万枚铜钱》，《考古与文物》1986 年第 6 期。

[22] 吴峰云、任永训《盐池发现西夏钱币和西夏官印》，《宁夏文物》1986 年试刊。牛达生、任永训《从宁夏盐池萌城乡西夏窖藏钱币，谈西夏文"福圣宝钱"和高丽"三韩通宝"》，《中国钱币》1988 年第 2 期。

[23] 牛达生《隶书"元德通宝"论考》，《中国民族史研究》（2）第 215—219 页，中央民族学院出版社 1986 年版。牛达生《真书"元德通宝"小议》，《中国钱币》1990 年第 4 期。

[24] 内蒙古伊克昭盟文物工作站、乌审旗文物保管所《内蒙古乌审旗陶利出土窖藏钱币》，《内蒙古金融》1989 年第 3 期。牛达生《一座重要的西夏钱币窖藏——内蒙古乌审旗陶利窖藏》，《甘肃金融》1989 年第 8 期。

[25] 史金堂《内蒙古土默特右旗马骝村发现西夏铁币》，《考古》1995 年第 10 期。

[26] 国家文物局主编《中国文物地图集·内蒙古自治区分册》（下册）第 574 页，西安地图出版社 2003 年版。

[27] 吴尚仁《崇岗村发现西夏窖藏钱币》《宁夏文物》总第 4 期（1990 年）。艾天恩等《小耶和沟发现西夏窖藏钱币》，《宁夏文物》总第 4 期（1990 年）。

[28] 王延林《定边出土的钱币窖藏》，《考古与文物》1994 年第 5 期。

[29] 郝朝元《"元德通宝"与"圣宋元宝"母钱》，《陕西金融·钱币研究》1990 年第 3 期。牛达生《真书"元德通宝"小议》，《中国钱币》1990 年第 4 期。

[30] 敦煌研究院《敦煌莫高窟北区石窟》第 2 卷第 348 页，文物出版社 2004 年版。

[31] 吴伟成《宁波捡选出两枚西夏钱》，《中国钱币》1993 年第 4 期。

[32] 吴宗信《三道营子窖藏古铜钱》，《内蒙古金融·钱币续刊》（1985 年）。吴宗信《大安通宝浅析》，《中国钱币》1985 年第 4 期。

[33] 牛达生《西夏钱币辨证》，《中国钱币》1984 年第 4 期。本文比较集中地反映了这方面的成果。

[34] 牛达生《西夏钱币中西夏文钱的发现与认识——兼论洪遵〈泉志〉的钱图问题》，《中国钱币》1985 年第 4 期。

[35] 《康熙字典·汇补》也将《洪志》"梵字钱"四字收入，并说其字"音义未

详"。

[36] 牛达生《隶书"元德通宝"论考》，《中国民族史研究》（2）第215—219页，中央民族学院出版社1989年版。

[37] 唐石父《四朝钱币研究管见》，《内蒙古金融·钱币增刊》（1985年）。牛达生《我对西夏文折二"大安宝钱"的再认识》，《中国钱币》1989年第3期。

[38] 牛达生《从出土西夏窖藏钱币看西夏货币经济》，《宁夏社会科学》1986年第8期。

[39] 金申《西夏铁钱小议》，《中国钱币》1985年第4期。

[40] 史金波、聂鸿音、白滨译注《天盛改旧新定律令》第287页，法律出版社2000年版。

[41]（宋）李焘《续资治通鉴长编》卷四五七，中华书局2004年版。

[42]（宋）李焘《续资治通鉴长编》卷一三二，中华书局2004年版。

[43] 主要的有《西夏的丝路贸易与钱币法》、《西夏法典中的货币》、《西夏货币制度概述》等篇。

[44] 史金波、聂鸿音、白滨译注《天盛改旧新定律令》第611页，法律出版社2000年版。

[45] 史金波、聂鸿音、白滨译注《天盛改旧新定律令》第547页，法律出版社2000年版。

[46]（清）徐松《宋会要辑稿·食货三十八·和市》，中华书局1957年版。

[47] 陈炳应《西夏文物研究》第291页，宁夏人民出版社1985年版。

[48]（宋）李焘《续资治通鉴长编》卷一六二，中华书局2004年版。

[49]（清）吴广成撰、龚世俊等校证《西夏书事校证》卷三六，甘肃文化出版社1995年版。

[50] 黎大祥《甘肃武威发现一批西夏银锭》，《中国钱币》1991年第4期。

[51] 王勇《西夏货币研究琐议》，李范文等编《首届西夏学国际学术会议论文集》第382页，宁夏人民出版社1998年版。

[52] 白秦川《武威出土银铤应为金代银铤》，《中国钱币》2005年第3期。

[53] 史金波、聂鸿音、白滨译注《天盛改旧新定律令》第287页，法律出版社2000年版。

[54] 张秀生《宁夏同心征集一方西夏官印》，《文物》1986年第11期。

[55] 陈炳应《新发现的西夏文物论述》，载《西夏文史论丛》（1）第127页，宁夏人民出版社1992年版。

[56] 李三《介绍三方西夏官印兼谈相关问题》，《文物》1990年第10期。

[57] 杨明、黄丽荣《新发现的西夏官印》，《固原师专学报》2001年第1期。

[58] 牛达生《揭开西夏官印之谜》，《宁夏社会科学》1983年第2期。

[59] 白滨《西夏官印、钱币、铜牌考》，《西夏文物》第21页，文物出版社1988年版。

[60] 李范文《西夏官印考释》，《宁夏社会科学》1982年创刊号。

[61] （宋）李焘《续资治通鉴长编》卷三五四，中华书局2004年版。

[62] 史金波、聂鸿音、白滨译注《天盛改旧新定律令》第358、359页，法律出版社2000年版。

[63] 古代玺印纽上穿孔，本为系绶佩带，并以纽绶的不同，"以别官职之尊卑，品级之高下"。后来官员坐堂办公，官印形制渐大，实际上已无佩带需要，穿孔遂失，印纽也变成印柄。

[64] 同［56］。

[65] 史金波、聂鸿音、白滨译注《天盛改旧新定律令》卷一二载"待命者内宫当值，不许于持铁箭过后放弃职事而往他处。"说明"铁箭"具有牌符功能，但至今未发现实物，其形制不明。法律出版社2000年版。

[66] （元）脱脱《宋史·夏国传上》，中华书局1977年版。

[67] （宋）李焘《续资治通鉴长编》卷三一二，中华书局2004年版。

[68] （宋）杜大珪《名臣碑传琬琰集·韩献肃公忠弼之碑》，赵铁寒主编《宋史资料萃编》（第2辑），文海出版社1969年版。

[69] 孙寿岭、黎大祥《甘肃武威市出土西夏银符牌》，《考古》2002年第4期。

[70] （宋）李焘《续资治通鉴长编》卷一一五，中华书局2004年版。同［66］。蹀躞，束带上的小饰物名称。

七　西夏寺庙和古塔

我国古代建筑，如东汉的阙、北魏的塔、隋代的桥、唐代的佛寺尚有保存至今者。与西夏同时的宋、辽、金有更多的建筑保存至今。西夏立国近两个世纪，在其境内兴建了许多宫殿、衙署、寺塔、驿舍、店铺、民居等。据载，景宗元昊除在贺兰山建有规模很大的"离宫"外，在都城兴庆府营造的宫殿，也是"逶迤数里，亭榭台池，并极其盛"[1]。除此以外，因西夏崇奉佛教，见之汉文文献、特别是 20 世纪出土的西夏佛经文献中的西夏寺庙，在宁夏境内的有兴庆府戒坛寺、承天寺、高台寺、海宝寺、大度民寺、贺兰山佛祖院、五台山寺、慈恩寺、奉天寺、劝圣寺等；在甘肃境内的有凉州护国寺、圣容寺、崇圣寺、张掖卧佛寺、崇庆寺、诱生寺、十字寺、禅定寺、大延寿寺、阿育王寺、众圣普化寺等。这些寺院翻译、刊刻佛教典籍，举办法会，弘扬佛法，对推广和传播佛教文化起了积极的作用。

然而，在 80 年代以前，学术界除知银川承天寺、张掖卧佛寺等几处为清代重建的西夏建筑外，并不知还有什么西夏建筑。

20 世纪 80 年代以来，经过宁夏文物部门的工作，彻底改变了这种对西夏建筑无知的状况。最先发现的是贺兰拜寺口双塔为"西夏原建"[2]，继而又发现同心韦州康济寺塔、青铜峡一〇八塔、贺兰潘昶宏佛塔、贺兰拜寺沟方塔等，也都是西夏古塔[3]。这些西夏古塔的发现，不仅填补了我国古代建筑的一个重要缺环，而且对于研究西夏社会历史和物质文化也有重要意义。

（一） 西夏寺庙

1. 西夏皇家寺院——银川承天寺

承天寺坐落在银川老城西南隅，是西夏的皇家寺院。《夏国皇太后新建承天寺瘗佛顶骨舍利碑铭》（简称《碑铭》）载，西夏开国皇帝李元昊死后，"承天顾命，册制临轩"的皇太后没藏氏，为保年满周岁就"幼登宸极"的毅宗李谅祚长治久安，于天祐垂圣元年（公元 1050 年），"大崇精舍，中立浮屠"，起建承天寺。福圣承道三年（公元 1055 年）竣工后，"好佛"的没藏氏，将宋朝所赐《大藏经》，"贮经其中，赐额承天，延回鹘僧登座演经"，没藏氏怀抱只有数岁的谅祚不时听讲[4]。承天寺是西夏第一座皇家寺院，是一座异常辉煌的寺院。

地震和战乱，是任何古代建筑都逃不脱的灾难，许多保存至今极有价值的古代建筑，或多或少改变了它原有的面貌，注入了后代的色彩。今天的承天寺也非昔日原制了。据明清方志记载，明初承天寺已毁，只剩"独塔一座"。明洪武、成化、万历年间，曾多次构筑殿宇佛阁，修饰寺塔，使"梵刹钟声"成为宁夏八景之一。现在为宁夏博物馆所在地。

现在的承天寺，坐西朝东，略呈长方形，东西 210、南北 115 米。寺分前后两院，前院是五佛殿、承天寺塔，后院是韦陀殿和卧佛殿。这些主要殿宇，都排列在中轴线上，从建筑风格判断，已是晚清建筑了。

西夏的承天寺塔，是一座雄浑的高十一层的楼阁式塔。据新建承天寺《碑铭》称，是"建塔之晨，崇基垒于碔砆（似玉之石），峻级增乎瓴甋。金棺银椁瘗其下，佛顶舍利闷其中"。意思是塔的高大基座，是用像玉石一样的石头垒砌起来的，逐级增高的塔身，是用砖头一层一层铺砌起来的。乾隆三年的银川八级地震，使这座古塔和寺院一同成为废墟，原塔的形制已难以确知。现在的塔是清嘉庆二十五年（公元1820年）重建的，是一座砖砌八角形的十一层楼阁式塔，桃形绿色琉璃塔顶，总高64.5米。宋代流行八角形塔，而明清方志称，承天寺塔是十一级的。这些片纸只字，说明现在的承天寺塔，保持了"西夏承天寺塔的基本结构和形制"[5]。承天寺塔的绿色桃形塔顶，与一般佛塔塔顶相轮、宝珠不同，却与广州伊斯兰教的圣怀寺塔顶相仿，似乎是受了伊斯兰教影响的结果。

2. 张掖卧佛寺

张掖向为"边徼重地"，形势险要。西夏未占领河西走廊之前，这里是甘州回鹘统治的中心，回鹘可汗的"牙帐"就设在这里。宋天圣六年（公元1028年），元昊攻破甘州，使这里成为西夏"制驭西蕃"、控制河西走廊的军事重镇。西夏建国后，改甘州为宣化府，并设镇夷郡王府，承担西夏对其他民族的宣抚安置之责。史载，西夏第七代皇帝安全，就曾任甘州镇夷郡王。

卧佛寺，坐落于张掖老城西南隅，因有大卧佛而得名。又名"弘仁寺"、"宝觉寺"、"大佛寺"、"睡佛寺"等。现在是张掖博物馆所在地。西夏崇宗永安元年（公元1098年），沙门嵬咩思能国师得"古涅槃佛像",遂建大寺供奉,定名"卧佛寺"[6]。永安二年,乾顺母梁太后卒,"辄供佛,为母祈福"[7]。贞观三年(公元1103年)崇宗乾顺赐额"卧佛"。

卧佛寺规模宏伟,塑像精美,是甘州佛事活动的中心。元初,马可波罗过甘州,在其著名的《游记》中,记述了当时的情况。甘州城内"庙宇甚多,内奉偶像不少。最大者高有十步,余像较小。有木雕者,有泥塑者,有石刻者。制作皆佳,外敷以金。诸像周围有数像极大,其势似向诸像作礼"[8]。约一个多世纪后的明初,帖木儿帝国访华使团路经甘州,又记述了甘州佛寺的宏伟:"甘州城中有一大寺,广长皆有五百公尺。中有一卧像,身长五十步,足长九步,足上周围有二十五公尺。像后头上置有其他偶像,各高一公尺上下不等。杂有喇嘛像,高与人身同。诸像制作甚佳,与生人无异。壁上亦置有其他卧像。此大卧像一手置头下,一手抚腿。像上敷金,人名之曰释迦牟尼佛。居民结群赴此寺中礼拜此像。……城中别有一寺,亦颇受人尊敬,内有一塔,……塔高二十公尺,周围十二公尺。全以木料建筑,外贴以金,全塔俨若金制。塔下有地窖。塔中有一铁柱,下承铁座,上接塔顶。此塔制作之工,可为世界之木工、铁工、画师取法也。"[9]

明代多次重修寺院佛像。明成祖敕赐"弘仁寺",明宣宗赐名"宝觉寺",明英宗时,曾入藏敕赐官版《大明三藏圣教北藏》三千五百八十四卷,有的保存至今,被已故中国佛教协会会长赵朴初称为"国家稀世之宝"。

明清之交,大佛寺惨遭浩劫,乾隆年间重建大佛殿,重妆卧佛金身。大佛寺坐西面东,由大佛殿、藏经阁、土塔三座建筑组成。寺门为三开间歇山顶建筑。院内大佛殿平面呈长方

形，为面阔九间、进深七间的重檐歇山顶建筑，宽 51.3 米，
深 26.7 米，甚为高大雄浑，为西北地区所少见。殿内卧佛，
身长 34.5 米，肩宽 7.5 米，木胎泥塑，金装彩绘，体态丰满，
神情自若。卧佛身后有阿南、迦叶等十大弟子，作沉痛举哀
状，形态各异，较为生动。大殿南北两侧为十八罗汉，四壁皆
有彩绘壁画。人们所关心的大佛，是否是西夏原物？据在卧佛
内发现的明万历十九年白铁牌铭文载，大夏崇宗皇帝，"始创
卧佛像，后兵燹之乱，旧像犹存。至我大明永乐年间，重建盈
完。于我成化十三年四月初一申时地震，佛首倾颓，……
（万历十九年）奉钦差镇守甘肃总兵官都督张臣等拜十方檀
信，合山僧象人等喜舍资财，重建佛像完备……"这则记载
说明"卧佛像只作过局部修整，基本上仍是西夏时物"[10]。

（二）西夏古塔

1. 贺兰拜寺沟方塔

拜寺沟是贺兰山东坡的山沟之一，在宁夏贺兰县境内，
东南距银川 50 公里。沟口为全国重点文物保护单位拜寺口双
塔。沟内有山泉流水。沿沟西行，有小路可通山后内蒙古阿
拉善左旗。方塔位于距沟口约 10 公里的贺兰山腹地。方塔史
志不载，不知创建所由，西夏名称早佚，因在拜寺沟，以沟
名塔形俗称为拜寺沟方塔。1984 年文物普查时，被误认为是
高十一层的明代建筑。1990 年冬，方塔被不法分子炸毁，成
为一片废墟。在现场调查时，发现墨书西夏文和汉文题记的
塔心柱，方知方塔是十分少见的西夏古塔，而且是唯一有明
确纪年的、建于惠宗大安二年（公元 1075 年）的西夏古塔，

也是现知西夏最早的古塔。方塔的破坏，造成了难以挽回的重大损失，令人愤慨，实在可惜，但却为解剖和认识西夏古塔提供了机会。

方塔区四面环山，中通溪流（现为干沟），林木茂盛，景色宜人。方塔处海拔 1996 米。这里形如枣核，东西约 700、南北最宽处约 300 米，是拜寺沟内最宽展的地方。洪沟南北台地上，有大面积的西夏遗址，砖瓦建筑材料俯拾即是。塔后山腰有两个做禅窟使用的自然岩洞，岩洞前有坚固的石砌护壁。方塔原来就坐落在沟北靠山的一个台地上。

1991 年 8—9 月，经国家文物局批准，宁夏考古部门对方塔废墟进行了清理发掘，并于 2005 年出版了考古报告《拜寺沟西夏方塔》[11]。这次发掘，出土了一批珍贵的西夏文物、文书，其中有丝织品、西夏文木牌、木刀、铜铎、麻绳、草绳、舍利子、小泥佛、小泥塔、钱币等，最为重要的当数十种西夏文、汉文文书，这是建国后出土西夏文献最多的一次。经笔者研究，西夏文佛经《吉祥遍至口和本续》，是现存我国、也是世界上最早的木活字版印本实物，并经文化部鉴定确认。与此同时，也搞清了方塔的基本建筑结构。

方塔背山面水（沟），平面方形，底层边宽 6.8 米，地面现存十一层，高约 30 多米。塔腰出檐，为密檐式塔。经发掘得知，西夏时期的地面在距地表 7 米以下。地面上的第一层，实为原塔的第三层。方塔原是一座平面方形、高十三层的密檐式砖塔。从塔体四周皆为泥沙巨石堆积，又从堆积层中发现"乾隆元宝"，得知为清代以来，不时出现的暴雨和泥石流将方塔下二层掩埋。清理出的下二层，由于历年山洪积石的碰撞，使塔壁凹凸不平，每块壁砖皆被磨去棱角，一层塔檐不存，与二层界限已难以界定。

根据发掘资料，参照原拍照片，我们对方塔原构进行了推定。兹将其构筑方法简述如下：

（1）塔基：一般说来，山间古塔多建在山体基岩上。而方塔不同，塔基是用毛石和黄泥浆堆砌而成。塔基中心筑有立塔心柱的圆坑，圆坑是堆砌塔基时预留的。圆坑上部横置中有圆孔的用以固定塔心柱的大栿。塔身直接从塔基上筑起，不设基座。另外，在发掘中，我们十分希望能发现一个类似陕西法门寺塔的地宫，但事实证明，塔基内没有地宫类构造。

（2）塔心柱：就地取材，用松木做成，有圆形和八角形两种。圆形的较粗，用于塔身下段，八角形的较细，用于塔身上段。柱头两端均有榫卯结构。塔心柱从塔基圆坑内立起，穿过横置于塔基圆坑和各层塔心室上的大栿，从下到上直贯塔顶。塔心柱之间的连接，有的在塔体内榫卯相接，有的在大栿圆孔内交会相接。这种塔心柱从下到上直贯塔顶的做法，“国内实例已不存在了”[12]，所以是国内古塔中是仅有的一例。

（3）塔身和塔心室：以塔心柱为中心，围绕塔心柱采用满堂砖砌法，表里内外，层层铺砌。砌砖基本上是一顺一丁，以黄土泥为浆，交错压茬而砌，每层叠涩出檐，并作出悬挂铃铎的檐角。第一层特高，第二层以上各层的高度和宽度逐层递减收缩。在第三、十和十二层，皆构筑方形塔心室。塔心室顶部用大栿和板木棚顶，塔心柱从塔心室和大栿中穿过。出土文物原来就藏在上两层塔心室中，以作供养。

（4）塔壁装饰：四壁抹白灰皮，并有彩绘。壁面残留彩绘，有二至四层之多。表层彩绘的是日月、兽面、流苏；下层应为原始彩绘，为立柱、额枋等。需要补充的是，从清理结果

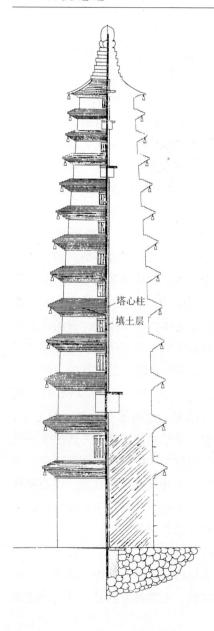

塔心柱
填土层

图二三　贺兰拜寺沟方
塔复原示意图

和照片分析，南壁正中除第三、十和十二层为塔心室方形出口外，其余各层以柱枋斗栱分成三间格局，当心间为凹下去的方形直棂假窗，次间绘物情况不明。而后三壁则不见直棂假窗的痕迹。所绘木构件由立柱、由额、栏额、栌斗和柱头枋组成，全部朱绘，直棂窗亦为朱绘。塔心柱题记有"缠腰彩塑佛画"，说明方塔原有塑像和壁画，可惜由于方塔的破坏，这些"彩塑佛画"已永远消失了。有人将直棂窗说成"佛龛"，显然是错误的。这种只有窗没有门的做法，是唐宋古塔中所没有的，当是古塔壁面装饰的孤例。

（5）塔刹：塔刹早年被毁，估计其形状似应为唐宋时期北方古塔多见的相轮式。塔心柱的最上端即为塔刹刹杆。

方塔是一座颇具特色的古塔建筑，是我国最早的方形高层实心塔，是现知国内唯一塔心柱贯通塔身的塔，也是少见的塔壁装饰只有窗没有门的塔[13]。

根据以上对方塔构筑方法的描述，我们绘制了"拜寺沟方塔原构推定示意图"（图二三）。这里的"原构推定"，不同于建筑设计，只是粗线条的勾勒，其中难免有描绘不够准确之处。笔者认为，随着社会经济和文物旅游事业的发展，这座具有重要价值的千年古塔，必然会得到重建，并重新矗立于贺兰山中。

2. 贺兰拜寺口双塔

双塔矗立于拜寺口沟口北边的台地上，东西对峙，相距约80米。塔下及周围有大面积的西夏建筑遗址。这里背靠大山，面向银川平原，海拔在1380—1400米之间。80年代初，笔者对双塔进行了考察，并著文证明其为西夏所建[14]。1986年，宁夏文物部门对双塔进行了加固维修，使其焕然一新，并有报告发表[15]。1988 年，双塔被公布为全国重点文物保护单位。

（1）双塔为西夏建筑的依据。耸立在沟口的双塔建于何时，史志中无一字提及。我们在考察双塔时，碰到的第一个问题是，假定其为西夏古塔，如何能躲过清乾隆三年（公元1739 年）的银川、平罗八级地震。这次地震给震中及附近地区造成极其严重的破坏[16]。距震中只有三四十里的拜寺口双塔怎能幸免？

原来，乾隆三年地震，并未将方塔震倒。据地震部门研究，"贺兰山东麓断裂带的中段，由数条断裂组成，排成向东逐级下掉的阶梯状"[17]。正是由于这种向东逐级下掉的阶梯，沿黄河一线的银川、平罗之间，虽是破坏极为严重的 10°区，但向西破坏程度很快减弱，到贺兰山东麓时，已成为破坏程度不太严重的 6°—7°区了（此次地震，西安、太原也是 6°—7°区），从而大大减弱了这次地震对两座古塔的冲击力。银川西夏陵高耸的塔式陵台、一列列神墙以及沿贺兰山一线的明代长城，都是夯土所筑，并不比双塔坚固多少，虽经地震仍然完好。这也为拜寺口双塔未被震倒提供了有力的佐证。拜寺口两座古塔，平面呈正八边形钝角，断面呈中心对称，塔身高度适当，总体来说，其抗震性能应相对较强。虽然如此，这次地震毕竟是罕见的一次特大地震，塔体还是被震出很大的裂缝，部分砌体松动错位，塔刹残损。

我们在研究中，还排除了它是元明建筑的可能性。在明《万历朔方新志》"宁夏镇北路图"中的贺兰山拜寺口处，绘有两座佛塔和一座小庙的图形，这是我们找到的唯一的纸上资料。它是明代官员在绘制宁夏镇北路军事地图时，作为重要地物标志绘上去的。这个资料说明，明以前这两座古塔就已存在。另外，元朝皇族曾在泰定四年（公元1327年）"修佛事于贺兰山及诸行宫"[18]。但只是说"修佛事"，并未说建佛塔与宫殿。元代盛行喇嘛塔，极少高层的砖塔。这也说明它并非元代所建。

我们还找到另外的依据证明它是西夏所建：在西塔第九层正东塔檐上放置一个绿色琉璃套兽。它与西夏陵出土的套兽，在形状、大小、色泽上完全一致。该塔檐角上，尚有残留之木质角梁。从塔的结构上看，这肯定是檐角上的套兽。据分析，这个套兽是有人在残破的角梁上小心取下放到塔檐上边的。西塔十一层正东佛龛左上角，还发现了西夏文"任□□"三字，更证明双塔为西夏所建。

西夏以后，元明清三代在贺兰山没有大型建筑。这是与宁夏政治地位的衰落联系在一起的。西夏期间，作为都城一侧的贺兰山，一度是非常繁荣的。然而，成吉思汗征服西夏的战争，使这曾经繁荣的地带变成一片废墟。西夏都城兴庆府惨遭浩劫，"其民穿凿土石，以避锋镝，免者百无一二，白骨蔽野"[19]。西夏陵和贺兰山"离宫"付之一炬，拜寺口的建筑也不会例外。西夏之后，兴庆府失去了昔日都城的政治地位，宁夏成了边远地区，人们再也没有力量在贺兰山大兴土木了。

（2）双塔建筑结构。拜寺口东西两塔，都是正八边形、高十三级的密檐式砖塔。两塔都具有直起平地、不设基座、厚壁空心的特点；都是底层特高，壁面平素无饰；二层以上各层，都有精致的影塑及彩绘装饰图案。但两塔的细部处理，颇有差异、各具千秋。

东塔：塔底用自然石块砌筑，露出地面约30厘米，很不规整。底层每边长2.9、平面直径7.24米。塔身残高约35米，从底层到顶层，仅有五度收分，呈直线锥体，显得挺拔有力。塔身上敷白灰，但大部分脱落，露出砖体。每层叠涩出檐，上承平座。腰檐和平座的砖，有的敷黄色，有的敷红色，棱角牙子或敷红色，或敷青色，红黄辉映，青红相间，增加了塔身的美感，可惜大部分已经脱落。塔顶上砌成八角形平座，每角置一个圆形饰物，平座中间为圆形刹座，上承"十三天"宝刹，现残存九层，顶上露出二砖高的铁质圆形刹杆。

底层正南为券门，高 2.2、宽 0.7、深 2.1 米，甚为窄小。从门洞残毁部分看，塔身全部用砖实砌。砖的规格不一，有 38×19×7 厘米的，有 39×19×6 厘米的，主要是 36×18×6.5 厘米的。砌砖用黄土泥浆，泥质坚硬如石，可能加有某种物质。从券门入塔，塔内呈圆锥形空筒，由于塔壁很厚，底层直径仅 2.8 米，空间很小。塔身第三层正南、正北，第四层西南，第七层正东，第九层正东、正南、正西、正北，第十二层正西，各有一个圆拱形明窗，分布塔身上下，可以透光。第一层楼板尚存，楼板西侧开方形梯口，沿木梯可上（木梯已不存）。通过梯口往上观察，在塔壁里侧的相应部位，筑出放置楼板的台面。据此判断，原塔是可以攀登的。

西塔：塔底每边长 3.2、直径 8.4 米。塔身残高约 36 米，比东塔较为粗壮高大。塔身下九层收分不大，十层以上急骤收回，使塔身外壁的轮廓线更为协调秀美。塔身每层皆叠涩出檐，腰檐上部做出瓦垄勾头，勾头为宝珠形，有的为一珠，有的为三珠，比普通瓦当大，增强了塔檐的装饰效果。塔顶上承八角形须弥刹座，须弥座束腰上部为一周彩绘仰莲瓣。束腰八个转角处各置圆塑跪坐的护法力士一尊。力士面相浑圆，裸体挺腹，双腿屈跪，背负刹座，魁梧有力。刹座上承"十三天"，现残存十一层。

第一层正南有券门，券洞高1.70、宽0.5、深2.85米，甚为狭小。从门洞入塔，塔室上下贯通，呈圆锥形空间。从下向上仰视，下部为一字横梁，其上至少有五层十字横梁，按一定位置均匀交错置于塔室内壁。由于塔壁很厚，塔室很小，底层直径仅2.05米。塔室后壁置一半圆形佛龛，高60、深65厘米。佛像早年被毁。塔壁无窗洞，室内昏暗无光。塔体用砖实砌，黄泥作浆。砖的规格为36×18×6.5厘米，大小稍有参差。

维修时，在塔刹须弥座内部发现一圆形攒尖顶密室，直径、高皆2米。塔心柱从中穿过。环壁横排朱书梵文七行，另有墨书西夏文两字，汉译为"上师"。内藏夏元文物多件，有钱币"大朝通宝"、纸币"中统元宝交钞"、木桌、木椅、木花瓶、绢花、印花绸、铜佛像等，还有绢质彩绘大师像、藏传佛教的绢质彩绘上乐金刚双身像和木雕上乐金刚双身像等。这些文物都异常珍贵，有重要的研究价值。

（3）双塔建筑装饰。东塔的外壁，第二层以上，每层每面都有影塑兽面和彩绘图案。兽面两个，左右并列，鼓目圆睁，獠牙外露，十分威猛。兽面嘴下布满彩绘红色串珠。两个兽面之间，是彩绘云托日月图案。圆形太阳已变为青色，半月和云朵用朱红勾画，线条流畅明快。塔壁转角处是影塑火焰宝珠图案。这种影塑和彩绘相结合的构图方法，在古塔装饰上甚属少见。现在，影塑兽面大部分脱落，残留者约1/3。彩绘图案脱落更多，残留者仅四五组。

西塔影塑彩绘，远比东塔丰富。第二层以上，每层每面皆有影塑佛龛一组。另外兽面和装饰图案都是彩色影塑，而不是画上的。影塑佛龛为一竖置的长方形，下凹约半砖，置于壁面中心，第二层佛龛高宽约 70×45 厘米，二层以上依据壁面缩小相应有所缩小。龛边画暗绿色边框，龛边里侧涂赤红色，龛内为影塑佛像。佛龛外两边各一影塑兽面，兽面口含联珠流苏七串，呈八字形下垂。塔壁转角处有两种影塑图案，单层为火焰宝珠纹，双层为云托日月纹。这些彩绘影塑佛像和装饰图案，布满整个塔身，将古塔装扮得绚丽多彩，美好壮观。彩绘多用青绿，间有朱红，惜大部脱落。

佛龛中的影塑造像，是影塑中最为重要、最有价值的部分。除底层素面外，从第二至十三层应有九十六个佛龛，现残存影塑造像约六十尊。第二层全毁；第三、四两层为身着袈裟的立僧；第五、六两层为罗汉坐像；第七、九两层为护法金刚；第八层为化生童子；第十、十一两层为供养菩萨；第十二层东龛为供养男子，右上侧有三个西夏文字，首字为族姓，汉译为"任"字，其余七龛为宝象、宝马、宝珠、宝瓶等七宝；第十三层为宝轮、盘肠、宝罐、宝伞、宝鱼、宝花等八吉祥（两龛残毁，似应为宝螺、宝盖）。这些影塑造像，千姿百态，造型奇特。其中第三、四两层立僧，有眉骨隆起、拄杖倚立的老者；有眉目清秀、神情潇洒的壮者（图二四）。第五、六两层的罗汉，随意安坐，舒坦自如，有的瞑目沉思，有的抬头远视，有的笑容满面，有的慈祥可爱，具有强烈的生活气息。第七、九两层的护法金刚，头戴扇形宝冠，手执法器，披巾绕身，身材粗壮，威武有力；而第十、十一两层的供养菩萨，则是宽身细腰，手托供物，双腿屈曲，似在舞动。这些造像中，立僧和罗汉与内地佛像似无差异，而护法金刚和供养菩萨，则有浓郁的藏传佛教色彩。这种造像在北方地区，特别是在内地

图二四　贺兰拜寺口双塔影塑

古塔上十分少见。佛龛中的造像,与辽金佛塔上的造像风格完全不同。塔身上兽面放置的位置及兽面数量之多,也为唐宋辽金佛塔所无,体现了西夏佛塔的特点。

3. 贺兰宏佛塔

宏佛塔俗称"王澄塔",坐落在贺兰县潘昶乡的一座寺庙遗址内,西南距贺兰县城约 9 公里。史志未载,不知始建所由。受地震和风雨侵蚀的影响,塔基下陷,塔体八面裂缝,塔刹残损,砌砖松动错位,塔体倾斜 7°。经国家文物局批准,1990 年,逐层落架拆除,1991 年,按原状重砌修复,面貌一新,并有报告发表[20]。

宏佛塔既非常见的楼阁式塔,也非密檐式塔,而是一座类似花塔的复合式塔。所谓花塔,是从亭阁式塔与楼阁式塔中创造出来的。它的下层或是亭式,或是楼阁式,上层有的筑成巨大的莲花,有的密布佛龛,有的为其他装饰,看上去比较华丽。花塔始创于唐代,成熟于辽金时期,元代以后极为少见,保存数量很少,是"一种值得重视的古塔类型"[21]。

宏佛塔由下部的楼阁式塔和上部的覆钵式塔组成,总高 28.34 米。塔基由黄土、残瓦交错夯筑,方形,边长 11.5 米,厚 1.5 米,共十三层,夯打十分结实。残瓦层主要是灰陶、红陶板瓦和筒瓦,绿色琉璃饰件也不少。地基中部,有一椭圆形土坑,上大下小,直径 2—3.5 米左右,深 1.8 米,原有积水,被群众认为是"天眼"。坑底出土小泥塔十多件。

下部楼阁式塔由三层组成,有收分,平面八角形,底层正面设门,通高 15.81 米。每层由塔身、塔檐、平座组成。塔身壁面涂抹白灰皮,有两层,隐约可见用绿色线条勾勒出的直棂窗、隔扇门。塔檐由仿木结构的阑额、普柏枋、砖雕柱子及一

斗三升交麻叶式斗栱组成。栱上施红、绿彩绘；转角处为一
垛，补间为二垛。栱眼壁上残留彩绘草叶纹，多模糊不清。斗
栱上承叠涩塔檐，塔檐之上为平座。平座由柱子、阑额、普柏
枋、一斗三升交麻叶式斗栱及平座栏杆组成。这种砖砌仿木结
构，在西夏古塔中比较少见，为研究西夏木构建筑提供了实物
资料。

上部覆钵式塔，残高12.53、底部直径8.57米。分底座、
塔身、塔刹三部分组成。底座为三层十字折角形，其上为圆形
束腰须弥座，座上为圆形覆钵。塔刹仅存刹座和相轮两层，残
高2.66、底部直径3.65米。

落架拆卸时，在覆钵式塔身上部，发现梯形天宫，边长
2.2、高1.65米。有木质塔心柱从天宫中通过。室内堆满文
物，多已残损：泥质的有彩塑佛头、罗汉、力士等；木质的有
烧焦的西夏文雕版残块（图二五），彩绘木雕菩萨像、木雕供
养天女、覆钵式小木塔、西夏文木简等；绢质的有彩绘上乐金

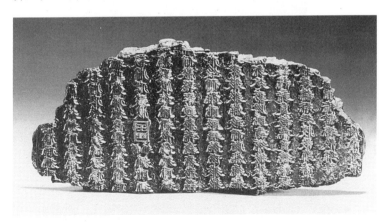

图二五 贺兰宏佛塔出土西夏文雕版

图二六　贺兰宏佛塔出土绢质上乐金刚唐卡

刚唐卡（图二六）、千佛像、炽盛光佛、护法神像、千手观音、大日如来、接引佛、菩萨坐像、八塔相图、墨书幡带等，还有道教的玄武大帝；纸质的有西夏文《番汉合时掌中珠》残片、墨书西夏文残页等；此外还有小泥塔、北宋钱币等。其中不少如雕版、唐卡等多是第一次面世的西夏文物，十分珍贵，被国家文物局评为 1991 年全国十大考古发现之一。

4. 青铜峡一〇八塔

一〇八塔位于青铜峡市峡口镇，因有一百零八座喇嘛塔而得名。这里两山对峙，黄河从中穿过，地形险要。一〇八塔即坐落于黄河西岸面东的坡地上，其北为高耸的青铜峡水电站，其下为青铜峡水库。该塔不知创建所由，明代方志已称其为"古塔"[22]。传说为"穆桂英点将台"，诸塔为穆桂英摆的"天门阵"。1963 年，为配合水电站建设，在塔群下河滩地上发掘小墓两座，其中 2 号墓出土了珍贵的西夏绢本千佛图两幅。1987 年和 1988 年，经国家文物局批准进行了彻底的清理维修。因塔内出土砖雕佛像、西夏文佛经残页、小泥塔和绢本千佛图等为西夏文物，一〇八塔被定为西夏所建。有的塔中，还出土了陶制天盘、塔刹，为塔的复原提供了实物资料。1988 年，此塔被公布为全国重点文物保护单位。

一〇八塔随山势凿石分阶而建，有阶梯式护坡平台十二级，由上而下逐层加宽，平面布局呈等边三角形，是组合奇特的大型塔群。每级塔数，依次按一、三、三、五、五、七、九、十一、十三、十五、十七、十九排列，精整有序，蔚为壮观（图二七）。第一级平台长 12.2、宽 8.1、高 3.07 米；最下第十二级平台长 54、宽 5.6、高 5 米。护坡平台总高 31.63、底边总宽 54 米[23]。最上一层塔后，有晚期修建的小庙一座。

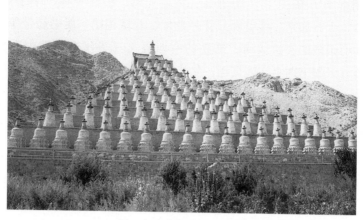

图二七　青铜峡一〇八塔

一〇八塔经历代修葺，皆先用残砖包砌一层，再用数层草泥、白灰泥包裹，致使诸塔多失原制，外形基本雷同，平面圆形，上小下大，略似古钟。维修时，剥去外层包裹，始显出原有形制。西夏原塔，皆为土坯砌筑，外抹草泥一层，草泥上又有三层白灰皮，后二层似应为维修时所加。土坯规格有 28 × 15 × 5 厘米、30 × 14 × 5 厘米、30 × 16 × 4 厘米三种。塔体中心，多有木质塔心柱。白灰皮上残留硃砂彩绘，在塔座与塔身之间，勾勒出仰覆莲瓣，色彩厚重。

每座小塔，皆由塔座、塔身、塔刹组成。在一百零八座塔中，最上层的001号塔比较特殊，在塔座正面有较深的拱形小佛龛，其余一百零七塔，皆为实心塔。001号塔比较高大，残高4.94、底径2.6米；其余一百零七座塔，由上至下，大体逐层增高增大，一般残高1.52—2.74、底径1.89—2.1米。其形制多有变化，基座有十字折角形和八角形两种。塔身有覆钵、葫芦、覆钟、折腹四种形式。

覆钵式：建在十字折角束腰须弥塔座上。此种塔式有二十座，为第一排的 001 号，和最下一排的 090—108 号。以 099 号为例，残通高 2.74 米，其中，须弥座宽 2.1、高 0.86 米；腹部微向内收的覆钵式塔身高 1.12 米；残存的圆筒状塔刹残高 0.76 米。

葫芦式：建在八角形束腰须弥塔座上。有二十三座，为第二至六排的 002—024 号。以 015 号为例，残通高 2.47 米，其中，八角形塔座直径 1.91、高 0.99 米；圆形葫芦塔身，高 1.2 米；残存的圆形塔刹刹座，残高 0.28 米。

覆钟式：建在八角形束腰须弥塔座上。有九座，为第七排的 025—033 号。以 029 号为例，残通高 2.36 米，其中，八角形塔座直径 1.93、高 0.89 米；塔身肩部微收，形如倒扣之钟，高 1.17 米；残存的圆形塔刹刹座残高 0.29 米。

折腹式：建在八角形束腰须弥塔座上。此式最多，有五十六座，为第八至十一排的 034—089 号。此式塔座较上三式较矮，高仅半米左右。以 039 号为例，残通高 2.13 米，其中，八角形塔座直径 1.89、高 0.46 米；塔身高 1.27 米，至 46 厘米处，内收 10 厘米，形成一圈折棱；残存的圆形塔刹残高 0.4 米。

一百零八本为佛教烦恼之数。为驱除烦恼，求得吉祥，数珠要数一百零八颗，暮鼓晨钟要敲一百零八响，念佛要念一百零八遍。另外，还有一百零八尊法身之说，其根据是佛经《金刚顶经毗庐遮那一百零八尊法身契印》。在大量出土的小泥塔（擦擦）中，90% 以上为一〇八塔塔式[24]，即在塔体上，模印四层一百零八个小塔。据研究，我国内地有塔林，如河南少林寺塔林、风穴寺塔林等，但无一百零八之数。一〇八塔在西藏比较多见，但皆为横排，也不对称。等腰三角形排列的一〇八塔，仅有宁夏青铜峡一处。所以如此建筑，或许是地形所限，更可能是佛教思想和传统对称思维模式相结合，在佛塔建筑中的应用和体现。

5. 贺兰拜寺口北寺塔群遗址

拜寺口南北两侧地势较为平缓，其上分布着大面积的西夏建筑遗址，地表砖瓦随处可见，居民俗称"南寺"和"北寺"。拜寺口双塔就在北寺的范围之内，塔群就在双塔北边的坡地上，常年杂草丛生，并未引人关注。1999年，宁夏文物部门在清理双塔院内环境时被意外发现。同年，经报国家文物局批准，清理出小型塔基六十二座，出土小泥塔、小泥佛、陶质佛像、供养人像、残瓷片、建筑构件、宋代钱币等文物一批，并发表了简报[25]。这里原是一处罕见的大型塔群。

塔群遗址在一个山坡上，坡度23°，上下长约90、左右最宽处约70、高差约28米。残塔呈阶梯式分布，从上到下有十一级平台。为防止台面的倾塌，在每级台面前筑有高低不等的石砌护壁，但多已塌毁不存。每级平台塔数不等，分布不够均匀，也不对称，比较杂乱。最上一级一座，最多的一级十一座，最下一级只有二座。塔基塌毁严重，有的只存半边，最高者不足0.5米。

残塔遗迹有塔座、塔心室等。塔座的平面布局有三种形式：十字折角、八角和方形。其以十字折角形为主，有五十四座之多。有的还可看出有束腰，说明塔座为十字折角形须弥座。塔的基本结构为"土筑"，其中十六座在土心的四面包砖，有的仅包在折角处。塔壁皆抹白灰泥，半数有赭红彩绘，有的绘壸门，有的绘卷云纹、S纹等，还有的在束腰处写梵文

"种字"，也为红色。在遗址中，还发现了原在塔顶上的宝盖、宝瓶和覆钵式塔肚的残块，说明原塔为十字折角须弥座覆钵式塔。这种塔流行于藏地，是藏传佛教最常见的塔式。

在六十二座塔基中，有十三座残留塔心室。其中五座为圆形，六座为长方形，二座为方形，用砖和条石围成，大小不等。塔心室中装有"擦擦"（即小泥塔、小泥佛）、骨灰及未烧尽的人骨，说明这些塔基原为埋葬僧侣的墓塔。这些僧侣，可能就是这一带寺庙的僧人。

6. 永昌圣容寺双塔

圣容寺双塔，位于永昌县北海子河谷南北两侧的山冈上。河谷间，有建筑遗址及堆积很厚的文化层。据史金波先生考察，认为是西夏圣容寺遗址。两塔皆为七级密檐式塔，出檐深远，正壁有象征性门洞，形制相同；但高低略有差异，南岗上的高些，北岗上的矮些。著名古建专家罗哲文先生认为该塔具有"唐代风格"，是"甘肃境内最早的一座古塔"[26]。

另外，被认为是西夏的塔，还有同心县韦州康济寺塔及中宁县鸣沙安庆寺塔等。据载，皆始建于西夏，但又为后世重修，多失原制，故暂不论。

（三）西夏建筑的特点

上述西夏古建，寺庙建筑多为后代重建，已非原制，只有方塔等数塔，仍为难得的西夏原建，故以古塔为例，略谈西夏建筑的特点。

我国古塔建筑的布局和结构，因时代的不同而有所变化。最早的古塔，受传统高层楼阁建筑的影响，多为方形木塔。到了唐代，虽已多为砖塔，仍以方形为主。但是在长期的建塔实践中，从抗震的角度出发，钝角和圆角比锐角抗震能力强，于是出现了正六边形、正八边形的塔。宋代（包括辽金）盛行的正是正八边形塔。各个时代，在塔的结构和细部处理上，也有许多不同。这些不同点，在古塔断代上也有重要意义。上述诸塔，特别是拜寺沟方塔、拜寺口双塔，显示了比较多的唐代的特点。如塔身直接建在塔基上，不设基座；淌缝不用白灰，而是用黄泥作浆；第一层特高，且平素无饰，第二层以上，相应收缩；叠涩出檐短促，壁面装饰简洁朴素；方塔还保留了盛行于唐代的直棂窗，保留了唐代的方形结构等。而宏佛塔和青铜峡的一〇八塔，则是具有独创性的古塔建筑，在建筑史上具有重要地位，也显示了西夏人民的创造精神。

西夏古塔建筑多受中原文化影响，是有其深刻的历史原因和社会原因的。唐初到宋初的几个世纪中，从西藏高原东部地区迁徙到西北地区的党项族人民，长期与汉族相濡杂处，在生产方式和生活方式上，因受汉族的影响而多有变化。而党项李氏贵族，在唐、五代及宋初，都是世世为官、代代封爵的官宦家庭，更是深受中原文化的影响。随着时代的变迁，建立西夏王朝的党项贵族，政治上不能不接受宋朝的影响，"设官之制，多与宋同"，而在工艺技巧方面，因远离中原文化中心，则比较保守落后，保留了更多唐代的东西。方塔建于西夏初期，其所受唐代的影响更为浓烈。双塔的基本形制为正八边形。这是宋辽金古塔建筑的普遍形式。而密檐式塔却是当时盛行于北方的塔式。所以综上所述，西夏建筑的特点是"杂用唐宋，兼而有之"。

注　释

[1]（清）吴广成撰、龚世俊等校证《西夏书事校证》卷一八，甘肃文化出版社1995年版。

[2]牛达生《宁夏贺兰山拜寺口西夏古塔》，《考古与文物》1986年第1期。牛达生《再论贺兰山拜寺口古塔为西夏原建》，《考古与文物》1987年第1期。

[3]见宁夏文物管理委员会编《中国古代建筑·西夏佛塔》，文物出版社1995年版。

[4]（清）吴广成撰、龚世俊等校证《西夏书事校证》卷一九，甘肃文化出版社1995年版。

[5]牛达生《漫话承天寺》，《宁夏文艺》1980年第1期。

[6]（清）钟赓起修纂《甘州府志》卷一三，乾隆年间刊本。

[7]（清）吴广成撰、龚世俊等校证《西夏书事校证》卷三一，甘肃文化出版社1995年版。

[8]冯承钧译、党宝海新注《马可波罗行纪》，河北人民出版社1999年版。

[9]盖耶速丁著、何高济译《沙哈鲁遣使中国记》，中华书局1981年版。沙哈鲁为帖木儿帝国的君主，在位时与明朝通使不绝。公元1419年派使团出使中国路经甘州，盖耶速丁为随团画师。

[10]陈炳应《西夏文物研究》第65页，宁夏人民出版社1985年版。

[11]宁夏文物考古研究所《拜寺沟西夏方塔》，文物出版社2005年版。

[12]张驭寰《古建筑勘查与探究》第296页，江苏古籍出版社1988年版。

[13]牛达生《拜寺沟方塔原构推定及其建筑特点》，《国家图书馆学刊·西夏研究专号》（2002年增刊）。

[14]同[2]。

[15]同[3]。双塔经过加固维修，重建了塔刹，加筑了塔座，增补了塔身所缺影塑、彩绘，使其面貌一新，但难免有失原制。本文所述，皆为笔者考察所得，部分数据，参考了该书。

[16]关于这次地震，《乾隆实录》、《故宫档案》、乾隆《宁夏府志》、乾隆《银川小志》等，都有详细记载。所有"庙宇、衙署、兵民房屋，倒塌无存"，连最坚固的夯土砖包城垣，也皆"倒塌"，死亡总数五万人以上，使"昔日繁庶之所，竟成瓦砾之场"。

[17]廖玉华等《贺兰山东麓活动断裂带的初步探讨》，《中国活动断裂》，地震出版社1982年版。

[18]（明）宋濂《元史·泰定帝纪》，中华书局1976年版。

[19] （明）胡汝砺《弘治宁夏新志》卷六，宁夏博物馆抄本，原本藏宁波天一阁。

[20] 见宁夏文物管理委员会编《中国古代建筑·西夏佛塔》，文物出版社 1995 年版。

[21] 罗哲文《罗哲文古建筑文集》第 125 页，文物出版社 1998 年版。

[22] 《大明一统志》卷三七载，峡口山"两山相夹，黄河流经其中，一名青铜峡。上有古塔一百零八座"。三秦出版社 1990 年版。

[23] 宁夏文物管理委员会编《中国古代建筑·西夏佛塔》第 103、104 页，文物出版社 1995 年版。本节数据，皆引自该文。

[24] 牛达生《方塔出土小泥佛、小泥塔及汉地是物研究》，《拜寺沟西夏方塔》第 393 页，文物出版社 2005 年版。

[25] 宁夏文物考古研究所、贺兰县文化局《宁夏贺兰县拜寺口北寺塔群遗址的清理》，《考古》2002 年第 8 期。

[26] 转引自《中国古代建筑·西夏佛塔》第 19 页，文物出版社 1995 年版。

八　西夏石窟

　　西夏石窟的研究，在20世纪60年代以前还无从谈起。在敦煌莫高窟、安西榆林窟的五百多个石窟中，被"判明"为西夏时期的仅有七窟。其他石窟中有无西夏洞窟更无从谈起。西夏石窟的调查研究是从60年代中期开始的。当时有关专家从莫高、榆林两窟中，初步认定八十多个西夏窟，并分为早中晚三期。70年代以来，又在河西走廊的安西东千佛洞、武威天梯山、酒泉文殊山、肃北五个庙、景泰五福寺等地的石窟，以及宁夏银川山嘴沟石窟、内蒙古鄂托克旗百眼窑相继发现了西夏洞窟和壁画。而在这些石窟中，安西东千佛洞是仅有的开凿于西夏时期的石窟。这些发现和研究成果，大大丰富了西夏石窟的数量和内涵。但在诸石窟中，仍以莫高、榆林两窟的西夏洞窟数量最多，壁画规模最大，保存最为完整系统。

（一）敦煌莫高窟中的西夏洞窟

　　莫高窟自前秦建元二年（公元366年）在鸣沙山的崖体上开凿以来，历经北凉、北魏、西魏、北周、隋、唐、五代、宋、西夏、元近千年的连续修建，形成内容丰富、形制多样的巨大石窟群。已经编号的洞窟有七百三十五个（内含新增北区洞窟二百四十三个），壁画约45000平方米，彩塑约二千身。

石窟艺术随着时代的发展和佛教的演化，不断变换着格局和题材。敦煌石窟是一个巨大的艺术宝库。1961年被公布为第一批全国重点文物保护单位。1987年被联合国教科文组织世界遗产委员会列入"世界文化遗产名录"。

1964年，敦煌文物研究所和中国社会科学院民族研究所合作，对莫高、榆林二窟的西夏石窟，进行了有史以来的一次专门调查。敦煌文物研究所所长常书鸿、西夏学者王静如、考古学家宿白以及史金波、白滨、陈炳应、李承仙、刘玉权、万庚育诸先生，开展调查工作，并酌定莫高窟有七十七个，榆林窟有十一个是西夏时期新凿和重修的[1]，改变了西夏石窟无从谈起的局面，使西夏石窟具有了一定规模。1963—1980年期间，两次大面积的窟前遗址发掘，又新发现491号窟为西夏洞窟[2]。80年代末以来，随着研究的深入，刘玉权先生认为，西夏时期回鹘部落遍布河西走廊，东有甘州回鹘，西有高昌回鹘、龟兹回鹘，沙州有沙州回鹘。在敦煌石窟中，也应有西夏时期的回鹘洞窟。于是他将莫高、榆林两窟中的西夏洞窟作了调整，从西夏窟中划分出二十三个西夏时期的回鹘洞窟，同时还将东千佛洞、五个庙的洞窟也作了调整[3]。将西夏洞窟由原来的三期改为前后两期。将著名的过去认为是"西夏王"的供养画像，也改为"回鹘王"。从而使西夏洞窟的分期更为科学，更符合历史实际[4]。另外，1988—1995年，在莫高窟北区发掘出的二百四十三个石窟中，又有四十个西夏时期的僧房窟、禅窟、瘗窟[5]。西夏石窟是具有浓郁的民族和地方特色的艺术遗产。它上承唐宋，下启元代，延续近两个世纪，在我国石窟艺术中占有一定的地位。

调整后的西夏洞窟（不包括新发现的僧房等窟）包括两

部分，一是西夏洞窟，一是属于西夏时期的回鹘洞窟。西夏洞窟共有七十七个，其中莫高窟六十二个，榆林窟十个，东千佛洞二个，五个庙三个；前期六十五个，后期十二个。西夏时期的回鹘洞窟共有二十三个，其中莫高窟十六个，榆林窟二个，东千佛洞五个；前期九个，后期十四个。现将分期、窟号列表如下（表八、九）：

表八　莫高窟等西夏洞窟分期表

分期窟号	西夏前期 （公元 1036—1139 年）	西夏后期 （公元 1140—1227 年）
莫高窟	6、16、27、29、30、34、35、38、65、70、78、81、83、84、87、88、140、142、151、164、165、169、223、224、233、234、252、263、265、281、291、326、327、328、344、345、347、348、350、351、352、353、354、355、356、365、366、367、368、376、378、382、400、408、420、430、450、460、	206、395、491、4 号塔婆
榆林窟	13、14、15、17、21（后室）、22、26、	2、3、29
东千佛洞		2、5
五个庙		1、3、4

表九　莫高窟等西夏回鹘洞窟分期表

分期窟号	西夏前期 （公元 1030—1070 年）	西夏后期 （公元 1070—1127 年）
莫高窟	244（甬道）、306、307、308、363、399、418、	97、148（甬道及后室局部）、207、237（前室、甬道）、245、309、310、330、409
榆林窟	21（前室、甬道）、39	
西千佛洞		4、9（甬道）、10（甬道）、12、13、

西夏石窟的内容和历代石窟一样，由洞窟形制（即建筑）、造像风格和壁画三部分构成，而以壁画内容最为丰富。

1. 石窟形制

莫高窟的洞窟形制，主要有禅窟、中心柱窟、覆斗顶窟等。

（1）禅窟：覆斗形顶，主室方形或长方形，正壁开一大龛，塑佛像，南北两壁开凿出两个或四个小禅室，供僧侣在里面修禅观像。这种形式是从印度的毗诃罗（僧窟）演变而来的，通过西域，传入敦煌。

（2）中心柱窟：多为长方形，中间偏后凿出方形塔柱，直接窟顶，四面开龛塑像，供僧侣和男女信徒绕塔观像；窟顶前部作人字披顶，后部作平棋顶。这是西域形成并传入敦煌的形制。

（3）覆斗顶窟：多为方形，顶为覆斗形，正壁开龛塑像。出现于北朝晚期，主要仿自汉晋以来的宫殿建筑形式，也称"殿堂窟"。隋唐以后成为敦煌石窟的主要形式（图二八）。有的在窟室中后部还设有中心佛坛。

此外，还有人字披顶、平顶、穹隆顶、盝形顶的石窟。有些石窟，紧贴石窟前壁还修建了殿堂式的木构建筑，称为"窟前殿堂建筑"。

需要说明，由于莫高窟可供凿窟的崖壁有限，到唐末时可供开凿的空隙已经很少，宋夏时期多是用前代旧窟加以重修、重绘的，西夏新凿洞窟尤少。这就形成了部分石窟多代作品共存的局面。此种情况，以西夏、元代为甚。如第 328 窟，开凿于初唐，五代、西夏重修。窟中西壁为西夏画说法图、净土变，有五代画的天王像、《龙王礼佛图》，而西壁佛龛中彩塑

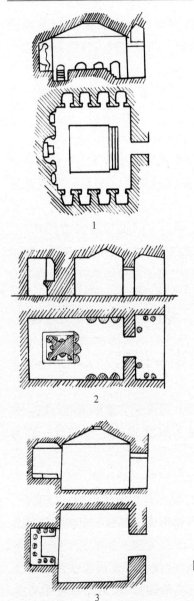

图二八　敦煌莫高窟各式窟形示意图

1. 禅窟　2. 中心柱窟　3. 覆斗顶窟

像一铺及龛顶彩绘说法图一铺，则为初唐原物，但龛上的垂角帷幔、龛下的供器、供养人则又为西夏所画。其窟型多为唐宋流行的覆斗顶窟，也有早期的中心柱窟和人字披顶窟，壁画和塑像内容也都承袭北宋格局[6]。

2. 石窟彩塑

西夏洞窟彩塑多已不够完整。残存者有佛、弟子、菩萨、力士等，并有释迦、多宝并坐说法像。敦煌彩塑造像总计一千五百零二身（不包括清代），其中属西夏的只有三十五身，仅占造像总数的 2.3%[7]。

塑造艺术在我国有着极其悠久的历史和优良传统。早在新石器时代，就有用泥土塑造的人形，战国、秦汉以后，更有大量陶俑出土。在佛教传入之前，我国的塑造艺术就十分发达，在此基础上，又接受了外来的佛教雕塑艺术，更加丰富了自己。到了唐代，雕塑艺术达到了顶峰。这是无数艺术家殚精竭虑辛勤创造的成果。

莫高窟的西夏塑像制作，以圆雕为主，衣纹、发纹刻画阴线，手指、衣带、花钿模制，然后粘贴于塑像上。塑像敷彩比较简单，仅用土红、朱红、石绿、淡黄等色，尤以红、绿两色居多，显示了西夏的特点。总体上说，西夏造像艺术缺少创新，但较好的造像面貌丰润，衣纹流畅，犹有唐宋遗风。

第263、265 两窟，原开凿于北魏，是中心柱窟。经西夏重修后，皆在中心柱东面盝顶帐形龛内，彩塑一佛二弟子二菩萨一铺。其中弟子、菩萨较好。弟子身披袈裟，比例匀称，光头、圆面、细眼、面相稚嫩，形态自然；第265 窟一弟子，右手自然搭于左手，神情自若，面相憨厚。菩萨或头梳高髻，或头戴花冠，项带璎珞，半袒露胸，身披络腋，长裙曳地，面形圆浑，细眼隆鼻，身姿婀娜，表情文静。

第491窟是西夏时期新开凿的少有的洞窟之一。实际为一小龛，窟前有殿堂木构建筑。小龛坐西朝东，呈长方形。正面保存较好，残留一佛二供养天女彩塑三身。佛像头部不存，作半结跏趺坐。天女南北相对，侍立于佛像两侧。两者形态相近，身高皆80厘米有余，造型端美。头梳垂鬟髻，额宽腮小，相貌朴实，颇具虔诚自然之态。身穿交领大袖裙襦，红色云肩，束带及胸，下着薄裙，脚蹬红色卷头履。天女所穿服装称"袿衣"，是当时中原贵族妇女的礼服。以贵族妇女装束的塑像，在莫高窟还"没有相同的例子"[8]。

3. 石窟壁画

石窟壁画一般属于水粉画。它的制作程序是先以具有韧性的草或麻筋拌泥涂于壁面，再涂一层薄如蛋壳的石灰泥，然后打磨光滑待用。画时用赭红线或淡墨线打底，再用粉质的、不透明的颜料层层涂绘，最后用色线或墨线描绘一次，便完成了。河西地区绘画所用颜料有十多种。其中石青、石绿、朱砂、赭石等为矿物颜料，可以经久不变，所以许多壁画历经千年仍然色泽鲜丽如新，令人惊叹。靛青、栀黄、红花等为植物颜料，多不在本地所产，在古代交通极其困难的情况下，运到河西很不容易。就此而言，制作壁画所耗财力非常巨大，更不要说画工的艰辛了。

壁画内容很多，常见的有佛本生故事、佛传、尊像（曼荼罗）、经变、供养人像和装饰图案等。著名敦煌学家、前敦煌研究所所长段文杰先生，将西夏壁画分为尊像画、经变画、供养人画像和装饰图案四类[9]。

（1）尊像画。包括佛、菩萨、阿罗汉、小千佛、说法图以及各种密教曼荼罗。说法图是释迦佛或阿弥陀佛讲经说法的图画。两种佛像在形象上几乎没有什么差别。大都是一佛二菩萨或一佛四菩萨的说法图。曼荼罗（Mandala），译为"坛"或"道场"，有轮圆具足或聚集之义，初见于晚唐的壁画，是密教的产物。它与显教不同，是在画面上设方形或圆形的坛，分为中、外两院，成一大法轮状。中院的中心画本尊佛或菩萨，四隅各画一菩萨。环中院为外院，画一或二层菩萨或护法像。

尊像画中的佛很多，主要是阿弥陀佛和释迦佛。到了唐代单身佛像多了起来，又有药师佛、毗庐遮那佛、炽盛光佛等。唐代以后各种佛退出主要位置，缩小后被画到门顶上去了。宋代以后，主要佛像的单独制作几乎没有了，大都被组织在经变中了。尊像中还有许多变形的菩萨，如四臂、六臂、八臂的如意轮观音和不空绢索观音，乃至千手千眼观音和千手千钵文殊等。

西夏尊像画，前期较好的有第65窟西壁比丘一身。他圆面高鼻，大眼厚唇，嘴边有青色短须。身穿圆领窄袖衫，胸部以下横裹袈裟。右手下垂，左手曲肘上举，食指、中指上指，形如"V"字，颇具动感（图二九）。或即党项僧人形象，是西夏壁画中较好的人物画像。

西夏后期第206窟的南壁中央说法图，由一佛二弟子二菩萨组成。佛身披袈裟，结跏趺坐于金刚宝座上，右身袒露，有圆形头光和背光，上有华丽的宝盖，身后为开花的菩提树。胁侍菩萨，头顶束髻，戴宝冠，耳垂重环，面形长圆，腮部突出，下巴较尖，略显清秀俊俏，上身斜披络腋，下系长裙，腰间系宽带，肩披宽大披巾，有如"半臂"，跣足立于莲台上。

图二九 敦煌莫高窟第 409 窟比丘像

身体修长，略呈 S 形，显出几分曲线美，风姿颇为潇洒，"造型上有很典型的西夏时代特点"[10]。

第 245 窟是西夏回鹘后期洞窟。其中北壁说法图主尊佛像，面型长而丰满，鼻梁除描绘两道轮廓线外，中央还加一道白粉线。头光与身光圈内的编织纹样和头光外周的宝珠火焰纹样，与新疆吐鲁番柏孜克里克石窟同类纹样十分相近。佛像造型、壁画技法也有某些相近之处。这说明西夏回鹘壁画"与回鹘高昌壁画艺术有着较为密切的关系"[11]。

（2）经变画。所谓"经变"，就是利用绘画等艺术形式来演绎佛经故事。用绘画表现的称"变相"或"变现"，用文字表现的称"变文"。从广泛的意义上讲，本生故事（宣扬释迦牟尼"生前善行"的故事）和佛传故事（宣扬释迦牟尼生平事迹的故事）也算是经变的一种。

佛经的经典很多，因此经变的种类也很多。当时社会上最流行的信仰，最信奉的经典，反映在壁画上的经变一定也最多。石窟中常见的经变画是净土变。净土变有多种内容，如根据《阿弥陀经》或《观无量寿经》画的是《西方净土变》；根据《药师琉璃光如来本愿功德经》画的是《东方净土变》；根据《弥勒下生经》画的是《弥勒净土变》。这些经变，着重表现佛国世界的华丽与欢乐，认为只要一心奉养，就可超脱人间苦难，到佛国世界过美好幸福的生活。此外，还有《维摩变》、《法华变》、《报恩经变》、《天请问经变》等，皆有特定的内容表现丰富多彩的佛国世界。经变画是最富于现实生活气息，也是石窟艺术中最吸引人的部分。因为它通过佛经故事，直接描绘了人世间的生活。

西夏经变画的品种相对较少，仅有《西方阿弥陀净土变》、《药师经变》等两三种。画面比较呆板，构图缺少变化。前代经变画中的楼阁栏楯、音乐舞蹈等均已少见。经变的内容，仅凭佛的坐式、手印及化生童子是否出现等等微妙的标志来判定。这表明"大乘教的经变画随着密教的广泛传播而趋向衰落了"[12]。

开凿于初唐、西夏重修的第 328 窟的东壁门上，绘有《西方净土经变》一铺，佛端坐中央，菩萨四众布列四周，形式较为单调。但门北侧所绘数身供养菩萨，形体高大，引人注目。他们头上各有华盖，衣着华丽，璎珞垂膝，彩带飘浮，手势不一，神态各异。他们是参加法会、听佛说法的菩萨，也称"赴会菩萨"。这幅菩萨礼佛图，人物形象和色彩至今完整如新，是"西夏早期较好的作品"[13]。

开凿于隋代、西夏重修的第 400 窟的主室北壁，有《药师经变》一铺。画面以主殿、左右配殿、回廊和角楼为背景，法会在莲池平台和高大的楼阁之间进行。正中药师端坐莲台，手持禅杖，周围众菩萨、弟子听法。这幅经变以石绿为主，色调单纯，偏于冷暗，反映了西夏早期的艺术风格。

从经变画中，可以看到党项民族的面貌特征："一般面相长圆，腮部肥大，鼻梁长直且高，细眉柳眼，身躯一般比较修长。"世俗人物的服饰也发生了变化："男像秃发毡冠，或云楼冠，冠后垂结绶；着圆领窄袖团花龙袍，腰间束带，佩挂解结锥、短刀、荷包、火镰、火石等物，充分体现了北方民族的生活习俗和特点。"[14]

（3）供养人，即造窟主，或叫功德主。他们是现实生活中的人物，是自己和亡故祖先的形象。佛教传入后，和我国故有的祖先崇拜、灵魂不灭、祈求长生不老的观念结合，于是就

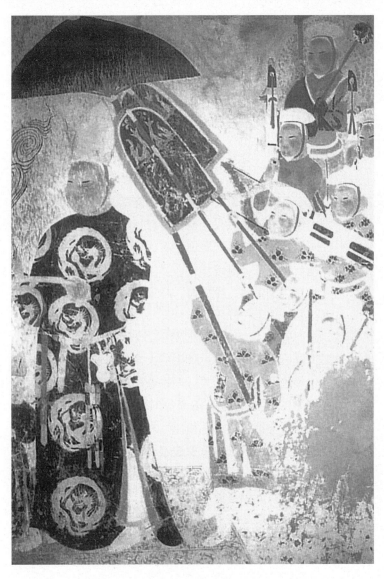

图三〇 敦煌莫高窟第 409 窟回鹘王

有了壁画艺术中的供养人。他们所追求的无非是祖先的冥福和自己的幸福，并将这些寄托在佛教的“轮回”信仰里。

西夏时期的供养人画像，最有特点的在回鹘洞窟。其中的第409窟就是一个亮点。在该窟东壁的南侧和北侧，过去被认为是西夏皇帝及皇妃等的供养像，原来是回鹘王及其眷属的供养像。南侧的回鹘王供养像，画面有十人，主像为回鹘王，他头戴花纹白毡高帽，身穿褐色圆领窄袖团龙袍，腰束革带，带上挂解结锥、短刀、荷包、火镰等物，脚蹬白色长腰毡靴，昂首前视，气宇不凡。主像前立一少年，穿戴与主像相同，似应为王子。主像后有侍从八人，他们身材短小，与高头大马的回鹘王形成明显对比。侍从们服饰整齐，皆头戴毡帽，穿绿色圆领窄袖长袍，束腰带，脚蹬长靴，显然是回鹘王的仪仗队。他们分别张伞盖、持翚扇、捧弓箭、举宝剑、扛金瓜、执盾牌等物，认真执勤。这是一幅王者出行图（图三〇）。北侧的王妃供养像，画面有二人，王妃面形圆浑，双鬓抱面，耳垂大环，头戴桃形大凤冠，身穿黄丹色晕染的大翻领窄袖长袍，手捧供养鲜花。这些画像的构图形式、人物造型、衣冠服饰色彩配置和艺术风格等，“与吐鲁番高昌回鹘时代的柏孜克里克石窟壁画中回鹘供养人造型风格几乎相同”[15]。敦煌石窟的回鹘王供养像，是回鹘在河西活动的重要遗迹。

（4）装饰图案，主要用于装饰窟顶的人字披、平棋、藻井、龛楣、佛像背光以及各处边缘部分。它是把洞窟建筑、彩塑和壁画连接在一起的纽带。在衬托出作为石窟主体的塑像和壁画的同时，也独立存在，成为佛教艺术的一个重要组成部分。而且图案的描绘，所受限制较少，艺术家的技巧可以充分施展，不断吸收新的营养，创造出新的形式。

西夏壁画的特点之一，就是所用装饰图案在窟内所占面积相当大。其分布状况，一种是集中地、大面积地布置在窟顶、龛顶、甬道等部位；一种是分散地用在各种壁画题材之间和各壁之间。按其作用及分布之不同，可分为藻井、平棋、团花、边饰、幔帷五大类。每类皆各有千秋，形式多变，丰富多彩。

藻井图案：仿自中国古代建筑屋顶结构而来，绘于窟顶中间部分，是隋唐以后窟顶图案的主要形式。每个时期的藻井图案不完全相同，各有特点。一般来说，藻井的中心绘一朵盛开的大莲花，在五彩的色轮上，用白色短弧线描绘出莲瓣，使莲花既具有立体感，又好像在色轮上自由旋转。西夏的藻井，一改过去以莲花为井心的做法，以龙纹、凤纹为主，还有交杵纹和团花纹，有的还用浮塑贴金方法来美化。如始建于晚唐，西夏重修的第16窟，其中西夏所绘井心，由一凤四龙组成。凤居正中央，两翅自然舒展，作飞翔之状；尾部特长，连同身体一起卷成圆形。凤外周为旋转式的卷瓣莲花。井心四角各一龙，向着顺时针方向作追逐之势，构成旋转飞腾的生动气氛。这是西夏前期的优秀作品之一。

平棋图案：平棋又称"承尘"，即石窟中的"天花板"。在窟顶用花边分成若干呈棋盘式的正方形格，每格绘一图，称作平棋图案。这种图案，一般中心绘莲花、水涡纹，四角绘忍冬、莲花、飞天、伎乐、云纹等。如第408窟，开凿于隋代，为人字披顶，西夏重妆。人字披东西两披为棋格团花图案。棋格中心皆绘四瓣茶花，可为两式。一式底色为黑色棋格，围绕茶花绘方形八瓣莲花。一式底色为红色棋格，围绕茶花绘圆形八瓣莲花。每式四角各绘色彩不同的云纹。两式团花，花瓣形态不同，色彩富于变化，上下左右相错，庄重典雅富丽，极具装饰效果。

边饰按组织结构之不同，可分为团花纹边饰、几何纹边饰、连续波状纹边饰三小类。西夏晚期，出现一种波状卷草式的云纹边饰，广泛流行，并延续到元代。

（二）安西榆林窟中的西夏洞窟

榆林窟又称万佛峡，在甘肃安西县境内，东北距县城 75公里，西南距敦煌 100 公里。石窟分布于蜿蜒北流的踏实河两岸，东崖三十二窟，西崖十一窟，总计四十三窟。两岸石窟相距不足百米。这里红柳掩映，杂花蒙茸，有如仙境。元初，马可波罗曾到过沙州，称"境内有许多寺庙，庙内供奉着各种各样的佛像。他们对这些偶像十分虔诚，时常祭之以牲畜"[16]。解放前，著名学者陈万里、向达、张大千、罗述祖、闫文儒等都曾来此考察和编号。

史载，公元 1036 年西夏占领瓜州（今安西）、沙州（今敦煌）后，在瓜州设立西平监军司，使这里成为敦煌一带的统治中心。与敦煌石窟相比，西夏对榆林窟、东千佛洞给以更多的关注，因此这两处的壁画艺术，"有着极高的成就"，"代表了西夏艺术的最高水平"[17]。在榆林窟四十三个洞窟中，西夏洞窟有十二个，约占 1/4 强。其中开凿于西夏后期的第 2、3、29 三窟，虽经元代、清代重修，但仍是最具有代表性、最为精彩的西夏洞窟。榆林窟西夏壁画的布局与前代不同，西夏佛教既接受中原显教艺术，也接收来自印度的密教艺术。"汉密继承唐宋传统，藏密则多为藏传佛教后宏期"[18]。第 3 窟西夏壁画的内容和布局，最好地体现了西夏佛教艺术显密结合的特点。

　　第3窟为穹隆顶窟，坐东面西，由甬道、主室组成。清代重修时，增加了八角形的中心佛坛，并在佛坛上及四壁塑佛、菩萨、罗汉等四十身，而壁画则全为西夏原作。壁画的布局以大乘显宗为主，密教为辅；密教中以藏密为主，汉密为辅（图三一）。甬道门内侧上部为《维摩变》（显），南壁为《普

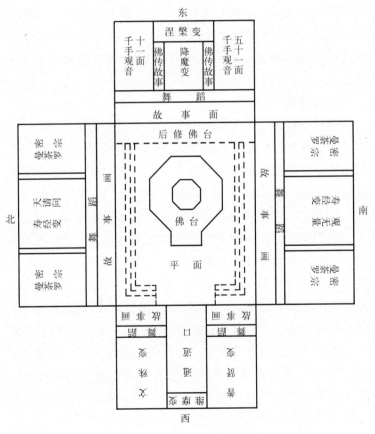

图三一　榆林窟第3窟壁画布局示意图

贤变》（显），北壁为《文殊变》（显）。主室顶部中心为《五方佛曼荼罗》（藏密），四面为祥禽瑞兽（如麒麟、天马、孔雀、鹿、凤凰等）、垂幔和千佛构成的整窟天盖；主室北壁为《观音曼荼罗》（藏密）、《天请问经变》（显）、《五方佛曼荼罗》（藏密）；南壁为《金刚曼荼罗》（藏密）、《观无量寿经变》（显）、《五方佛曼荼罗》（藏密）；东壁（正壁）中为《降魔变》（显），南侧为《五十一面千手观音变》（汉密），北侧为《十一面千手观音变》（汉密）。这种把显密各宗各派融合在一起的特点，适应了当时河西各民族信仰和审美的需要。

1. 尊像画

榆林窟壁画中的尊像画，多以群像或说法场面出现。其中《水月观音图》最引人注目。"水月观音"是菩萨的一种，为唐代画家周昉所创，宋代见之于瓜沙石窟中，至西夏发展到极致，别具风格。榆林窟有宋、西夏、回鹘时期的四幅"水月观音"，其中第2窟西壁西夏的《水月观音图》最为优美，备受关注，许多学者给以细致描绘。段文杰先生写得更好："观音坐珞珈山，头戴宝冠，长发飘扬，天衣长裙，璎珞严身，背靠奇石，修竹数干，座下绿波荡漾，红莲盛开，天空中朵朵彩云，托出一弯新月，与菩萨水晶般透明的光环，互相辉映，颇有月夜幽静清凉之感。"写出了白居易诗中"净绿水上，虚白光中，一睹其像，万缘皆空"的神秘境界[19]。水月观音是男性人物女性身，画像嘴上还有蝌蚪式的小胡子。《华严经》中赞扬他是"猛勇丈夫观自在"，但画面上女性美的意态甚浓，使人感到他是一位温静娴雅的高贵妇人。

2. 经变画

榆林窟的西夏经变画远较敦煌丰富。比如上述第 3 窟壁画，除敦煌所见的《西方阿弥陀净土变》、《药师经变》外，还有《文殊变》、《普贤变》、《观无量寿经变》、《天请问经变》、《降魔变》、《弥勒变》、《法华变》、《维摩变》等。而其表现形式，比之敦煌"简单化及程式化"倾向也有明显变化，有的主要表现法会场面，着重人物刻画；有的则场面宏大，着重意境创造。这些壁画是西夏时期绘画的代表作，达到了很高的艺术水平。

《文殊变》位于甬道北壁，宽 3.44、高 2.81 米。以奇丽的山川和茫茫的云海，构成神秘的自然风光。文殊师利手持莲花，安详地坐在青狮上，月轮般的身光和头光，衬托出文殊在画面上的中心地位。用力制止青狮向前奔走的昆仑奴，已变为虬髯胡服的西域武士，随侍文殊的帝释天、梵天、天王、菩萨、罗汉等圣众，在云雾茫茫的空中，疏疏落落、飘飘荡荡、怡然自得地飞翔。文殊身后山峰耸峙，云兴霞蔚，古刹隐藏于幽谷，彩虹横跨于山峦。一道灵光自山洞中射出，仙山琼阁，月神架王鸟巡空，神秘而寂静。

《普贤变》位于甬道南壁，宽 3.62、高 2.5 米。画面中，在普贤身后，奇峰突起，雾锁山腰。山下流水潺潺，楼阁辉映，别有天地。烟波浩渺的太空中，日神于圆轮中驭五马出巡。一个神灵与自然相结合的境界，出于画师的心灵营构。特别是高山后面的平川，远树远山，迷迷濛濛，颇具诗意。这表明北宋画家的山水画三远法，特别是深远法、平远法已经传到瓜州。

诸窟多有净土变，唯第 3 窟南壁中间《观无量寿经变》

一铺更佳。该变宽3.7、高3.16米。经变内容以建筑为主体，构成一个宏伟的宫廷建筑群，以表现西方极乐世界的富丽堂皇。主体佛殿面对中轴道，四周合围，两面对称，殿堂楼阁均作歇山顶或攒尖顶。中脊徒立，饰以宝瓶、鸱尾。屋角翘起，如鸟展翅飞翔，显示了木构建筑的巍峨壮丽。前面三座门楼，中间一水穿流，平台相连，左右突起重阁，巍然耸立，后面主体佛殿，佛陀结跏趺坐，侍从菩萨整齐地排列在廊内，与会诸天圣众对称地列坐于平台间。人物都在宫殿和庭院中活动，中门楼内，舞伎翩翩起舞，长巾飞扬，婀娜多姿；两廊排列乐队，以排箫、钹、埙、羯鼓伴奏。将过去海阔天空的开放式结构，变为封闭式的深宫大院，呈现出一派庄严肃穆的气氛。这与兴庆府"逶迤数里，亭榭台池"的西夏皇宫建筑一样，都具有浓郁的中原汉族宫殿建筑风格。

密教图像分为两类：一类为汉密，一类为藏密。汉密如不空绢索观音、如意轮观音、十一面观音、千手千眼观音等。第3窟正壁南、北两侧均为《千手千眼经变》，其中南侧《五十一面千手千眼观音变》，最有特色。

《千手千眼经变》初唐传入中国，是一种宣扬观音功德的密宗图像。观音作立像，头上累头状如宝塔，总七层，每层七面，最上一头为佛像，总五十一头。佛头上方和左右，各有七层宝塔一座。千手伸展如圆轮，每只手中有一慈眼。藏经洞发现的《千手眼经》说："叠头如塔，分臂如蔓，千眼遥视，千手接应，应会者闻声，随求者质见。"这已将千手观音的职能表述无遗，但画师想象往往突破宗教的规范，根据自己对生活的体验，作出新的创造。《五十一面千手千眼观音变》与其他《千手经变》相比，最大特点在于千手中显现了众多的法物、法器，并在构图上采用左右对称的形式展现出来。这些法物法器，虽然具有浓郁的宗教色彩，但实际上都是包括宗教用品在内的现实生活用品，以及现实生活中的事物。其中生产用具有斧、锯、铲、耙、双尾船、曲尺、墨斗、斗斛等；生活用具有铁剪、提壶、铜镜、印盒、竹箧、药钵、玉环等；兵器有弓、箭、刀、矛、盾牌、宝剑、斧钺、铁钩、三叉戟、长柄戟等；乐器有筚篥、排箫、琵琶、笙、横笛、筝、铜钹、铜铎、拍板、阮咸、胡琴、方响[20]、手鼓、鸡娄鼓、腰鼓、鼗鼓（即拨浪鼓）等；动物有鸡、鸭、狐、兔、大象、卧牛、耕牛、海龙、麒麟等；植物有芭蕉、葡萄、棉花、荷叶、瓜果、香花、杨柳枝、菩提树、各色莲花等；佛教用品有施无畏手、化佛、华盖、幡、拂尘、旌旗、大钟、金刚杵、金刚轮、七宝盆、骷髅杖、锡杖、海螺、珍珠、珊瑚、摩尼宝珠、如意宝珠、舍利盒、贝叶经、数珠、须弥座、袈裟等；建筑有佛塔、庙宇、宫殿、楼阁。此外，更令人感兴趣的是还有反映生产和娱乐的场面，如牛耕图、冶铁图、踏碓图、酿酒图、商旅图、百戏图等。在敦煌诸石窟中，有盛唐至元代的《千手经变》五十六铺，其中不乏值得称道的佳作，但"若论规模之宏伟壮观，内容之繁复庞杂，历史文物价值之高，格式之最有创造精神"，未有能过榆林窟第3窟者。这些经变画无所不包，展示了庞杂的西夏社会生活、物质文化状况，"在敦煌艺术中既是前无古人、又是后无来者的"伟大作品[21]。

藏密有两种：一为曼荼罗，即坛城，如第3窟北壁《五方佛曼荼罗》，坛城中心是密宗的至尊大日如来，四方有塔，塔两侧有旗，圆坛和方城层层套叠，逐步深入。这是僧人修习用的坛城图样。图中也有优美的人物形象，在圆环中的树下，美人手攀菩提树，双脚交叉，体态优美，神情恬静。显然是印度或尼波罗美女的风貌。一为金刚（或明王），如窟顶《五方佛曼荼罗》中的明王，他在方城四门中间，脸面作忿怒像，头生三目，一手持金刚杵，一手执蛇，是文殊菩萨的化身，有降服一切魔鬼的法力。

榆林窟中还有现存最早的《唐僧取经图》。公元 7 世纪前半叶玄奘遨游西域，历经千辛万苦，取回梵文真经六百五十七部。唐僧西天取经的故事，早在民间流传。《唐僧取经图》的最早作品，大抵在唐代已经出现。绘于扬州寿宁寺的《唐僧取经图》，北宋景祐三年（公元 1036 年），欧阳修还称赞它说："玄奘取经，一壁独存，尤为绝笔。"但此壁已毁，无法目睹。今所见者，却在榆林窟及其附近的东千佛洞出现，并有六幅之多。这些图分布在如下位置：

第一，第 3 窟西壁《普贤变》左侧。画面中高僧玄奘为光头，内着襦裤，外套右袒袈裟，脚蹬麻鞋，面向普贤合十敬礼。悟空牵着白马跟在身后，马背莲花座上的一包佛经闪闪放光。悟空额低嘴长，已为猴像，亦穿襦裤、麻鞋，双手合十，仰面朝拜。

第二，第 2 窟西壁《水月观音图》右下方，绘一山丘，白马驮经，唐僧、猴行者遥礼观音。

第三，第 3 窟东壁《十一面千手观音变》中，平台两侧，画白马驮经，唐僧、猴行者合十礼拜。

第四，第 29 窟北壁《水月观音图》下，画一行者牵白马似猴像，二僧合十遥礼观音。

另有两图在东千佛洞第 2 窟南北两壁的《水月观音图》中，两幅图略有差异。其中南壁画双手合十的唐僧，和牵马的猴行者伫立于海边，遥视前方。白马背立，回首遥望。

《唐僧取经图》大抵以宋人《大唐三藏取经诗话》为依据。《诗话》说法师等七人"迤逦登程，遇一座山，名号'香山'，是千手千眼菩萨之地，又是文殊菩萨修行之所。举头见一寺额，号'香山之寺'。法师与猴行者不免进上寺门歇息"。又说"三藏顶礼，点检经文五千四十八卷，各各具足。……牵马负载，启程回归，告辞竺国僧众"[22]。《诗话》中有法师僧人七人，壁画中只画唐僧、猴行者和驮经的白马，他们遥礼观音和灵山中的寺院。画面构图简单，说明它还处于初始阶段。另外，这些画都是单幅图，多附属于其他大幅经变画之中，还未出现独立的和连续多幅的图画。

3. 供养人画

榆林窟第 29 窟中的供养人行列，是西夏供养人的突出作品。他们微长而圆胖的脸形、高高的鼻子、修长的体态以及窄袖紧身的服饰，不但描绘了西夏民族的真实面貌，也反映了党项族的风俗习惯和冠服制度。段文杰先生说，这是"整窟党项族画像"[23]，与史载元昊"圆面高准"、"身躯高大"是相符的。

南壁门内东侧，有国师、男供养人等。其中，西夏国师一身，盘腿坐胡床，面相丰圆，头戴金贴起云冠，内着半袖交领衫，外套袈裟，左手平置腹前，右手拈花上举，床前供桌上列诸色供品。他身后一仆张伞盖，坐前群僧合十供养，有一老僧托盆奉献，意态虔诚。身右有西夏文榜题，汉译为"真义国师西壁智海"（图三二）。"国师"是西夏皇帝授予僧人的最高封号，其地位与政府官员中书、枢密相当。

"国师"身后有三位男供养人，皆为武官画像，头前有西

图三二　安西榆林窟第 29 窟西夏国师

夏文榜题。第一、二位，头戴金贴起云冠，后垂结绶，身穿圆领窄袖紫旋襕，腰束长带垂于腹前，腰着护髀，足蹬乌靴。第三人服饰稍异，头戴黑冠，腰侧无护髀。三人双手合十，礼献鲜花，虔敬礼佛。据西夏文榜题得知，他们都是政府要员，依次汉译是"沙州监军摄受赵麻玉一心皈依"、"内宿御史司正统军使趣赵一心皈依"、"儿子御宿军讹玉一心皈依"。在第二、三人之间，有一儿童，身材甚小，头为秃发，身着长袍，有西夏文榜题，汉译为"孙没力玉，一心皈依"，可能是他们的孩子。在这些官员身后，还有侍童三人。前二人身穿圆领短袍，腿裹行縢（裹腿），足蹬麻鞋。后一人身穿圆领长袍，腰束带。其中两人秃发。他们或东张西望，或站立沉思，形象生动。

南壁门内西侧为高僧、女供养人等。女供养人有上下两层，其中下层七身比较完整。最前面的一人是先导比丘尼。比丘尼内着锦袍，外披袈裟，双手合十，有西夏文榜题，汉译为"出家和尚庵梵亦一心皈依，行愿者翟万月成一心随愿"。其后六位女眷，皆头戴花冠，身穿交领窄袖长袍，内着裙，足穿尖钩圆口鞋。供养人双手持花合十，虔诚礼佛，神态端庄。皆有西夏文榜题，为"女金宝"、"赖氏"、"媳诸氏阿金"等人"一心皈依"，反映了西夏贵族妇女的形象。

第29窟西壁中间《普贤变》中，在白象前后有数名童子，造型生动，最为传神。面形丰圆，额头留有毛发一撮，身穿圆领羽袖短衫，下身光腔，足穿短袜麻鞋，双手合十，跳跃行进中回首探视，富有动感。画匠以洗练的线条和简洁的色彩，展现了儿童的天真活泼。

4. 装饰图案

榆林窟西夏洞窟都有保存完好的装饰图案。与前代莲花井心不同，多为一个以十二根画柱支撑起来的、覆盖整窟的大宝帐。其井心部分除个别继承唐宋团龙翔凤外，已多为密宗曼荼罗所代替。如第2窟中心为龙，外为梭状旋转形环饰，使人感到龙似乎在不停地转动。而第3窟井心，为藏密的五方佛曼荼罗，四边多饰各种花边，如回纹、连珠纹、波状植物纹、棱纹、龟背纹、古钱纹、云头纹、连环叠套纹、百花卷草纹等。在百花卷草边饰中，又穿插各种祥禽瑞兽，如游龙、翔凤、奔狮、翼马、麒麟、天鹿、飞雁、六牙白象等。在大宝帐下，偶有飞天旋绕，她们怡然自得地弹奏各种乐器，计有筝、琵琶、腰鼓、笙、胡琴等。其中用弓弦拉的胡琴在石窟中是新的创作。"飞天翱翔太空的飞动感虽远远不如前代，但是装饰图案的新内容却非常丰富"[24]。

综观榆林窟西夏壁画的艺术风格，有以下特点：第一，继承了中原的线画风格，以挺拔有力而圆润的线描塑造人物，反映出中原"不施丹青光彩照人"的白画，影响深远。第3窟的《文殊变》、《普贤变》等，吸收中原李唐、马远、夏珪一派的水墨山水画法，虽非名家之作，但苍润挺拔的笔墨，浩渺幽深的意境，已突破了四百年来《文殊变》《普贤变》的旧模式，是西夏壁画的重要特色之一。第二，表现密宗多用藏传佛教画派手法，重色不重线，形象多奇异狰狞，大量使用红蓝绿棕等对比重色，手心脚底多画红色，形成一种阴森恐怖的色彩感，宗教的威灵神秘气氛很浓。这与密宗忿怒像"以恶制恶"的思想有关，因而艺术风格与显教不同。

西夏壁画中的所反映的西夏服饰大体可分为两种：一种是中原汉装，如妇女的窄袖衫裙（这是宋朝妇女的常服）、团冠；而农夫、铁匠、商人等，则是头裹皂巾，穿襦裤、行縢、麻鞋。另一种是西夏装，李元昊"制小番文字，改大汉衣冠"，在唐宋袍衫的基础上，加上党项民族服饰，构成了如《宋史·夏国传》所载"文资则幞头，靴笏，紫衣、绯衣；武职则冠金帖起云镂冠、银帖间金镂冠、黑漆冠，衣紫旋襕，金涂银束带，垂蹀躞，佩解结锥、短刀、弓矢韣"的官服制度。第29窟武官的服饰与记载大体相符。李元昊下过"秃发令"，故西夏人多不蓄长发。贵族妇女着交领长袖衫，百褶裙、弓履，头戴小冠，两侧插步摇。奴仆则服缺胯、行縢、麻鞋。

　　但是，由于物质生产和艺术的继承往往不受朝代更替的影响，从总体上说来中原文化对西夏石窟的影响更为浓烈。莫高窟的西夏洞窟，因为大都是利用前代旧式加以修理，在洞窟形制上当然少有西夏时代特点。同时壁画和塑像的内容，也都承袭北宋格局。连著名的60年代发现的西夏供养天女所穿的"褂衣"，也是"当时中原贵族妇女的礼服。造像风格也如宋代"[25]。在壁画中，《唐僧取经图》虽属首次出现，但都是取材于《大唐三藏取经诗话》。壁画中的西夏建筑，早中期的"和宋代的差不多，只是色彩倾向于青绿"；晚期的其构图、设色、用线"与唐宋壁画所示有很大的不同，却与内地宋、金建筑（如正定县隆兴寺）颇为符合"[26]。这一情况，反映了西夏艺术家向现实学习，并反映现实的求实进取精神。

（三）安西东千佛洞——仅见的西夏新建石窟

　　东千佛洞位于安西县东南70公里的长子山北麓。距隋唐军事重镇锁阳城不远。它与莫高窟、榆林窟等石窟多利用前代旧窟重修不同，是西夏在河西地区仅有的新开凿的石窟。东千佛洞开凿于西夏经济发达、文化昌盛的仁宗时期，或许与权臣任得敬弄权，仁孝内政不修，只重佛事有关。

东千佛洞最早见于1945年撰修的《安西县志》，称其为"接引寺"。20世纪三四十年代，著名学者张大千、陈万里、向达等先生考察瓜沙地区石窟时，竟对这里毫无所闻，直到解放后，始为学界所知。

东千佛洞共有九窟，其中西夏四窟，元代以后五窟。西夏四窟编号为第2、4、5、7窟，皆为甬道式中心柱窟。这种窟形，与莫高窟直接窟顶、四面出龛的中心柱窟不同，而是新疆龟兹式窟形，即将中心柱置于窟室后部，并有可以沿柱右旋的甬道。中心柱后面往往有涅槃像，前面为覆斗顶或穹隆顶的殿堂空间。这种窟形在河西地区"并不多见"。"西夏时期东千佛洞再现龟兹样式的窟形，是一个值得注意的现象"[27]。

第2、5窟供养人画像，有的一排多达数十身，有的穿着与榆林窟西夏供养人类似的服饰，并有西夏文榜题。其中第2窟一则汉译为"行愿宫主刻判造者智远师"。"行愿"亦可译为"助缘"，说明此窟是西夏人集资修造的，为西夏人开凿东千佛洞提供了重要依据。

窟内西夏造像现已无存，目前所见皆为后代重塑，而壁画保存较为完整。其内容显教、密教共存，在密宗内又有汉密和藏密。其题材有佛教故事、尊像画、经变画、各种曼荼罗、供养人、装饰图案等。

诸窟壁画布局大体相同，窟室左右两壁和甬道两侧，皆有两块和三块彩绘壁画。壁画题材有各种观音曼荼罗、《文殊变》、《普贤变》、《净土曼荼罗》、《药师曼荼罗》、《水月观音图》和菩萨等。中心柱左右两面画菩萨或各种观音曼荼罗，背面画《涅槃变》，与其相对的窟室后壁，则画说法图一铺。前部窟顶画曼荼罗坚果，有的四披各画一幅说法图。甬道顶部画卷草图案。窟室上沿画重幔纹饰。壁面下部画供养人或供养菩萨。各图之间以边饰界隔，对称统一。

第 2、5、7 等窟的《涅槃变》和说法图，是西夏的巨幅杰作。绘在空间狭小、光线晦暗的后甬道中心柱背面，产生一种幽奥神秘的艺术效果。其中的《涅槃变》，表现释迦行将寂灭，诸天、弟子供养、举衰的场面。释迦累足右胁卧于七宝床上，右手支颐，佛眼微阖，似作沉思状。众人神情痛楚，形状各异，有的泪流纵横，有的合抱大哭，有的悲愤填膺。在哀伤的人群里，还有四身伎乐，皆作菩萨装，分别击长鼓，吹长笛，打拍板，扭身作舞，以表现"十二部乐，朝夕供养"。各窟《涅槃变》皆在宝床前画狮子、孔雀、龟、鹤，或狮首人身、人首猴身等四兽供养。画面内容丰富，形象众多，显示了画家丰富的想象力。绘画作风也各有特色，第 2 窟严谨细腻，第 5 窟笔触奔放，第 7 窟明艳醒目。构图主次分明，协调紧凑。

在西夏窟中，除佛窟外，还有一种"影窟"，即第 4 窟。所谓"影窟"，实际上是为高僧建筑的专窟，以为纪念。其窟形和壁画布局，同其他佛窟一样，唯一不同的是在中心柱正壁通常是塑造佛像的地方，画出窟主高僧像，并将其安置在覆钵形龛内。西夏僧人地位很高，受到皇帝和世人的尊重。西夏"影窟"在其他石窟中尚未见到，是仅有的一例。

在河西走廊的其他石窟中，也多有西夏的洞窟和壁画。酒泉文殊山石窟万佛洞东壁的《弥勒菩萨上生经变》，是表现弥

勒菩萨在兜率天宫说法的经变画。画面为佛殿高耸、回廊相连
的深宅大院。它均衡对称，规模宏大，气势雄伟。弥勒端坐正
殿，扬手说法。四众分散于宽阔的庭院之中，有的端坐听法，
有的正在赶场。壁画界面近8平方米（高2.54、宽3.15米），
其规模之大，为诸石窟所少见，更折射出西夏宫殿建筑的豪华
和气派。

（四）鄂托克旗百眼窑石窟

百眼窑石窟，蒙语称"阿尔寨石窟"。位于内蒙古鄂托克旗
阿尔巴斯苏木乌都格村。这里在西夏属定州地区，其南过定州
即为西夏国都兴庆府。20世纪50年代以来，内蒙古文物部门就
作过考察，并首次报道[28]。八九十年代之交，中央民族学院和
内蒙古高校对石窟中回鹘文、藏文榜题做了重点考察[29]。1993
年，内蒙古文物部门又作了进一步的考察，并对石窟的重要价
值、成吉思汗在这一带的活动等问题进行了探讨[30]。

百眼窑石窟位于村东2公里的山野荒漠中。这里有一座略
呈椭圆形的红砂岩小山，称苏默图阿尔寨山，是一座东西约
300、高约80米的平顶桌形山。在山顶平坦之处，有元代大型
寺庙遗址，呈南北向，总面积约1200平方米，尚存残墙，地
表有黄色、绿色琉璃瓦当、滴水、兽头等建筑材料和瓷片等，
还有国内首次发现的模印回鹘蒙古文的青砖。石窟就开凿在石
山四周的峭壁上，最早开凿于北魏时期，此后，西夏、元、明
时期续有开凿，分上中下三层，共计六十五窟。由于自然风
蚀，山崖塌陷，造成部分石窟被毁。目前保存较为完整的有四
十三窟。

在石窟间的岩壁上，有浮雕覆钵式塔二十四座，最早为西夏中晚期的，它的特点是"塔腹扁而粗"。塔腹较高的多为元、明时期的。元、明时期的塔有拱形壶门，"内装骨灰和绢、纸残片，应为高僧骨灰灵塔"。还有一座浮雕十三层的楼阁式塔，高 1.6 米，比较少见，可能是西夏时期的。

百眼窑石窟可分大中小三种，平面布局均为方形。塑像均已不存，仅有部分泥塑残件。但在中小型石窟中，却保留了近千幅彩绘壁画，甚为可贵。

大型石窟只有一座，位于南壁正中，是该山的主窟，面积约 30 平方米。门外有台阶可直达山下，左右有路可通其他石窟。可能在石窟外部，曾建有木构"窟檐"。

中型石窟较多，面积约 20 平方米，高 2.5—3 米。前壁有方形或拱形门。正壁有拱形佛龛，主龛两侧及东西壁有上下两排小佛龛。窟顶有方形莲花藻井，有的雕出叠涩方形藻井。其中，第 10 和第 28 两窟，有类似北魏的方形塔柱，塔柱后壁有主佛龛。中型石窟大多绘有壁画，分别为西夏、元、明所绘。

小型石窟若干座，面积约 10 平方米，高 1.5—2 米。洞口拱形甬道较深，从洞口到主室进深约 4—5 米。有的窟为套间，有的还有僧炕，可能是僧人起居之所。内窟无佛龛，但壁画较多。多为元、明两代的密宗壁画，还有回鹘文、蒙古文榜题。

彩绘壁画的题材，主要是佛教方面的。如佛像、天王、佛传故事、明王、僧侣等。最为珍贵的是有多幅描绘世俗人物供养、祭祀、舞蹈、礼佛的画面。以绿、黑、白、红等矿物颜料绘制，至今色彩不褪，光洁鲜艳。

百眼窑的西夏洞窟，集中在中型石窟中。其后三墙均开凿拱形佛龛。佛像虽已无存，但壁画较为丰富，可分前后两期，前期为显宗题材，与敦煌壁画类似，多为药师佛，色彩以绿色打底，被称为"壁画绿"。山水人物也受汉族画风的影响。第31窟右壁佛龛左右两侧，各绘供养菩萨一身，束高髻，眉眼细长，留八字小胡须，袒胸细腰，飘带绕身，或下着绿色紧身衣裙，或下着浅红色紧身衣裙，裙摆呈浅红色喇叭状，色彩变换，体态优雅，与莫高窟西夏供养菩萨相似，是内蒙古壁画中仅有的一幅。后期，由显宗变为密宗，出现了藏传佛教的明王、胜乐金刚、十一面观音及说法图、礼佛图等，人像夸张，色彩艳丽。

其他元明时期的壁画，内容也很丰事，如第28窟中元代《各族僧人礼佛图》，第31窟的《蒙古族丧葬图》、《成吉思汗及后妃四子受祭图》等，皆场面宏大，人物众多，反映了元代蒙古族思想感情和民族习俗，对研究成吉思汗和蒙古族历史，均有重要价值。有的窟中还有黄教祖师宗喀巴坐像，也十分重要。

（五）银川贺兰山山嘴沟石窟

山嘴沟是贺兰山东坡的山沟之一，位于银川市西约40公里处。沟内有多处寺庙遗址。山嘴沟石窟位于距沟口约10公里处东侧的陡坡上，从南向北有三窟，皆为自然岩洞稍加整饰后，再涂抹草泥、白灰而成。20世纪80年代进行文物普查时发现[31]。2005年9月，经国家文物局批准，宁夏考古所对石窟做了进一步的考查，并发现一批珍贵的西夏文文献[32]。

山嘴沟诸窟的窟顶和壁面布满壁画，多漫漶不清，可以看清的有：中窟门楣上的六臂金刚，左壁上的护法力士；南窟正壁的说法图（其左侧为三头八臂的佛顶尊胜佛母，佛母上方为上乐金刚双身像）；北窟的头戴宝冠的菩萨。这些壁画，线条流畅，用色厚重，多具有浓郁的藏传佛教色彩[33]。

在壁画主像的头冠上，皆画有一根细长的游丝，与天上的飘带上的圆结连接起来，似乎暗示佛和佛母与虚空的某种关系。这种游丝，在其他石窟的壁画中比较少见。

（六）景泰五福寺石窟

位于甘肃景泰县五福乡一泵村。五福寺坐西向东，面对黄河，仅一窟。窟门为清代重修的木构二层楼阁，二楼中间为八角形攒尖顶佛阁，环佛阁有凹字形回廊环绕。石窟在高大的佛阁后部，为方形中心柱窟，进深7.5、面阔7.4米。窟室后壁左右两角各有坐佛一尊，为石胎彩塑，其中西北角为西夏作品，高1.3米。窟室中部为中心方柱，边长4.6、高3.3米。方柱与窟壁间形成宽1.2米的凹字形甬道。方柱四面各开一拱形龛，龛壁为影塑小千佛。北龛有西夏时期彩塑坐佛一尊，余龛为清代彩塑。西夏彩塑为本窟现存最早之作品[34]。

注　释

[1] 刘玉权《敦煌莫高窟、安西榆林窟洞窟分期》，《敦煌研究文集》第273、274页，甘肃人民出版社1982年版。

[2] 潘玉闪、马世长《莫高窟窟前殿堂遗址》第102—113页，文物出版社1985年版。该书将第130窟窟前殿堂建筑遗址年代定为西夏。沙田武《关于莫高窟第130窟窟前殿堂建筑遗址的时代问题》一文认为，第130窟窟前殿堂建筑遗址应为曹氏归义军晚期。载于《敦煌学辑刊》2000年第1期。

〔3〕敦煌石窟狭义的说法仅指莫高窟，广义的说法还包括莫高窟周围的西千佛洞、榆林窟、东千佛洞、水峡口、五个庙及一个庙等石窟。

〔4〕刘玉权《敦煌西夏洞窟分期再议》，《敦煌研究》1990 年第 3 期。刘玉权《关于沙洲回鹘洞窟的划分》，《1987 年敦煌石窟研究国际研讨会文集·石窟考古编》，辽宁美术出版社 1990 年版。本文两个附表，分别采自该二文。为了便于查找，笔者将窟号次序作了调整，并补入起止年代。

〔5〕敦煌研究院《敦煌莫高窟北区石窟》第 1、2、3 卷，文物出版社 2000 年、2004 年版。

〔6〕敦煌文物研究所《敦煌莫高窟内容总录》第 120 页，文物出版社 1982 年版。

〔7〕聂锋、祁淑虹《敦煌历史文化艺术》第 158 页，甘肃人民美术出版社 2001 年版。

〔8〕潘玉闪、马世长《莫高窟窟前殿堂遗址》第 104—106 页，文物出版社 1985 年版。

〔9〕段文杰《段文杰敦煌艺术论文集》第 241 页，甘肃人民出版社 1994 年版。

〔10〕刘玉权《莫高窟壁画艺术·西夏》第 26 页，甘肃人民出版社 1986 年版。

〔11〕刘玉权《莫高窟壁画艺术·西夏》第 23 页，甘肃人民出版社 1986 年版。

〔12〕段文杰《段文杰敦煌艺术论文集》第 243 页，甘肃人民出版社 1994 年版。

〔13〕刘玉权《莫高窟壁画艺术·西夏》第 21 页，甘肃人民出版社 1986 年版。

〔14〕刘玉权《莫高窟壁画艺术·西夏》第 5 页，甘肃人民出版社 1986 年版。

〔15〕段文杰《段文杰敦煌艺术论文集》第 244 页，甘肃人民出版社 1994 年版。

〔16〕陈开俊等译《马可波罗游记》第 49 页，福建科学技术出版社 1981 年版。冯承钧译、党宝海新注《马可波罗行纪》，河北人民出版社 1999 年版。两书译文略有差异。

〔17〕王惠民《十年来敦煌石窟内容的考证与研究》，《敦煌石窟内容总录》第 270 页，文物出版社 1996 年版。

〔18〕段文杰《段文杰敦煌艺术论文集》第 443 页，甘肃人民出版社 1994 年版。

〔19〕段文杰《段文杰敦煌艺术论文集》第 456 页，甘肃人民出版社 1994 年版。

〔20〕方响：始用于北周，隋唐时期成为燕乐常用乐器之一。敦煌第 201 窟伎乐图中有此乐器。由十六块上圆下方的定音铁板，分成上下两排挂在木架上构成。演出时，用小木槌敲击铁板发音。由于定音制作比较困难，未能广泛流传。

〔21〕刘玉权《西夏对敦煌艺术的特殊贡献》，《国家图书馆学刊·西夏研究专号》（2002 年增刊）。

[22]《大唐三藏取经诗话》第6、32页，中国古典文学出版社1954年版。

[23] 段文杰《段文杰敦煌艺术论文集》第457页，甘肃人民出版社1994年版。

[24] 段文杰《段文杰敦煌艺术论文集》第460页，甘肃人民出版社1994年版。

[25] 同［9］。

[26] 萧默《敦煌建筑研究》第243页，文物出版社1994年版。

[27] 张宝玺《东千佛洞西夏石窟艺术》，《文物》1992年第2期。

[28] 田广金《百眼窑石窟》，《鄂尔多斯文物考古文集》第277—278页（1981年）。

[29] 丹森等《阿尔寨石窟佛教文化遗址概述》，《内蒙古社会科学》1991年第3期。

[30] 王大方等《百眼窑石窟的营建年代及壁画主要内容初论——兼述成吉思汗在百眼窑地区之活动》，《内蒙古文物考古文集》第1辑第566—578页，中国大百科全书出版社1994年版。出自本文的引文，不再另注。

[31] 宁夏回族自治区文化厅、文管会编《文物普查资料汇编》第30、31页（1986年）。

[32] 庄电一《贺兰山废弃石窟中发现大量珍贵西夏文献》，光明日报2005年10月10日。

[33] 汤晓芳等编《西夏艺术》第29—31页，宁夏人民出版社2003年版。

[34] 唐晓军、杨益民《陇中黄河流域的几处石窟》，《陇右文博》1997年第1期。

九　西夏文书

　　20 世纪以来，丰富的出土文书，不仅为探索西夏历史提供了前所未有的资料，也为我们研究西夏的刻书印刷事业提供了不少信息。西夏政府设有"秘书监"，其职能和中原王朝的秘书监相类，主管国家经籍之事，兼领著书修史；设有近似翰林院的"番汉学院"，有学士参与书籍编纂工作；设有"纸工院"、"刻字司"，分别委派数名"头监"，统管西夏的造纸、印刷事业[1]。繁荣的宋朝印刷业，影响并促进了西夏印刷业的发展。西夏创制文字、修订法律、重儒兴佛，刊印了各种典籍和大量佛经；用汉文印，更用西夏文印，也用藏文印；用雕版印刷，还用了当时最先进的活字印刷。与西夏同时的辽、金，地处中原，印刷业也较发达，但迄今未见有契丹文、女真文刻本，更未见其活字印本。西夏刻书印刷事业的发展与繁荣，促进了西夏社会经济和文化艺术的发展。

（一）西夏文书的发现

　　清末以来，中国国力衰微，致使列强入侵。西方探险家纷纷来到中国西部地区探险，使包括西夏文书在内的大量珍贵文物流失海外，并被逐步披露和研究。建国后，随着文物考古事业的发展，包括西夏文书在内的西夏文物又有很多重要发现，进一步丰富了实物资料。

1. 黑城文书的发现

1908—1909 年，俄国旅行家柯兹洛夫率领的俄国皇家地理学会探险队，先后两次在黑城进行了挖宝式的发掘。他们在城外西北被称为"图书馆"的、"赫赫有名"的墓塔内发现了大量西夏文书，并将其运到俄国。据统计，在俄藏黑城文书中，90% 左右为西夏文的，汉文的不足 10%，其他民族的文字资料也有一些，总计有千数卷，在十五万页之上。经过俄国几代学者半个世纪（1909—1959 年）的整理，仅登录的西夏文文书就有八千零九十件（号），其中已考定的近三千件，内有世俗性的著作约六十种，佛经约三百七十种[2]。汉文文书四百八十八件，其中有西夏刻本二十二种，还有宋、金、元刻本[3]。此外，还有卷轴画等二百余幅，少量藏文、回鹘文、波斯文等文字的文书，以及六块西夏文雕版[4]。内容包括辞书、字书、法典、兵书、类书、文学作品夏译汉文典籍以及图表历书、医书咒文等，而以佛经最多。这些文书中有写本，但以刊本为多，还有珍贵的活字印本。它是继殷墟甲骨、敦煌遗书之后的又一次重大考古发现。这项空前的内涵极其丰富的考古发现，为西夏研究开辟了新纪元，也为西夏印刷、纸张和书法艺术的研究提供了丰富的实物资料。

柯兹洛夫的发现，轰动了世界学坛。受其影响，1914 年、1923 年和 1927 年，英人斯坦因、美人华尔纳、瑞典人斯文赫定等先后到这里考察、发掘。其中斯坦因所获较多，有印本也有写本，有西夏的也有元代的，或可补俄藏之缺，但多为残页[5]。

70 年代以来，中国文物考古部门、学术团体和影视部门，先后到这座古城进行考古发掘、考察研究和拍摄影像资料等活动，又有不少新的发现。1976 年，甘肃省博物馆在黑城东约 20 公里的老高苏木西夏遗址，发现西夏文辞书《音同》残页共二十三个碎片[6]。1983 年和 1984 年，内蒙古文物考古研究所清理出各种文书近三千份。"文字多为汉文，也有一部分为西夏文，畏兀体蒙古文，还有少量藏文、八思巴字以及其他文字写印的文书"。其中有西夏印本，但多为元代遗物[7]。1991 年中央电视台大型纪录片《望长城》摄制组，在沿长城拍摄时，深入沙漠，在黑城东约 20 公里的绿城西夏遗址，发现西夏文《金刚经》等刻本五种及零散写经刻经残页[8]。

2. 其他地方文书的发现

除黑城外，西夏文书在西夏故地的其他地方也多有发现。1917 年，宁夏灵武知事余鼎铭，在城内火神庙废墙中发现西夏文佛经两大箱[9]。其中部分流散到社会上，还有的流失海外。北平图书馆购入百余册，经考皆属"宋元旧椠，蔚然成为大观"，被称为文坛"盛事"[10]。经进一步整理考证，计有十七种，多为元代刊本。

1952 年，在武威天梯山石窟发现西夏文《佛母大孔雀明王经》等佛经十多种的残页，为甘肃省博物馆收藏[11]。1959 年，敦煌文物研究所在敦煌的一座小型塔墓中发现了十分重要的西夏文图解本《妙法莲花经观世音菩萨普门品》（简称《观音经》）等两种，印刷清晰，首尾完好[12]。1972 年，甘肃省博物馆在武威张义乡发现一批西夏文、汉文、藏文文书，其中有西夏文《杂字》和佛经《佛说观弥勒菩萨上生兜率天经》刻本残页，还有罕见的竹笔两只[13]。1987 年，甘肃武威市博物馆在该市新华乡亥母洞西夏窖藏，发现了十分重要的泥活字版西夏文《维摩诘所说经》下卷等一批西夏文物、文书[14]。

20 世纪 90 年代以来，在今宁夏银川附近也发现重要文书。1987—1988 年，宁夏文物管理委员会在维修青铜峡市一〇八塔时，发现西夏文刻本佛经残页[15]。1990 年，在维修贺兰县宏佛塔时，发现了大量西夏文雕版残块，十分重要[16]。1991 年，宁夏文物考古研究所在清理贺兰县拜寺沟西夏方塔废墟时，发现了西夏文和汉文佛经、文书等四十余种及雕版佛画、捺印佛像等[17]，其中西夏文佛经《吉祥遍至口和本续》九册，经研究，是十分重要的西夏木活字印本，并经文化部于 1996 年 11 月组织专家在北京鉴定确认[18]。2005 年，在银川市西部贺兰山山嘴沟石窟中，也发现了数百件西夏文书[19]。

西夏文文书，除出土品外，还有不少传世品。这些传世品在国家图书馆、国家博物馆、北京大学图书馆、故宫博物院、西安市文物局、陕西省图书馆、宁夏博物馆、定西县文化馆等单位均有收藏；兰州张思温先生、景泰县某私人手中也有收藏。在国外，瑞典、法国、德国、印度、日本等国的有关学术团体，也藏有数量不等的西夏文佛经。这些收藏品多为佛经，其中有西夏的，也有元代的；有写本，也有印本。上述这些藏品，有的或许就是出土后流失的西夏文书。

宋、辽、金占有的中原地区，文化浸盛，形成的文献难以计数，但存世的宋朝古籍不过千部。辽有应县木塔和丰润县天宫寺塔所出《辽藏》，还有《蒙求》及传世《龙龛手镜》四卷[20]；金有《赵城藏》及平水刻《南丰曾子固先生集》、《黄帝内经素问》等数种。辽、金文献都十分重要，但品种、数量皆有限，而契丹文、女真文印本迄今未见。上述西夏古籍，有数百种数千卷（册）之多，弥足珍贵，大大丰富了中国古籍的宝库。

（二）出土重要文书简介

出土西夏文书种类繁多，难以尽说。20 世纪 80 年代以来，这些著作大都有汉译本问世，并无不将影印原件作为重要内容之一。这些呕心沥血的研究成果，使天书般的西夏文文献，变为人人可以利用的宝贵资料，从而促进了西夏学的繁荣和发展。

这里以黑城出土者为主，辅以它地出土者，择其重要者简介如下。先述西夏文文书，次述汉文文书。

1. 语言文字类

西夏王朝为了发展本民族文化，规范和扩大西夏文字的使用，便效法中原王朝编纂出版了多种类型的字书、辞书和韵书。主要有《文海》、《音同》、《音同文海宝韵合编》、《音同文海杂抄》、《五音切韵》、《义同》和通俗读物《番汉合时掌中珠》、《三才杂字》等，说明西夏的语言文字学十分发达。20 世纪 70 年代以来，又有同类的著作零星出土。这些辞书字书，是西夏文书中最具特色的一部分。它为西夏语言文字和社会历史研究，提供了极其珍贵的实物资料。

（1）《文海宝韵》，正名《大白上国文海宝韵》[21]，简称《文海》，是西夏文字的形、音、义字典。西夏学者罗瑞智忠等编纂，成书于惠宗天赐礼盛国庆四年（公元 1072 年），刊印于崇宗正德二年（公元 1128 年）。它将汉文《广韵》和《说文解字》的特点熔铸一炉，体例新颖，前所未有。1983年，史金波、白滨、黄振华合著的《文海研究》出版，对《文海》作了系统的、全面的研究。它集《文海》校勘本、汉译本和影印本为一体，是我国第一部有关《文海》的专著，也是第一部黑城文书研究的专著。这在20世纪80年代初，是难能可贵的，对西夏学的发展起了积极的推动作用。

（2）《音同》，又译作《同音》，是以声母分类的西夏文同音字典。成书于西夏早期，为西夏切韵博士令㖂犬长、罗瑞灵长编撰，后经多次整理校勘，为刻字司刊印。今见最早为崇宗正德六年（公元1132年）义长的整理本，还有西夏著名学者梁德养的修订本，是研究西夏语言体系，构拟古西夏文字音的重要资料。《同音》一再修改、校勘、重印，今见"至少有五种版本"[22]，说明此书的社会需求量较大。在某版"序"中称，这本书是"依音立字，语及句成，乃世间大宝"，为"传行世间，劝民使学"的重要字典。1986年，李范文《同音研究》出版，对该书语音系统作了研究，并给每个字注音、释义；同时，给五千七百九十七个字用四角号码编码，颇便于检索查找，起到了字典的作用。

（3）《同义》，又译作《义同》、《义同一类》。仁宗乾祐十九年（公元1188年）和尚梁勤宝撰，御史承旨番大学士梁德养校定，是一本大型同义字典，也是类似汉文《尔雅》的重要典籍。全书总三十篇。每篇集同义字、近义字、相关字为组，每组七言，间有八言，保存了五千五百九十八个完整的西夏字。从内容上讲，所收文字有佛神鬼怪、皇帝后妃、城郭宫室、天文地理、鸟兽虫鱼、树木花草、宗族姓氏、婚姻家庭、财务百工、社会杂项等近六千个词语，可以说是包罗万象，对研究西夏政治、经济、文化、教育、天文地理、风俗习惯、衣食住行等等，都有重要意义。2005年，出版了以研究《同义》为内容的《西夏研究》第1辑[23]。该书颇便检索，具有字典功能，为读者使用和进一步研究提供了条件。

（4）《番汉合时掌中珠》一册，简称《掌中珠》。全书三十七页，蝴蝶装，版框高23、宽15.5厘米。西夏学者骨勒茂才编著，成书于仁宗乾祐二十一年（公元1190年）。这是一本在西夏时期广为流传的番汉文字对照的词语汇集，也是汉人学习西夏文，西夏人学习汉文的启蒙读物。骨勒茂才在"序"中写道，番汉文字"论末则殊，考本则同"；通过学习，使"今时人者，番汉语言，可以具备"，以利互相沟通，可起到和番汉之众的作用。

《掌中珠》是黑城文书中最引人注目、也是最早传入中国的一种。1913年，也即出土四年之后，罗振玉从俄罗斯学者伊凤阁处借得九页，付诸影印，开始在学术界流传。1924年，罗福成将全书抄写，由贻安堂经籍铺石印，以《绝域方言集》第一种刊行于世；1982年，美国学者陆宽田，根据在俄所得全部书影，在美国印第安纳大学刊布。1989年，黄振华等人在宁夏出版陆本的整理本《番汉合时掌中珠》，并影印原文，编了索引，才使人们得以目睹这部被湮没了八百年的书的全貌，也为进一步深入研究提供了忠实的资料。

《掌中珠》一书的内容极为丰富，以天、地、人三才分类，每类三品，总合九篇；前八篇为有关天文地理、八山四海、时令气象、动物植物、柴米油盐、衣食住行等的各种事物的词汇；最后一篇则收录一个人从出生直至去世的有关语句，多以四字一读，浑然成趣。如"阴阳和合，得成人身，学习文业，仁义忠信……孝顺父母，六亲和合，……学习圣典，立身行道，……男女长大，遣将媒人，诸处为婚，……八万四千，演说法门，菩提涅槃，六趣轮回"等。《掌中珠》所展现的不单单是一些词语，而是活生生的西夏社会。

《掌中珠》在编排上颇具特色，每一词汇并列四项，中间二项为相对应的番字和汉字，左右两项分别为中间番字和汉字的译音字。在黑城发现的众多西夏文文献中，这是唯一有汉字标音释义的辞书。学术界由此始知千余字的意义和读音，也是解读西夏语音和宋代西北方音的极为珍贵的文献，被称为"一把打开西夏学研究大门的钥匙"。它还是"中国最早的双语双解四项辞典，……在中国辞书编辑、出版史上具有重要地位"[24]。

（5）《三才杂字》，简称《杂字》。这是一本分类识字的启蒙读物。有多种刻本和写本，成书于仁宗乾祐年间，是一种流行较广的书。该书按传统的"三才"观点，用当时社会上常用词语编辑而成，总共一千多个词语，内容涉及天文地理、飞禽走兽、蔬菜花果、生活器皿等，甚至番汉姓氏、亲属称谓的名称都有。该书"序言"强调此书是为村夫乡人所写："彼村邑乡人，春时种田，夏时力锄，秋时收割，冬时行驿，四季皆不闲，又岂暇学多文深义！愚怜悯此等，略为要方，乃作杂字三章。"为了便于记读，以两字一组的格式编排，四字的词也要从中间断开[25]。

2. 法典、兵书类

中国封建法律陈陈相因，代代相袭。作为一个封建王朝，西夏也很重视法律文书的制定和应用。俄藏文献中的《天盛改旧新定律令》和《贞观玉镜将》，就是非常重要的两部西夏法典。此后，还有《天盛律令》的修订本问世，如编纂于神宗光定年间（公元1211—1222年）的《新法》和颁行于光定五年（公元1215年）的《亥年新法》。另外，还有列出西夏皇帝至七品官称号和封号的《官阶封号表》以及仿中原历书编制的西夏历书残页等。

在西夏文文书中，还有部分法律文件，如惠宗《瓜州审判档案》，仁宗天盛二十二年《卖地文契》，神宗光定十三年《谷物贷借契约》及献宗乾定二年《黑水城守将告近禀帖》等。这些文书和契约，有的来自俄藏文献，有的是 20 世纪 70 年代以来的新发现，是研究西夏社会经济和民间习俗极为珍贵的资料，也一并介绍。

（1）《天盛改旧新定律令》（简称《天盛律令》），总二十卷，卷下分门，每门又分若干条，共一百五十门，一千四百六十三条，总计约二十余万字。西夏深受汉文化影响，早已编定了较为完备的法律法规，而《天盛律令》是在《唐律》、《宋刑统》等唐宋法典的基础上，结合本民族的特点制定的更为完善、更为系统的法典。《天盛律令》颁行于仁宗天盛初年。《宋史·夏国传》载，天盛二年，西夏"增修律成，赐名《鼎新》"。"改旧新定"是用现代汉语翻译过来的，如用古汉语译成"革故鼎新"，则更为贴切。有的学者就译为《天盛鼎新律》或《天盛革故鼎新律》[26]。

《天盛律令》是我国现存最早的少数民族王朝编纂并实施了的法典，更是我国第一部用少数民族文字印行的法典。它没有注释与案例，全部是律令条文，包括刑法、诉讼法、行政法、民法、军事法等，内容十分丰富，多方位地反映了西夏社会生活的各个层面，给西夏研究提供了大量鲜活的资料，对研究中国法制史也具有重要意义。1987—1989 年，俄罗斯著名西夏学家克恰诺夫的俄译本《天盛律令》四卷本，由前苏联科学出版社出版，并刊布原文照片，使世人首次目睹了《天盛律令》的全貌。十年后的 1998 年，上海古籍出版社出版《俄藏黑水城文献》第八、九两册，发表了更为清晰的全部影印件（不附译文）。在此前后，史金波、黄振华、聂鸿音、白滨等对这部重要的法典进行了汉译和注释，并于 2000 年由法律出版社出版，使其成为学者皆可利用的珍贵资料，大大促进了我国西夏学和法制史的发展。若干年来，专门研究《天盛律令》的论著不断问世[27]，而其他有关研究西夏的论著，无不充分利用了这部法典所提供的无比丰富的资料。

（2）《贞观玉镜将》，有人译作《贞观玉镜统》、《贞观玉镜鉴》。"贞观"为年号，"玉镜"有"明镜"之意，比喻政治清明，"将"意为"将兵法"，书名可理解为"贞观圣明的将兵法"。编纂于西夏崇宗贞观年间（公元 1101—1114 年），由刻字司刊印。全书分"政令"、"赏功"、"罚罪"和"进胜"四篇，前有序言。其内容非常丰富，涉及西夏的军事思想、统兵体制、赏罚办法等，是研究西夏兵制、军法的珍贵文献，也是我国用少数民族文字刊行的第一部军事法典，在我国军史研究、兵书研究中占有十分重要的地位。

《贞观玉镜将》残本，总七十三面，残存条目一百三十三个，正文六十三条。1990 年德国慕尼黑巴伐利亚科学院出版该书，并附全部西夏文原件照片。1995 年，陈炳应《贞观玉镜将研究》出版，对西夏兵制及相关问题作了深入研究，并附影印件及汉文译文和注释。在西夏兵法中，有很多与宋制不同的内容。如军人构成，除战斗人员"正军"外，还有称为"负赡"的随军杂役，他们的任务是为正军运送粮食、饲料等。因为是部落兵，老幼皆要随军而行，显示了少数民族军队构成的特点。此外，在西夏的军队中，还有"私人"（军职人

员的亲友子弟和民间自由人)、"役人"(贵族或官员的仆役)、
"虞人"(可能是官员雇用的侍从人员)和服刑的"刑徒"、
"苦役"等人,也需参加战斗,有功可晋升为军卒,得到赏
赐,罪人可减轻刑法。

(3) 天盛二十二年《卖地文契》,俄藏黑城西夏文文书之
一。草书西夏文,地契正文十一行,立约人和中人的署名、花
押八行,总十九行。行款格式与汉文契约相类。内容为天盛二
十二年(公元1170年),寡妇耶和氏宝引等,有闲置土地二
十二亩,在地界内有"茅舍三间,树两株,情愿让与耶和女
人,圆满议定地价为全齿骆驼二,双峰骆驼一,代步骆驼一,
共四匹"。"若我等反悔,当依法领罪,有不服者告官罚麦三
十斛,决不食言"。此外,还写明闲置地四界所属人氏。立约
人除耶和氏宝引外,还有二子附署;中人有四人署名画押。黄
振华先生翻译并著文研究这一文书,文后附恭楷抄件,认为
"这是迄今所见反映西夏土地关系唯一文书。契文表明牧地私
有,可以自由转让,官府保护土地买卖者不受干涉,违法者
罚。由此可见西夏实行土地私有,这是汉文史籍缺乏详细记载
的"[28]。

(4) 乾定二年《典糜契约》。1989年,武威亥母洞窖藏
发现的西夏文书之一。契约文字十一行,其中后四行为立约
人、亲邻族人(二人)、知见人画押。经译释,其内容为,乾
定申年(公元1224年)二月十五日,立契约人没水何狗狗,
向瓦国师处典糜一斛,到九月一日还本利一斛八斗。若还不来
时,要罚七十贯钱作为奉献。乾定年间,已经是西夏朝不保
夕,即将灭亡的年代。寺院法师直接放高利,反映了西夏底层
人民的苦难生活。另外,现在已知西夏有十三位国师,而无瓦

国师，这为西夏佛教和国师研究，提供了新的资料[29]。

（5）乾定二年《黑水城守将告近禀帖》，俄藏黑城西夏文文书之一。1971年，克恰诺夫《黑水所出1224年的西夏文书》（英文），发表在《匈牙利东方学报》第24卷第2期上，并刊布了原件。1978年，黄振华先生在《评苏联近三十年的西夏学研究》一文中[30]，指出克译诸多错误，并根据已刊布原件进行了汉译。

该《禀帖》是守将仁勇，于乾定二年（公元1224年）向上级请求调动工作的报告。黑水守城管勾、持银牌、赐都平宫走马婆年仁勇，原籍鸣沙乡里人氏（今宁夏中宁鸣沙乡），因离家多年，七十七岁老母病重，请求"遣往老母近处司（院）任大小职事，当尽心供职"。文中还称原籍司院"不准调运鸣沙窖粮，远边之人，贫而无靠，唯恃食禄各一缅，……所不足当得之粮无着，今食粮将断……"此类请调报告的《禀帖》是西夏文献中仅有的一件。《禀帖》保存完整，写得文从字顺，内容比较丰富。根据这一《禀帖》，确定了如今的黑城遗址，就是西夏十二监军司之一的"黑水镇燕军司"所在地；同时说明作为西夏军事重镇的黑水城，它所需要的粮食是从今宁夏调运去的；西夏末期，这里的生活是非常艰苦的。另外，婆年仁勇的官称"守城管勾"、"都平宫走马"，是西夏官制中尚未见过的资料，值得研究。

3. 史书、类书类

西夏重视对历史资料的收集和编撰。史载，毅宗谅祚曾从宋朝获得《九经》；仁宗仁孝命焦景颜等编修《实录》，西夏晚期罗世昌编撰《西夏世次》二十卷，但都未能流传到后世。黑城文献中发现"西夏史"写本残卷，"始记三皇五帝，中夹有多朝代的杂史，特别是最后有西夏太祖继迁、太宗德明、景宗元昊、毅宗谅祚的简明生平事迹，是西夏人记录的第一手材料，具有很大的可信度"，是十分重要的历史文献。因残卷文字"是草书，释读有一定困难"[31]。

西夏类书，仅见《圣立义海》一种，是黑城出土西夏文书之一。全书五集，十五卷，分为一百四十二类，约六万言。"圣立"有"钦定"之意，刻本，蝴蝶装，有多种版本。其中一本为乾祐十三年（公元1182年）"刻字司重新刻印"，今存第一、三、四、十三、十四、十五共六卷，其中前三卷为残页，后三卷较为完整。《圣立义海》是以天、地、人三才为纲，以儒家伦理道德观为主导思想，结合天、地自然现象和夏国风土人情修撰的一部百科式全书。文体采用格言形式，多为四言，通俗易懂，富有韵味，内容丰富。从保存完整的一百四十二类名称，可知其大致情况。如保存较完好的第十三卷类目为立人、圣人、仁人、智人、君子、众人、清人、军人、愚人、仆人；第十四卷类目为父母育爱子、童子孝顺、孝顺吉祥、兄弟、叔侄、外公、姊妹、姑母、媳礼、婿礼；第十五卷类目为婚姻、美男、丑男内秀、男媳、智媳、恶媳、丑妇内秀、美媳、乳母、表兄弟、表姊妹、奴女、亲朋、贫富。克恰诺夫、李范文、罗矛昆《圣立义海研究》一书，对全书作了汉译和研究，并附全文影印件。认为该书"对研究西夏天文地理、伦理道德、历史文化、语言文字等方面都具有重要参考价值"[32]。

4. 文学作品类

西夏文诗歌、谚语，是西夏文学作品中的精品。它们无论从形式到内容都显示出与汉文诗歌迥然不同的特色。忠实的汉译本是研究西夏诗歌、谚语等文学的基础。20 世纪 80 年代以来，陈炳应、聂鸿音二位先生在这方面做了较多的努力和贡献。聂鸿音先生说："在西夏地区广为流行的格言是西夏诗歌的直接源头，单从形式上看，一首西夏诗歌实际上等于是用若干首格言连续排列而成的，……我们甚至可以说格言是党项本民族一切文学形式的始祖。"[33] 因此，西夏诗歌、谚语的内容，既有史诗性质，又反映了本民族的社会历史与风俗民情，是研究西夏文化形态的第一手资料。其中重要者有《新集锦合道理》、《宫廷诗集》、《新集碎金掌文》、《贤智集》等。

（1）《新集锦成对谚语》，又译作《新集锦合辞》。仁宗乾祐七年（公元 1176 年）御史承旨番大学士梁养德初编，乾祐十八年（公元 1187 年）切韵博士王仁持增补刊印。每条谚语成对组合，最少的六字，如"勇连连，美姻连"，"贼要招，赌要输"；最多的三十六字，如"已高贵者、豹皮安袋虎皮簏、府上摆设真华丽，已贫贱者、牛皮□袋牛皮囊、路上所带白灰皮"，多为十二字和十四字者。总计三百六十四条，每条由两行诗文组成。《谚语》中反映的内容十分丰富，有天文、地理、狩猎、畜牧、农业、手工业以及民族传说、宗教信仰、习俗风尚等等，是了解和认识党项民族文化、人文面貌，研究西夏的语言文字和文学艺术最鲜活的资料。有些谚语风趣而富于哲理，如"多风、大山不动是山高，众水、大海不盈是海深"，"山中积雪者高，人中有德者尊"，"十羊中有肥，两家中有智"。陈炳应《西夏谚语——新集锦成对谚语》一书[34]，对全部谚语进行了汉译和研究，并附全文影印件。

（2）《宫廷诗集》，内容包括《夏圣根赞歌》、《新修太学歌》、《造字师歌》、《比邻国夏德高歌》、《净德臣赞歌》、《天下同乐歌》六首。诗歌多为歌功颂德、粉饰太平的诗句，但却是透视西夏诗歌最重要的窗口。有些诗有很高的文学、史学价值，如《夏圣根赞歌》以诗歌的形式记述党项族祖先的活动，对研究拓拔氏族源和党项族习俗，有重要参考价值。《比邻国夏德高歌》，内容是赵宋王朝、契丹开始都很强大，后来远离布衣粗食，沉溺于酒食女人，有功不赏，喜听谗言，以致走上衰败灭亡之路。此诗可能写于北宋、契丹灭亡之后，以此讽谏皇帝要修德行善，政治清明。诗句有六言、七言、八言、九言、十一言不等，多为上下句对仗的格式，长于比喻，将义理蕴涵于叙事之中。

（3）《新集碎金掌文》，是童蒙读物。类似汉文《千字文》，成书于 12 世纪初。内容包罗万象，其中列出一百二十个汉姓，用隐含双关语义的字组成句子，有姓氏本身的意义，也有隐含的双关语意。如"金严陶萧甄，胡白邵封崔"，隐含"金银大小珍，琥珀少翡翠"；"曹陆倪苏姚，浑酒和殷陈"，隐含"秋露宜酥油，浑酒和茵陈"[35]，真是匠心独运，颇具意趣。

5. 夏译汉籍类

（1）《论语全解》十卷。东汉郑玄集成，共二十篇，后世有多种注释本。西夏文本译自宋陈道祥《论语全解》，西夏人自注，为刻字司刻本。俄藏本残存四十七页，属《公冶长第五》《先进第十一》《卫灵分第十五》《子张第十九》《尧曰第二十》等篇，有的不全，为残篇。《论语全解》的正文，在品名、品数、内容、顺序等方面与汉文本相同，是汉文的忠实译本，但在分章用词方面略有不同。

（2）《孟子》十四卷。原有十一篇，后存七篇。后人有多种注本。西夏文本有的有注释，有的无注释；有的与汉文本某注相同，有的又有所不同。从这个意义上说，"西夏文《孟子》是《孟子》的新版本"，"从中可以了解西夏的思想观念，有益于研究西夏的社会状况"[36]。

（3）《孝经传》，仁宗年间译本写稿，有朱笔校改字样。为宋代绍圣二年（公元1095年）学者吕惠卿《孝经传》的译本。吕注原本已佚，唯此西夏译本仅存，颇为珍贵。其内容有《序言》、《开宗明义章一品》、《天子章二品》、《诸王章三品》、《卿大夫章四一品》、《士人章五品》、《卒人章六品》、《三才章七品》、《孝治章八品》、《圣治章九品》、《纪孝行章十品》、《五行章十一品》、《广要道章十二品》、《广至德章十三品》、《广扬名章十四品》、《谏诤章十五品》、《感应章十六品》、《事君章十七品》、《易亲章十八品》。从《序言》中可知，吕注《孝经传》是为了给新主宋哲宗看的，目的是劝说哲宗继续变法。吕未因变法受到打击而消沉下去，而以说《孝经》这种方法希望变法能继续下去，是值得称道的。

（4）《孙子兵法三注》，三卷，附于《史记·孙子传》。全书共十三篇。所谓三注，是指宋代流传、今已失传的魏曹操、唐李筌和杜牧的三人注本。存《军争篇》第七、《九变篇》第八、《行军篇》第九、《地形篇》第十、《九地篇》第十一、《用间篇》第十三与《孙子》本传。孙子的著作为历代军事家所推崇，对我国军事学的发展起了很大的作用，在国外也有多种译本，在世界上产生了很大的影响。1992年黄振华所著《西夏文孙子兵法三家注管窥》和1994年台湾西夏学者林英津所著《夏译孙子兵法研究》，都对这一译本作了较为深入的研究[37]。夏文本"不仅可用以校勘现今传世的通行本子孙子，而且还可用以校勘三家注文"。西夏文译本的重要价值，在于保存了宋代已经失传的三家注本。

（5）《类林》，十卷，刻本，蝴蝶装，刊于仁宗乾祐十二年（公元1181年）。《类林》属私家类书，唐代于立政编纂，全书收录五百多条古人故事，是将古书中古人的故事"重新编写后再转述出来"，编纂成书。汉文原本在金代已经失传，直至1900年，在敦煌石室中发现写本残页，才为人所知。俄罗斯和日本学者对《类林》的研究做出了重要贡献。史金波、黄振华、聂鸿音《类林研究》一书，刊布全部影印件，并收集有关资料，对原本《类林》作了复原[38]。

（6）《德行集》，番大学教授曹道乐译，印于桓宗纯祐天庆年间（公元1194—1205年），是俄藏木活字印本。木活字印本内容有"学习师奉章、身修章、亲事章、帝为难章、谏听章、人知章、人用章，政立章"等，是从汉文古籍中捡选的"德行可观"的故事，让新君桓宗纯祐从中悟出古今治乱的本原和修身治国的道理。聂鸿音《西夏文德行集研究》，是对《德行集》研究成果的展示，并将活字本原件刊布。

6. 佛经类

在黑城文书中，数量最多的是西夏文佛经，约有四百多种，数千卷之多。西夏崇尚佛教，多次向宋朝赎买大藏经，并组织翻译，广为印制并施散于僧众。这些佛教文书有的译自汉文大藏经，如《大方广佛华严经》、《大宝积经》、《大般若波罗蜜多经》等；有的译自藏文，如《种咒王阴大孔雀经》、《大密咒受持经》等；还有西夏人自己编撰的经论，如《金刚王亥母随处施食奉顺要论》、《中有身要论》等。佛经中的序、跋、题款、发愿文等，对了解西夏佛教的流传，了解译经、写经、印经、施经的情况，以及了解西夏佛教制度有重要的史料价值。而译自藏文的佛经，对研究 12 世纪和 13 世纪的藏传佛教以及西夏佛教和藏传佛教的关系都有重要意义。

7. 重要汉文文书

汉文西夏文献，是研究西夏的基本文献。元修宋辽金三史中的西夏纪传，虽说篇幅有限，内容简略，却构建起了西夏历史的基本框架。如果没有这三篇纪传，对西夏的研究是不可以想象的，所有的考古发现，也只可能起到对西夏文献的补充作用。尽管如此，19 世纪以来的西夏考古发现，使今天我们对西夏社会历史的了解和认识超过任何时候。

如前所述，黑城出土的汉文文书计有四百八十八件，其中主要是佛教文书，经、律、论皆有，大部是当时最流行的佛经，如《金刚般若波罗蜜经》、《大方广佛华严经》、《妙法莲花经》等。世俗文献有历史著作、文学作品、医书、历书、占卜书等，但多残损严重，唯有一本汉文写本《杂字》，较为完整，有较高的学术价值。部分宋、金文书，也很重要。此外，现藏英国、亦为黑城出土的《天庆十一年典当残契》，是研究西夏社会经济的重要资料。

（1）《杂字》，是我国古籍中的一种，或释字义，或注字音，自古归入经学中的小学一类。如魏张揖撰《杂字》、周成撰《杂字》，原本早已失传，清代虽有人将散见条目汇集，至多不过二十余条，离全豹相差甚远。西夏对《杂字》编撰也很感兴趣，今存四十多种世俗文书中，就有三种《杂字》，其中两种是西夏文的，即《杂字》、《三才杂字》，已如前述。但与中原《杂字》不同，西夏编撰的《杂字》不是解释字义和字音，而是把社会上的常用词语分类编辑成书。

汉文写本《杂字》，也是以事物分类的词语集。现存二十部，每部有标题，占一行，标明类别和序数。第一为汉姓，以下依次为番姓名第二，衣物部第三，斛斗部第四，果子部第五，农田部第六，诸匠部第七，身体部第八，音乐部第九，药物部第十，器用物部第十一，居舍部第十二，论语部第十三，禽兽部第十四，礼乐部第十五，颜色部第十六，官位部第十七，司分部第十八，地分部第十九，亲戚长幼第二十。该书的撰者不明，《杂字》中的词语，多与中原无异，但党项族的姓氏、西夏特有的官职和地名，无疑说明它是西夏人士所撰，其内容反映了西夏社会生活的面貌。文中官位、司分、地分诸部的名称，多出自西夏后期，据此来看，"初步确定此书编于西夏后期"[39]。史金波撰文对此书进行了研究，文后附有《杂字》原文。

（2）天庆十一年《典当残契》十五件，均已残损难读，写于天庆十一年（公元 1204 年）五月，每件契按日相连，"可能是典当商人裴松的典当契约底账"。1914 年英人斯坦因在黑城所获，现藏英国。1953 年公布于世，发表在法国人马伯乐所撰《斯坦因在中亚细亚第三次探险的中国古文书考释》一书中，并附有残契原件图片，1961 年，编入中华书局出版的《敦煌资料》第一辑。1980 年，陈国灿先生对残契进行了部分复原和考释。在十五件残契中，只有第一件保存较好，提供了较多线索。《契约》的内容，主要是党项人兀女浪栗，用"袄子裘一领"作抵押，典到要"加三利"的"大麦五斗"，"加四利"的"小麦五斗"，以三月为限，到时要还本利"共大麦一石三斗五升"。这就是说，"借小麦还大麦的利率是 40%，借大麦还大麦的利率是 30%。这是一个相当高的利率"。从全部契约看，被抵押的物品还有袄子裘、马毯、皮裘、苦皮、白帐毡等，说明求典当者都是些贫苦畜牧业劳动者[40]。陈先生大体核算出了这些物品的当粮估价是袄子一领当大、小麦各五斗，新皮裘一领当大麦三斗、小麦七斗，马毯一条当小麦五斗，白帐毡一条当大麦五斗，苦皮一张当大麦二斗等。这是所见仅有的一综典当契约，对研究西夏社会习俗和经济有重要价值。

（3）重要的宋金文书。在黑城出土的西夏汉文文献中，除西夏刊本外，还有部分从宋朝、金朝传入西夏的书籍。其中，宋版书比较重要的佛经有《金刚般若波罗蜜经》、《佛说竺兰陀心文经》、《大方广佛华严经》等；道藏有《太上洞玄灵宝天尊说救苦经》；世俗文献有《广韵》、《平水韵》、《吕观文进庄子义》等。其中《吕观文进庄子义》是王安石、吕惠卿的作品。这些刊本印刷水平很高，客观上对西夏印刷业的发展起了引导借鉴作用。

金代的刊本主要有《普贤行愿品》，被认为是"西夏刻印书籍的样本"。还有《庄子》（即《南华真经》）、《刘智远诸宫调》、《文酒清话》，都是中国古代重要的文学作品。另外还有《宋真人千金方》、《六壬课秘诀》等。此外还有版画，如《义勇武安王关羽图》，平阳姬家雕刻的《四美图》，其构图之精美，线条之流畅，刊刻之精细等皆堪称一流，多有赞誉，为中国古代木刻版画的极品。

（三） 西夏活字印本的发现与研究

被誉为"文明之母"的印刷术，是我国古代的四大发明之一。我国古代印刷，主要是指隋唐之交出现的雕版印刷和宋元时期的活字印刷。然而令人遗憾的是，在我国浩如烟海的汉文古籍中，迄今未发现宋元时期的活字印本。可喜的是，90年代以来，在对 20 世纪出土的西夏文文献的整理和研究中，相继发现了西夏时期的活字印本。这些活字印本，与其他西夏文献相比，具有更为重要的文物、文献价值，不仅填补了早期版本研究的空白，而且为研究我国早期活字印刷技艺提供了难得的实物资料。

1. 贺兰木活字印本《吉祥遍至口和本续》

西夏文佛经《吉祥遍至口和本续》（简称《本续》），九册，计二百四十多页，约十万多字，是 1991 年在宁夏贺兰县拜寺沟方塔废墟中出土的。白麻纸精印，蝴蝶装；有封皮、扉页，封皮上贴有经名标签；版框纵 30.5、横 19.3 厘米；正文四界子母栏，栏框上下高 20.5、左右宽 31.6 厘米；版口宽 1.2 厘米，无象鼻、鱼尾，上半为经名简称，下半为页码；页码文字汉文、夏文都有，还有夏汉合文；经文每半页十行，每行二十二字。文字工整秀丽，版面疏朗明快，纸质平滑，墨色清新，是古代优秀印本之一（图三三）。

经笔者研究，这本经印于西夏仁宗时期，是译自藏文的藏传佛教密宗经典，还是西夏文佛经中的海内外孤本，有重要的文物、文献价值。它在印刷上很有特点，如版框栏线多不衔接，留有或大或小的缺口；版面设计随意改变，个别页面将版口省去；有的页面还有倒字等。这些现象，都说明其为活字印本。更为重要的是，有的页面字行间有断断续续的线条，它应是字行间楔入的"竹片"没有夹好留下的印痕，从而又证明这部经是木活字印本[41]。

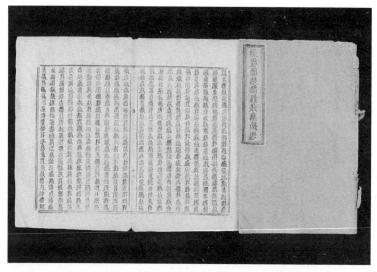

图三三 经文化部鉴定确认的西夏木活字印本《本续》

1993 年，笔者参加在京召开的"第一届中国印刷史学术研讨会"，宣读了《我国最早的木活字印刷品——西夏文佛经〈吉祥遍至口和本续〉》论文提要，受到格外重视。在会后所发表的《让中国印刷史的研究取得更丰硕的成果——记第一届中国印刷史学术研讨会》中称，"这一结论如能得到确认，则意味着发现了世界现存最早的木活字印刷品"。这也意味着宋代就有了木活字。在京学术界人士对这一成果给以很高评价。文化部于 1996 年 11 月，成功地组织了对"西夏木活字研究成果"的鉴定，确认《本续》是"迄今为止世界上发现最早的木活字印本实物，它对研究中国印刷史和古代活字印刷技艺具有重大价值"。为这一成果，1997 年，笔者荣获新闻出版署颁发的印刷行业最高奖"毕昇奖"；1999 年，又荣获文化部文化艺术科学优秀成果二等奖[42]。这一学术成果，也受到中央有关部门的重视，《本续》先后被国家文物局列入第一批禁止出国的文物名单，被国家档案局列入第一批"中国档案文献遗产名录"。

2. 武威泥活字印本《维摩诘所说经》

西夏文佛经《维摩诘所说经》（简称《维经》），1987 年发现于甘肃武威市新华乡西夏亥母洞遗址中。存下集四品，经折装，总五十四面，计六千四百多字。版框纵 28、横 12 厘米，每面七行，每行十七字。首页第二行有西夏仁宗尊号"奉天显道，耀武宣文，神谋睿智，制义去邪，惇睦懿恭"题款，并有其他西夏文物，初步定为仁宗时期印本。经孙寿岭先生潜心研究，认为此经为泥活字印本，并著文在《中国文物报》1994 年 3 月 27 日发表，引起学术界的关注。此经为活字印本当无争议，然而，是木活字还是泥活字，则学界认识很不一致。1998 年 3 月，国家文物局曾组织专家鉴定，但未能"取得一致意见"，提出"尚需进一步研究"，反映了争论的激烈程度。受孙寿岭先生委托，笔者在孙先生研究的基础上，对此作了进一步的探索，认为孙先生提出的经文中诸如因泥字上有气眼而形成的"气眼笔画"字，因泥字变形而形成的"变形笔画"字等，都是泥字在陶化过程中产生的现象，再一次肯定它只能是泥活字，而不会是其他活字[43]。孙先生以坚韧不拔的精神，在煮饭炉上经过反复试验，烧制出三千多个泥活字，并印出《维经》仿本，用更为确凿的事实，进一步证明其为泥活字[44]。

3. 俄藏西夏文献中的活字印本

有关学者在黑城出土文献的整理研究中，比较早的提出西夏活字印本的问题，但对其真正的认识，却有一个较长的过程。最早被认为活字印本的是《维摩诘所说经》，英人格林斯蒂德于 1973 年，在印度出版的九卷本《西夏文大藏经》，将《维经》列入"西夏时代及其后的活字本"中。日本西夏学家西田龙雄教授独具慧眼，认为其中所收《维经》"印制粗劣，字体大小不等，应是活字版，而且很可能是泥活字印刷"，但将其定为"西夏灭亡后所作"。我国西夏学者史金波先生正确地指出，说《维经》"为活字版是正确的"，但说"是西夏灭亡后所作的活字本"，"则是不准确的"[45]。

1981 年，俄罗斯学者捷连提耶夫·卡坦斯基在研究黑城文献时，首先提出西夏文《三代相照言文集》和《德行集》为"活字本"的概念，但未"进行足够深入的发掘"[46]。此后，克恰诺夫教授在《三代相照言文集》的题款中发现有"活字"的题款，"并认为西夏时期有活字印刷"[47]。史金波等先生，在整理俄藏西夏黑城文献中，也认为上述两种是"活字"本，而且还发现《大乘百法明镜集》为活字本[48]。

（1）《维摩诘所说经》，存五卷，经折装。据研究，与武威所出《维经》"版幅相近，行款一致，字体相类，题款相同，具有同样的形制和特点，无疑它们应是同一种活字印本，确信此经为泥活字版印刷"[49]。

（2）《三代相照言文集》，一册（总四十一页），蝴蝶装，首尾俱全，卷末有发愿文。为僧人道慧及其尊友慧照所作，是佛教禅宗著作。版框纵 24、横 15.5 厘米；四界子母栏，栏框高 17、宽 11.5 厘米；每面七行，每行十七字；版心白口，内有西夏文页码。值得注意的是，在发愿文中，有"活字新印者陈集金"题款。俄罗斯西夏学家克恰诺夫教授正是根据这一题款，才认为西夏是有活字印刷的。

在俄藏 5130 号西夏文佛经中，有光定三年的题款，文称："御前疏润印活字都大勾当出家功德司承旨尹智有，御前疏润印活字都大勾当工院正罔忠敬。"聂鸿音先生认为，"疏润"即"润文"，是译经的一个程序；"都大勾当"或可译为"都案头监"，是"监理某项工作的朝廷命官"[50]。这一题记在印刷史研究中十分重要。它比《三代相照言文集》中"活字新印者陈集金"的题记更有价值，说明在西夏政府中，有专设的负责活字印刷的官员。这再一次证明在西夏印刷中，活字印刷是很重要的一个方面。以上两项题款，是我国最早的有关活字印刷的记录，是西夏、也是我国早期活字印刷极其珍贵的文献资料。

（3）《大乘百法明镜集》卷九，经折装。前残，卷尾有经名，是一本佛教著作。版框纵 28.3 厘米，纸幅横长 50.3 厘米，每幅四面，残留十幅，总四十面；上下单栏，栏距 24.7 厘米；每面八行，每行二十三字。

（4）《德行集》，一册，全书二十六页，五十二面，前有序文，首尾俱全。为曹乐道译自汉文，汉文原著佚名，是论述统治者注重德行的世俗著作。蝴蝶装，四周单栏，版框纵 20.5、横 13 厘米；栏框高 17.5、宽 12 厘米；每面七行，每行十四字；版心白口，上有书名简称"行"字，下为页码，有的为汉字，有的为西夏文。从序文和题款得知此书刊印于桓宗天庆年间（公元 1194—1206 年），"印校发起者番大学院学正、学士、节亲文高"，也即是具有学正、学士职衔的西夏皇族嵬名（皇姓）文高发起刊印的。

4. 敦煌新发现的活字印本

20 世纪 90 年代以来，敦煌研究院在莫高窟北区洞窟的清理中，发现了若干西夏文文献。可喜的是在这批西夏文文献中，经史金波先生研究，又发现几种活字印本。多为残片，可辨明经名者有：

（1）《地藏菩萨本愿经》，发现于北区第 59、159、464 等窟中，计残纸八页。经折装，上下子母栏，每面六行，每行十六字。经研究，该经的汉文本为二卷本，而残页中有"中卷"字样，表明其是与汉文本不同的三卷本。在海内外现存的西夏文佛经中没有此经，所以此经为海内外孤本。

（2）《诸密咒要语》，发现于北区 121 窟中，页面有完有残，总十六面。蝴蝶装，四面双栏，版心白口，中有汉文或夏文页码，每面七行，每行十五字。其内容多为密教仪规之类，系藏传佛教密宗经典残本。

另外，1983—1984 年，内蒙古文物考古研究所在黑城考古发掘所获得的西夏文文献中，也有活字印本残页，有木活字的，也有泥活字的。这些活字残页和敦煌的部分残页，因名称不详，这里不一一介绍。兹将上述诸种活字印本，列表如下（表一〇）：

表一〇　西夏活字印本出土情况简表

序号	名称	卷册数	装帧	出土年代	出土地点	成果发表时间
1	吉祥遍至口和本续	9 册	蝴蝶	1991 年	宁夏贺兰	《中国印刷》1994 年第 2 期
2	维摩诘所说经下集	1 卷	经折	1987 年	甘肃武威	《中国文物报》1994 年 3 月 27 日
3	维摩诘所说经	5 卷	经折	1909 年	内蒙古黑城	《北京图书馆馆刊》1997 年第 1 期

序号	名称	卷册数	装帧	出土年代	出土地点	成果发表时间
4	大乘百法明镜集	1 卷	经折	1909 年	内蒙古黑城	《北京图书馆馆刊》1997 年第 1 期
5	三代相照言文集	1 册	蝴蝶	1909 年	内蒙古黑城	《北京图书馆馆刊》1997 年第 1 期
6	德行集	1 册	蝴蝶	1909 年	内蒙古黑城	《北京图书馆馆刊》1997 年第 1 期
7	地藏菩萨本愿经	8 纸	经折	20 世纪 90 年代	甘肃敦煌	《中国活字印刷术的发明和早期传播》（社会科学文献出版社 2000 年版）
8	诸密咒要语	16 面	蝴蝶	20 世纪 90 年代	甘肃敦煌	《中国活字印刷术的发明和早期传播》（社会科学文献出版社 2000 年版）

　　被誉为"文明之母"的印刷术，它的发明影响了整个人类文明的进程，在人类社会发展史上具有划时代的意义。英国著名科学家、哲学家弗兰西斯·培根说："任何帝国、任何教派、任何星辰对人类事物的力量和影响，都仿佛无过于（印刷术、火药、指南针）这些机械性的发现了。"[51]我国活字印刷比西方早四个世纪。毕昇发明泥活字，是在公元 1041—1048 年之间，有趣的是，四百年之后的公元 1440—1448 年之间，德国的约翰·谷登堡发明了铅活字。西方的活字印刷技术是在我国活字印刷技术的影响下发明的。印刷术是中华民族对人类文明进步的杰出贡献，是我国人民的宝贵精神财富。西夏活字印本的发现和研究成果，展示了中国印刷文化的一个侧面，它在弘扬华夏文化，树立民族自信心，振奋民族精神等方

面，正在起着应有的作用。

（四） 西夏版画

西夏版画内容十分丰富，按其处理方式的不同，可分为佛经扉画、插图本佛经、单张佛像和钤印佛像四种形式。

1. 佛经扉画

西夏佛经，有如宋朝佛经一样，大都有经首扉画，如汉文《金刚般若波罗蜜经》、《妙法莲华经》、《大方广佛华严经》、

图三四　西夏文《现在贤劫千佛名经》扉画《译经图》

《转女身经》及西夏文《慈悲道场忏悔法》等，都有相关内容的扉画。其中的《梁皇宝忏图》，线条流畅，构图优美，人物造型生动，是一幅优秀的古代版画。

西夏文《现在贤劫千佛名经》扉画《译经图》，上绘僧俗人物二十五身，西夏文人名榜题十二条，知其为安全国师白智光主持的译经场面。《译经图》中白智光以国师之身份，居画面中心，制约全局；助译者番汉各四人，穿插分坐两侧，有的握笔，有的持卷，似有分工，形态各异；前方体形较大的两人，衣着富丽，形态安详，是皇帝惠宗秉常和皇太后梁氏（图三四）。整个构图场面隆重，主题突出，刻工精细，刀法流畅，形象地展示了西夏译经盛况，内涵极为丰富，在扉画中十分少见，也是研究古代译经活动的形象资料，甚为珍贵。

2. 插图本佛经

插图本佛经是指佛经中有连续插图的佛经，有的上图下文，有的左图右文，有的不规则插入，目的都是为了通俗地解释佛经。在宋代，插图还用在儒家经典、历史、科技等方面的图书上，称为"纂文互注"本，目的都是为了便于使用学习，加深对文字的理解。在西夏文献中，也发现了插图本佛经，这就是被初步认定为崇宗乾顺时期的西夏文《观音经》。

插图本《观音经》是1959年在敦煌发现的。敦煌研究院刘玉权先生对这本经作了深入的研究，并著文发表[52]。该经为经折装，版框高20.5、宽9厘米；版面上下为子母栏，高15.5、宽17.5厘米；全书共二十六页五十一面。首页为大幅水月观音扉画，余页皆为上图下文，图文间横线相隔。经图只占版面的1/4，比较狭小；经文高11.3厘米，每面五行，每行十字，约占版面的3/4，显示了以文为主的惯性。首页是水月观音，安坐在冉冉升起、由海浪承托的大月轮中，舒展自如；左上角善财童子奉宝飞来，左下角一文职官员模样的人手捧珠宝向观音礼拜。构图手法简练，突出主体人物，是难得的优秀版画。全部经图由右向左展开，总计五十四幅；每幅画因内容的不同而长短不一，有的跨面跨页，其间用竖线隔开。除第一图是由卷云、栏柱、莲花组成的题图外，其余五十三图皆为与经文相配的图。据研究，全部画面涉及的神怪（包括动物）和世俗人物约七十种左右。神怪和动物有佛、菩萨、天王、夜叉、罗刹鬼、声闻、独觉、梵王、帝释、自在天、龙、干阅婆、阿修罗、紧那罗、人非人、金刚、毒龙、雷神、雨师、风火神、地狱恶畜、蛇蝎等。世俗人物有商人、强人、白痴、比丘、比丘尼、婆罗门、武士、妇女、童男、童女、刽子手、囚犯、将军、长者、小王、居士、宰官、优婆塞、优婆夷、恶人、怨贼、老人、病人等。此外，还有云气、火焰、山水、船舶、监狱、枷锁、刀剑、戟杖、旗帜、伞盖、行李、珠宝、地毯、佛塔、床榻、莲花、莲花座、鼓形座、靠背椅、碗和树等。如此丰富的内容，简直是一部西夏社会生活的画卷，有极高的欣赏和研究价值。由于画面很小，人物、道具、衬景都比较简单，但却做到了"简而不陋，巧不失真"；有些神怪如夜叉、罗刹等，描绘得也富有想象。版画线条以阳刻为主，辅以阴刻，具有民间坊刻本粗放而质朴的特点。这是中国较早的插图本佛经之一，对研究早期版画具有重要价值。

3. 单幅佛画

单幅雕版佛画，不同于经首扉画，是与佛经脱离而单独存在的。这种佛画唐宋时期就开始流行，西夏时期也大量刻印散施。仁宗乾祐十五年（公元 1184 年），仁孝皇帝做法事，除

"普施臣吏僧民"佛经、串珠外，还有"彩画功德五万一千余帧"；桓宗天庆三年（公元 1196 年），罗太后为仁宗三周年忌，在众多的散施物中，还有"八塔成道像净除业障功德共七万七千二百七十六帧"。这些作为"功德"的"彩画"和"八塔成道像"，都应是单张的佛画。从这些庞大的数字上，可见当时刻印单幅佛画之一斑。

西夏单幅佛画，在俄藏西夏文献中也有，如 TK—289 号，是一幅上图下文宣传文殊菩萨的佛像，该图 19×29 厘米，画面 16.5×26.5 厘米，四界子母栏。上栏中间为坐狮的文殊像，左有牵狮的胡奴，右为供养童子；下栏为十三行说明文字，其中包含《文殊师利童真菩萨五字心真言》和《文殊师利大威德法宝藏心陀罗尼》两部陀罗尼的内容[53]。

1991 年，宁夏贺兰县拜寺沟方塔发现了幢形"顶吉尊胜佛母像"，经复原，图幅高 55、宽 23 厘米，由宝盖、塔身、底座三部分组成，宝盖帷幔和底座上，有梵文六字真言等文字，塔身中心为三面八臂的顶吉尊胜佛母像，环像四周为梵文经咒[54]。这幅画虽为长方形，但其风格与 1944 年成都发现的方形《陀罗尼经咒》中的六臂菩萨像和 1974 年西安发现的方形《大自在陀罗尼神咒经》中的彩绘佛像，有某种内在联系。其共同点是，经像为经咒包围，经像画面大大小于经咒文字面积，且都是佛教密宗画像。

4. 钤印佛像

钤印佛像，古称"佛印"、"印绢纸"，是在小木板上刻好并钤印在纸上的佛像。"佛印"源于印度，在我国始于南北朝，盛于唐代，并已有实物发现，可以说是最早的版画之一。20 世纪初，斯坦因在敦煌和吐鲁番就有发现，一张纸上，钤印佛像少则一个，多则数十、数百个。这类钤印佛像，在内蒙古黑城和宁夏也有发现，就是与上述"顶吉尊胜佛母像"同时出土的"释迦牟尼佛像"。佛像纵长方形，14.5×11.5厘米，佛像居中，画面很小，仅6×4.4厘米；环佛像四周为横排梵文经咒；朱红印在麻纸上，少则一印，多则十印[55]。

（五）西夏雕版

宋代是中国雕版印刷最为繁荣的时期，宋版书之精美也享誉中外。但作为印刷工具的宋代雕版，却如凤毛麟角，十分少见。据有关资料，仅存三件，一件在美国纽约市国立图书馆，是图文兼具的佛经雕版；两件在中国历史博物馆，一为唐代女像，一为三姑置蚕像。这三件雕版，皆为1919年河北巨鹿淹城遗址出土，是印刷史上的重大发现[56]。20世纪初以来，在西夏故土两次发现了西夏文雕版。

1. 黑城雕版

1909年，内蒙古额济纳旗黑城出土，现藏俄罗斯圣彼得堡冬宫（即艾尔米塔什）博物馆，计六件，属"西夏特藏"品。其中佛像雕版二件：X—2021号，为莲座上的站佛，似为汉文《金光明最圣王经》插图；X—2022号，雕版为横长形，是横排的数个小佛。文字版四件，其中蝴蝶装雕版三件，X—2023号，13×8.7厘米；X—2025号，17×11厘米；X—2026号，16.7×11.7厘米，此件为双面雕版；X—2024号只存半版，据判断，全版约为22×15.6厘米。以上雕版，字文清晰，每面五至六行，每行九至十字。另外，还有"未刻完字的甚至完全没有刻而只是用颜料写上字的雕版"[57]。

2. 贺兰雕版

1990 年 7 月，在贺兰县西夏古塔宏佛塔天宫中发现，计西夏文字雕版残块二千余块，有的仅存半个字，全都火烧炭化变黑。有单面版，多为双面版。按文字大小分为三类：大号字版仅七件，最大的一件作蝴蝶装，上下单栏，左右子母栏，高 13、宽 23.5、厚 2.2 厘米；版心为白口，上半有书名简称，每半面六行，每行十二字，字见方 1.2 厘米左右。这是仅存的下部残损、但整体版面尚全的一块雕版。中号字的最多，约占 50% 以上，最大的两件皆为经折装，一件残高 10、残宽 38.5、厚 1.2 厘米，下半为子母栏；残存二十三行，每行残留最多十一字；第五行空二字，似为挖后未补。另一件残高 11、残宽 23.7 厘米，残存十四行，每行最多存十二字，字见方 1 厘米左右。小号字者约占 40% 以上，版厚 1.5 厘米，多为双面版，残损特甚，见方 5 厘米以上者仅十余件。其中一件呈梯形，残高 5.8、上残宽 2.5、下残宽 7.5 厘米，上边子母栏，残存五行，每行最多存八字[58]。这些雕版残件十分珍贵，是研究西夏和中世纪印刷的宝贵资料，同时说明宏佛塔寺是西夏雕版刻印场所。

（六）　西夏的刻书活动

史载，元昊之父德明"晓佛书，通法律，尝观太一金鉴诀、野战歌"[59]。元昊"晓浮图法，通汉文字，几案间常置法律书"[60]。西夏最高统治者有较高的文化素养，对西夏文化教育和刻书印刷事业的发展，有着积极的影响。景宗元昊立国之初，就建立"蕃学"、"汉学"，选送蕃汉贵族子弟入学，并组织翻译儒家经典《孝经》、《尔雅》、《四言杂字》等；毅宗谅祚向宋朝上表"求太宗御制诗章、隶书石本，且进马五十匹，求《九经》、《唐史》、《册府元龟》及宋正至朝贺仪"，太宗"诏赐《九经》，还所献马"；崇宗乾顺提倡儒学，建立"国学"，选送贵族子弟入学，学习儒家经典；仁宗仁孝"建学校于国中，立小学于禁中"，"重大汉太学"，设科取士，"尊孔子为文宣帝"，"立翰林学士院，以焦景颜、王佥等为学士，俾修《实录》"[61]。蕃汉教授斡道冲译《论语注》，著《论语小义》、《周易卜筮断》，并"以国字书之，行于国中"[62]。仁孝的一系列措施，将西夏的封建文化推向新的高峰。西夏兴儒重典，发展教育，进行译述的活动，以及后面要谈到的尊崇佛教，进行赎经、译经的活动，为发展西夏的刻书印刷事业打下了基础。

本世纪以来，西夏古籍虽多有发现，但有明确纪年及刻印情况的却不多。根据现有资料分析，西夏刻本有官刻、私刻和寺院刻三类。

1. 官方刻书

官方刻书，是指西夏政府"刻字司"刻印的书。"刻字司"属政府机构，设两名头监来负责，头监由"番大学士"之类的学者担任。"刻字司"组建于何时，史无明文，但崇宗正德六年（公元 1132 年）出版的字书《音同》"跋"中说，为推广西夏文字，"遂设刻字司，以番学士等为首，（将《音同》）雕版流传于世"[63]。据此，至迟在公元 12 世纪初甚或更早，西夏已经设立了"刻字司"。

"刻字司"以刻印西夏文书籍为主，多为世俗文献，主要有语言文字、历史律法、社会文学和译汉儒家典籍等。上述贞观六年刻印的《音同》，是现知"刻字司"刻印最早的书籍，竟有初编本、改编本、整理本、增订本、重校本五种版本之多。仁宗时期重儒兴教，"刻字司"刻印了很多重要典籍。乾祐十二年（公元1181年）刻印了译自唐代于立政的《类林》，乾祐十三年（公元1182年）刻印了仿唐《艺文类聚》体例编纂的《圣立义海》（"圣立"含有"钦定"之意），乾祐十六年（公元1185年）刻印了反映西夏民风的《西夏诗集》。根据版口刻工姓名，可以认定为"刻字司"印本的，还有译自宋代陈祥道的《论语全解》，译自托名姜望的《六韬》等儒家著述。虽无何家所印题款文字，但属国家重典的如崇宗贞观年间（公元1101—1113年）刻本《贞观玉镜统》四卷（又译作《贞观玉镜将》）和天盛年间（公元1149—1170年）刻本《天盛改旧新定律令》二十卷（又译作《西夏法典》）等，当为"刻字司"所印。还有译自汉籍的刻本如《孙子兵法三家注》、《黄石公三略》、《十二国》、《经史杂钞》等，这些可以作为学校教学和科举实用的书籍，也可能是"刻字司"刻印的。另外，有朱笔校改未及付梓的仁宗年间译稿《孝经传》、《孟子传》等，也当属"刻字司"的备刻本[64]。

2. 私人刻书

西夏文字典《音同》"跋"称："后刻工印匠不（晓?）事人等，因贪小利，肆开文场，另为雕刻。彼既不谙文字，未得其正，致使印面首尾颠倒，左右混杂，学者惑之。"[65]西夏官方刻书不能满足社会需要，致有为营利而翻刻官刻书者，说明西夏有私人刻书。

私人刻书为个人出资刻印的书，多为民间著述而不能在"刻字司"刻印者。西夏文《新集锦成对谚语》（又译作《新集锦合辞》），是两句一条、工整对仗的民间谚语、格言集。它由地位较高的御史承旨、番大学士梁德养初编，切韵博士王仁持增补而成，在乾祐十八年（公元 1187 年），由"褐布商蒲梁尼寻印"[66]。由骨勒茂才编纂的汉人学习西夏文、西夏人学习汉文的通俗读物《番汉合时掌中珠》，是在乾祐二十一年（公元 1190 年），由"张氏书坊"刻印的。这本对每个夏字和对应的汉字互为标音、标义的字书，在近百年来，对西夏文字的起死回生发挥了极其重要的作用，被称为"一把打开西夏学研究大门的钥匙"[67]。

佛经中也有私人刻本，多为汉文佛经。《大般若波罗蜜多经》，刻印于惠宗天赐礼盛国庆五年（公元 1078 年）八月，是现知有明确纪年的西夏时期最早的刻本。这是由信徒陆文政，为"报父母同拯之德"，"特舍净贿，恳尔良工，雕刻板成，印施含识"。

私刻汉文佛经，也以仁宗时期为多。仁宗人庆三年（公元 1146 年）五月，上殿宗室御史台正嵬名直本印施的《妙法莲花经》，是由宗室提供"日费饮食"，由"清信弟子雕字人王善惠、王善圆、贺善海、郭狗埋等"刻印的。天盛四年（公元 1152 年）八月，由"幸居帝里"的邠州开元寺僧人刘德真印施的《注华严法界观门》，是由他"恭舍囊资，募工镂板，印施流通"的。这说明西夏有私人刻工，可随时应募，进行刻印。"太师上公总领军国重事秦晋国王"任得敬，是权倾朝野的大人物，为了"速愈沉屙"，在天盛十九年（公元 1167 年）五月，"镂板印施"了《金刚般若波罗蜜经》。桓宗天庆七年（公元 1200 年）七月，仇彦忠为父母亡灵"同往净方"，印施了《圣六字增寿大明陀罗尼经》六百余卷。

3. 寺院刻书

西夏建国前后，就进行了广泛的赎买和翻译大藏经的活动。公元1031—1073年，西夏太宗德明、景宗元昊、毅宗谅祚及惠宗秉常四朝，先后六次向宋朝皇帝献马赎购大藏经，宋帝皆给以满足，令印经院印造赐给。同时，还在京都兴庆府营建"高台寺"、"承天寺"，"贮中国（宋朝）所赐大藏经"。公元1038—1090年，景宗、毅宗、惠宗及崇宗四朝，根据《开宝藏》先后命国师白法信、三藏安全国师沙门白智光等三十二人为首，持续进行译经活动，先后译成大小三乘"三百六十二帙，八百二十部，三千五百七十九卷"，这就是《蕃大藏经》，即西夏文大藏经。这是中国最早的用少数民族文字译成的大藏经。西夏的赎经、译经活动，为西夏刻印佛经打下了基础。

西夏寺院刻经，主要有两种情况，一种是皇室重大法事活动刻印佛经，一种是寺院为弘扬佛法刻印佛经。由于两者地位和财力的不同，刻经的数量和规模难以相比，而皇室动辄数万、数十万的刻印数量，反映了西夏佛教盛行的状况和刻印能力的不凡。

帝后们为某种目的所做的法事活动，不仅要延请高僧烧施结坛，诵读经文，而且要散施佛经、法物，要度僧、济贫、放生，有时还要释囚、大赦。这种法事活动是国家的重要庆典，也是一种政治活动。这种活动，往往需要大量佛经，据仁宗乾祐十五年（公元1184年）九月所撰《佛说圣大乘三归依经》发愿文称，为仁宗"本命之年"法事，所散施的该经"番、汉五万一千余卷，彩画功德大小五万一千余帧"，是"仍敕有司印造"的。这里的"有司"，当指"刻字司"，"仍敕"当然是说过去也是这样做的。但"刻字司"不一定承担具体的刻印事宜。具体刻印工作，或许是由与皇室有密切关系的寺院承印的。乾祐二十年（公元1189年）三月，罗太后"谨施"的《金刚般若波罗蜜经》，就是由"温家寺经院"刻印的。

帝后们做法事，或为他们的"本命之年"，或为皇帝"登基"纪念，或为帝后"周忌之辰"，往往活动规模很大，所需散施的佛经数量也很多。天盛十九年（公元1167年）五月，仁宗在皇太后周忌之辰，开板印造了《佛说圣佛母般若波罗蜜多心经》"番、汉共二万卷"。乾祐年间（公元1140—1193年），仁宗为先皇帝早日"超生三界"，"命工镂板"刻印了《圣观自在大悲心总持》、《胜相顶尊总持》"番、汉一万五千卷"。乾祐二十年（公元1084年）九月，在大度民寺作的"求生兜率内宫弥勒广大法会"上，散施了番、汉《观弥勒菩萨上生兜率天经》十万卷，汉文《金刚经》、《普贤行愿经》、《观音经》等各五万卷，总计高达二十五万卷。仁宗死后，罗太后于天庆二年（公元1195年）九月散施了《佛说转女身经》，次年九月举行盛大法会，仅"开读经文"就有"藏经三百二十八藏，大藏经二百四十七藏，诸般经八十一藏，大部帙经并零经五百五十四万八千一百七十八部"，还散施了"番汉《转女身经》、《仁王经》、《行愿经》共九万三千部"。

寺院为了弘扬佛法而印施佛经的特点，是在相关的刻经发愿文中不表明施经目的，也没有提供资金的善男信女，只有印施僧职人员。诸如由大延寿寺演妙大德沙门守琼，在崇宗大安十年（公元1183年）八月印施的《大方广佛华严经》；由尚座袁宗鉴等十七人，在乾祐十五年（公元1184年）八月"重开板印施"的《佛说金轮佛顶大威德炽盛光佛如来陀罗尼经》；由兰山崇法禅师金刚幢译定，中书相贺宗寿作序，在桓宗天庆七年（公元1200年）雕印流通的《密咒圆因往生集》，以及由圣普化寺连批张盖利、副使沙门李智宝，在襄宗皇建元年（公元1210年）"普施传持"的《佛说大乘圣无量寿决定光明王如来陀罗尼经》和《佛说般若波罗蜜多心经》等，都是相关高僧主持印施的。这些经虽然没有为何寺院所印的题款，但应是寺院所印，是寺院弘扬佛法的正常业务。

与辽金刻印汉文大藏经《契丹藏》、《赵城藏》一样，西夏也刻印了汉文《西夏藏》，是由西夏贺兰山佛祖院刻印的。贺兰山佛祖院是西夏都城西北贺兰山某处的一座规模很大的寺院，是西夏汉文佛经的刻印中心。西安市文物管理处藏《大方广佛华严经》卷九尾页的西夏文捺印押记，提供了这一重大事实的依据。押记汉译为"番国贺兰山佛祖院摄禅圆和尚李慧月，平尚重照禅师之弟子，为报佛恩，印制十二部大藏契经及五十四部《华严经》"等。"番"音"弭"，是党项自称，"番国"当然就是西夏。这说明和尚李慧月至少印制了十二部汉文大藏经。同样形式、同样内容的西夏文捺印押记，还出现在陕西省图书馆藏《佛说摩尼罗亶经》、日本天理图书馆藏《高僧传》卷五尾页上[68]。这不仅进一步证实了上述说法，也说明这两部经书，就是李慧月所印《西夏藏》的传世本。

（七）西夏刻书印刷事业的特点

1. 西夏后期的繁荣

西夏建国后，积极吸取外来文化营养，赎买和翻译儒佛经典，为发展西夏的刻书印刷事业创造了条件。但西夏前期，正是北宋刻书印刷业发展和繁荣的时期，宋版书如同宋代货币一样（西夏主要流通北宋钱币），通过各种渠道流入西夏，似乎暂时满足了西夏社会对书籍的需要，西夏刻印事业没有得到应有的发展。在现存实物中，至今未发现景宗、毅宗二朝的出版物。而黑城发现的二十多种宋版书，多是公元12世纪30年代以前的，似乎也说明了这点。这当然不是说西夏前期没有印刷，但它没有得到发展则应是肯定的。现存最早的西夏刻本是惠宗时期的，而90%的出版物是仁宗时期的，说明仁宗时期是西夏刻书印刷事业最为繁荣的时期。

2. 刻印中心在京都

京都中兴府，是西夏的政治、经济、宗教、文化中心，也是西夏佛教寺院最多的地区之一。西夏书籍的刻印，在很大程度上控制在官府手中，如前述重要典籍都由"刻字司"刻印。而皇家重大法事活动所需大量佛经，也由"刻字司"组织有关寺院刻印。这就决定了刻印地点只能在京城及其附近地区。刻印汉文《西夏藏》的贺兰山佛祖院及发现大量西夏文雕版实物的贺兰县宏佛塔，都在京城附近。西夏私人刻工及私刻图书活动，也应在有购书市场的京都。宋版书题款中多有刻书地点，如丹州、承德、汴梁、杭州等，而西夏刻本强调的是"刻字司印"、"刻字司重印"，很少有刻印地点题款（目前尚未发现一处），似乎也说明了这点。河西走廊的甘、凉、肃、沙等州，也是西夏文化较为发达、佛教寺院较多的地区，但至今未发现能证明是这里刻印的书籍，让人难以理解；黑城属边远重镇，这里发现的大量西夏文献和佛经雕版，是说明这里有刻经的寺院呢，还是说明有人从京城带去这些东西呢？这些问题都有待解决。

3. 书写使用竹笔

黑城在汉代属张掖郡居延县地界内。居延地区曾发现过汉代毛笔。自古以来人们用毛笔书写，西夏也不例外。仁宗时，翰林学士刘志直以"工书法"而闻名，"西北有黄羊，志直取其尾毫为笔，国中效之，遂以为法"[69]。除传统的毛笔外，西夏还有竹笔。1972年甘肃武威发现过两支竹笔，其形制是将竹子的一头削成笔尖形，在笔尖中间划开一道缝隙，与现在的蘸水笔类似。其中一支已使用过，有墨迹，略残，长9.5、直径0.8厘米。另一支未用过，长13.6、直径0.7厘米[70]。它们是我国首次发现的西夏时期的竹笔。在俄藏黑水城文献中，就有用竹笔书写的刻本，其特点是"起落顿笔，转折笔画不圆"，它与宋体字不同，有人称之为"写刻体"[71]。

4. 印纸多用麻纸

西夏后期写本汉文《杂字》"器用物部"记载的西夏纸有"表纸、大纸、小纸、三抄、连抄、小抄、银碗、纸马、折四、折五、匙箸、金纸、银纸、蜡纸、京纸"等十多种[72]，说明西夏纸张及纸制品品种非常丰富，可满足现实生活的各种需求。西夏印本使用什么纸，西夏辞书《文海》在解释纸时说："此者白净麻布树皮等造纸也。"[73]1966年全苏制浆造纸工业科学研究所，对俄藏西夏文献十个纸样进行科学测定，得出结论认为，西夏纸浆是含亚麻、大麻和棉花纤维的碎布纸浆，其帘纹多为7根/厘米[74]。1997年12月，中国制浆造纸工业研究所王菊华先生对宁夏拜寺沟方塔西夏文献的七个纸样进行了纤维形态分析，认为西夏时期的纸，主要是废旧麻布和构皮，其中构皮的用量已占相当比例。在造纸工艺上已有使用胶料和填料的能力，但尚不能漂白。抄纸普遍使用竹帘，帘纹为6—7根/厘米。这两项测定结果，与《文海》对纸的解释完全一致。西夏使用麻纸，也使用构皮纸（即楮皮纸）。

5. 讳制不严格

受北宋影响，西夏刻本也有避讳的情况，如西夏文《论语全解》中的"孝"字缺笔，以避仁宗仁孝名讳。在贺兰县拜寺沟方塔出土的写本汉文佚名《诗集》中，也有一"孝"字缺笔。但西夏讳制远不如北宋严格，在西夏文献中避讳实例甚少。

6. 笔授、刻工多为汉人

在少数西夏刻本中，也有笔授和刻工姓名，但其姓名在何处记述，处理方法不一，而所见姓名，无论是汉文本还是西夏文本，多为汉人。

笔授即书手、誊写工。官刻本西夏文《西夏诗集·大诗》卷末题款有"笔授和尚刘法雨"[75]。皇建元年（公元1210年）汉文《无量寿王经》发愿文，说其经为"索智深书"。刘法雨、索智深皆为汉人。

刻工姓名在佛经中，多记述于序、跋和发愿文中。西夏文《慈悲道场忏罪法》序后有汉文"何森秀刊"四字。人庆三年（公元1146年）汉文《妙法莲花经》发愿文载，雕字人是王善慧、王善圆、贺善海、郭狗埋等人。天盛四年（公元1152年）汉文《注华严法界观门》，是邠州僧人"刘德真雕板印文"散施的。乾祐十五年（公元1184年）汉文《佛说金轮佛顶大威德炽盛光佛如来陀罗尼经》，是"雕经善友众尚座袁宗鉴、杜俊义、朱信忠、杜俊德、安平、陈用、李俊才、杜信忠、袁德忠、杜产忠、杜用、牛智惠、张用、讹德胜、杜宗庆、薛忠义、张师道"十七人，"重开板印施"的。上述"索智深书"的《无量寿王经》，是"西天智圆刁（雕）"的。刻工姓名，也有个别刻在版口上的，如拜寺沟方塔出土的汉文佛经《略疏》残页版口上有"柳信忠一片"。但不论用何种方式，刻工基本上是汉人。

刻字司刻印的西夏文世俗文献，则受宋朝影响，将刻工姓名刻在版口上。其中《类林》得十四人，其译音为玉信、西田、鄞周、单宝、惠灯、玉松、休德定、宝司、践狗、铠曹、单啰、德儿、桂向、熙山；《圣立义海》二人，译音为吕吕、伯广；《论语全解》的刻工，是《类林》中的惠灯、桂向。所以总计十六人。这些字没有党项人姓名中常见的有具体含义的字，而是专门用来译写汉语的纯表音字，上述译音当然不一定是这些人的原名汉字，但可以肯定他们是汉人，是"流入西夏的中原人"[76]。

7. 装帧形式多有变化

和宋版书一样，西夏书籍也有卷子装、经折装、蝴蝶装、包背装、梵夹装等，还有少见的"缝缋装"。

在我国古文献中有"缝缋装"一说，但所见数种权威著作基本没有涉及。偶有论者，或将其列入"线装"之列[77]，或认为其装帧形式已"不可知了"[78]。笔者在整理贺兰县拜寺沟方塔出土文献时，发现有的写本如《修持仪规》、《佚名诗集》等，散页与"蝴蝶装"无异（当时尚未产生线装书），但奇怪的是一页中的前后两面文字多不衔接，最后终于搞明白，原来这就是我们尚未见过的"缝缋装"。"缝缋装"是将一张大纸三折折成八页十六面，中缝用线连接，对折折成一叠；然后数叠码在一起，用线连接，包粘封皮，成为一册。其作法，有如现代书籍的印张。"缝缋装"是古人在学习和著述时，先用纸装订成册，然后再书写形成的。它的最大特点是这种书拆散后，每页前后两面内容多不衔接，另一特点是只有写本，没有印本。这种"缝缋装"的写本，在敦煌、俄藏黑城文书中也有。"缝缋装"写本如果要印刷的话，都可按照雕版或是活字的要求，排成一页前后两面文字可以衔接的式样，以便印刷。

8. 版面设计别具特色

西夏书籍受北宋影响，版面设计多字大行宽，墨色浓重，疏朗明快。经折装佛经，多为上下子母栏。蝴蝶装刻本，有四界单栏，四界子母栏，但多为上下单栏，左右子母栏。版口多为白口，上段有书名简称，下段为页码。书名简称用字十分简略，只有二三字，有的仅为一字，如西夏文《吉祥遍至口和本续》卷×，简为《续×》，有的干脆"续"字也省去，只有一个卷数数字，而这个数字有的还是用笔画简单的汉字写的。页码数字有汉字，有夏字，有汉夏合字，全无定规；书口中少有鱼尾、象鼻。但有的书名简称，在其上下各加一横线将其框住。有的页码数字，除阳字外，还有阴字、阴阳合字等，多有变化[79]。

西夏人十分注意对书籍的装饰。在字行空白处插入形形色色的小花饰，是西夏刻本的一大特色。这些花饰，简单的有圆点、圆圈、三角、方块、十字等，最多的为菱形、火炬、三角形，还有方孔钱纹、梅花、菊花、无名小花饰等。此外还有人物，多在标题下空间较大的地方，高达三四厘米，有头戴荷叶、足登莲花的小人，有头戴笠帽、背披蓑衣的人物，还有小沙弥等。这些花饰，不仅出现在诸如《番汉合时掌中珠》、《杂字》等通俗读物中，还出现在辞典、佛经中，而国家重典《天盛改旧新定律令》中最为丰富，各种花饰多达十几种。上述花饰多出现在西夏文文献中，而汉文刻本则极少。俄藏黑水城西夏写本还有彩色栏线，单栏多为红色和橙黄色，双栏则有红黑双线、褐绿双线等。有的还在双栏线中间绘有各种纹锦的花栏，花栏多为立柱状，柱头多为莲花。

注　释

［1］史金波、聂鸿音、白滨译注《天盛改旧新定律令》第364、371、372页，法律出版社2000年版。

［2］［俄］戈尔芭切娃、克恰诺夫《苏联科学院亚洲民族研究所藏西夏文写本和刊本现已考定者书目》，中国社会科学院民族研究所编《民族史译文集》（3）第7页（1978年）。

［3］［俄］孟列夫著、王克孝译《黑城出土汉文遗书叙录》第3、29页，宁夏人民出版社1994年版。

［4］王克孝《西夏对我国书籍生产和印刷技术的突出贡献》，《民族研究》1996年第4期。

［5］向达《斯坦因黑水获古纪略》，《国立北平图书馆馆刊·西夏文专号》（1932年）。

［6］岳邦胡、陈炳应《我国发现西夏文字典〈音同〉残篇的整理复原与考释》，《中国民族古文字研究》第171页，中国社会科学出版社1984年版。

［7］内蒙古文物考古研究所、阿拉善盟文物工作站《内蒙古黑城考古发掘纪要》，《文物》1987年第7期。

［8］史金波、翁善珍《额济纳旗绿城新见西夏文物考》，《文物》1996年第10期。

［9］牛达生《灵武出土西夏文〈大方广佛华严经〉研究》，《吴忠与灵州》第373页，宁夏人民出版社2006年版。

［10］王静如《引论》，《国立北平图书馆馆刊·西夏文专号》（1932年）。

［11］陈炳应《天梯山石窟西夏文佛经译释》，《考古与文物》1983年第8期。

［12］刘玉泉《本所藏图解西夏文〈观音经〉版画初探》，《敦煌研究》1985年第3期。

［13］甘肃省博物馆《甘肃武威发现一批西夏遗物》，《文物》1978年第8期。

〔14〕孙寿岭《西夏泥活字版佛经》,《中国文物报》1994 年 3 月 27 日。

〔15〕宁夏文物管理委员会办公室、青铜峡市文物管理所《宁夏青铜峡市一百零八塔清理维修简报》,《文物》1991 年第 8 期。

〔16〕宁夏文物管理委员会办公室、贺兰县文化局《宁夏贺兰县宏佛塔清理简报》,《文物》1991 年第 8 期。

〔17〕宁夏文物考古研究所《拜寺沟西夏方塔》第 345、362、363 页,文物出版社 2005 年版。

〔18〕庄电一、刘长宗《西夏木活字》,《光明日报》1996 年 11 月 17 日。新华社、《中国文物报》、《中国科技报》、《宁夏日报》等海内外媒体,广为报道这一消息。

〔19〕庄电一《贺兰山废弃石窟中发现大量珍贵西夏文献》,光明日报 2005 年 10月 10 日。

〔20〕行均《龙龛手镜》,中华书局 1982 年版。行均为辽代幽州僧人,为研读佛经编撰了本书。本书对了解唐代前后使用俗字情况和研究汉字流变有一定价值。

〔21〕史金波《〈文海宝韵〉序言、题款译考》,《宁夏社会科学》2001 年第 4 期。

〔22〕史金波、黄振华《西夏文字典〈音同〉序跋考释》,《西夏文史论丛》(1)第 24 页,宁夏人民出版社 1992 年版。

〔23〕李范文主编《西夏研究》第 1 辑第 747—810 页,中国社会科学出版社 2005年版。

〔24〕史金波《西夏出版研究》第 50 页,宁夏人民出版社 2004 年版。

〔25〕聂鸿音、史金波《西夏文〈三才杂字〉考》,《中央民族大学学报》1995 年第 6 期。

〔26〕陈炳应《西夏文物研究》第 290 页,宁夏人民出版社 1985 年版。罗矛昆《研究西夏社会的珍贵史料——西夏法典〈天盛改旧新定律令〉》,《宁夏社会科学通讯》1989 年第 5 期。

〔27〕如专著有王天顺主编《天盛律令研究》,甘肃文化出版社 1998 年版。还有杜建录《〈天盛律令〉与西夏法制研究》,宁夏人民出版社 2005 年版。

〔28〕黄振华《西夏文天盛二十二年卖地文契考》,白滨主编《西夏史论文集》第 316 页,宁夏人民出版社 1984 年版。陈炳应也作了翻译和研究,译文有较大差异。见陈著《西夏文物研究》第六章。

〔29〕孙寿岭《西夏乾定申年典糜契约》,《五凉文化研究》1993 年创刊号。

〔30〕黄振华《评苏联近三十年的西夏学研究》,《社会科学战线》1978 年第 2

期，白滨主编《西夏史论文集》第 642—647 页，宁夏人民出版社 1984 年版。

[31] 史金波《西夏出版研究》第 41 页，宁夏人民出版社 2004 年版。

[32] ［俄］克恰诺夫、李范文、罗矛昆《圣立义海研究·前言》，宁夏人民出版社 1995 年版。

[33] 聂鸿音《西夏文学史料说略·下》，《文史》总第 49 辑第 286 页，中华书局 1999 年版。

[34] 陈炳应《西夏谚语——新集锦成对谚语》，山西人民出版社 1993 年版。

[35] 同 [24]。

[36] 陈炳应《西夏文物研究》第 385 页，宁夏人民出版社 1985 年版。

[37] 黄振华《西夏文孙子兵法三家注管窥》，载《西夏文史论丛》（1），宁夏人民出版社 1992 年版。林英津《夏译〈孙子兵法〉研究》，历史语言研究所单刊之二十八（1994 年）。引文见《西夏文史论丛》（1）第 121 页。

[38] 史金波、黄振华、聂鸿音《类林研究》，宁夏人民出版社 1993 年版。

[39] 史金波《西夏汉文本〈杂字〉初探》，《中国民族史研究》（2）第 169 页，中央民族学院出版社 1989 年版。

[40] 陈国灿《西夏天庆间典当残契的复原》，原载《中国史研究》1980 年第 1 期，收入白滨主编《西夏史论文集》第 320、323、330 页，宁夏人民出版社 1984 年版。

[41] 牛达生《西夏活字印刷研究》第 52、53 页，宁夏人民出版社 2004 年版。宁夏文物考古研究所《拜寺沟西夏方塔》，文物出版社 2005 年版。

[42] 两次获奖情况，分别见仇伟《第五届"毕昇奖"授奖大会在京举行》，《新闻出版报》1997 年 6 月 20 日。子牛《西夏木活字研究有新进展，牛达生又获文化部成果奖》，《中国印刷》1999 年第 11 期。

[43] 牛达生《西夏文泥活字印本〈维摩诘所说经〉及其学术价值》，《中国印刷》2000 年第 12 期。

[44] 孙寿岭先生曾到寒舍造访，详细介绍了他制作泥活字的情况。庄电一《让历史再现的人》，《人物》2001 年第 12 期。尹铁虎《武威孙寿岭与西夏泥活字版〈维摩诘所说经〉》，《中国印刷》2002 年第 8 期。

[45] 史金波《现存世界上最早的活字印刷品——西夏活字印本考》，《北京图书馆馆刊》1997 年第 1 期。

[46] 聂鸿音《西夏活字本研究评述》，《民族研究动态》1996 年第 4 期。

[47] 同 [45]。

[48] 同 [45]。

[49] 史金波、雅森·吾尔守《中国活字印刷术的发明和早期传播》第 49 页，社会科学文献出版社 2000 年版。

[50] 聂鸿音《俄藏 5130 号西夏文佛经题记研究》，《中国藏学》2002 年第 1 期。

[51] [英] 弗兰西斯·培根《新工具》，商务印书馆 1984 年版。

[52] 同 [12]。

[53] [俄] 孟列夫著、王克孝译《黑城出土汉文遗书叙录》第 230 页，宁夏人民出版社 1994 年版。

[54] 牛达生《西夏活字印刷研究》第 76 页，宁夏人民出版社 2004 年版。

[55] 牛达生《西夏活字印刷研究》第 77 页，宁夏人民出版社 2004 年版。

[56] 《巨鹿故城发掘记略》，《国立历史博物馆丛刊》第 1 卷第 1 期（1926 年）。石志廉《北宋人像雕版二例》，《文物》1981 年第 3 期。胡道静《巨鹿北宋雕版是淹城遗址的出土物》，《中国印刷》总第 21 期（1988 年）。

[57] 同 [4]。[俄] 捷连提耶夫·卡坦斯基著，王克孝、景永时译《西夏书籍业》第 122 页，宁夏人民出版社 2000 年版。

[58] 宁夏文物管理委员会办公室编《中国古代建筑·西夏佛塔》第 65、66 页，文物出版社 1995 年版。

[59] （元）脱脱等《辽史·西夏外纪》，中华书局 1974 年版。

[60] （宋）曾巩《隆平集·夷狄传》，赵铁寒主编《宋史资料萃编》第 1 辑，文海出版社 1967 年版。

[61] （元）脱脱等《宋史·夏国传下》，中华书局 1977 年版。

[62] 《虞文靖公道园全集》卷一七"西夏相斡公画像赞"，转引自韩荫晟编《党项与西夏资料汇编》上卷第 1 册，宁夏人民出版社 1983 年版。

[63] 史金波、黄振华《西夏文字典〈音同〉序跋考释》，《西夏文史论丛》（1）第 11 页，宁夏人民出版社 1992 年版。

[64] 聂鸿音《西夏刻字司和西夏官刻本》，《民族研究》1997 年第 5 期。

[65] 同 [63]。

[66] 同 [34] 第 26 页。

[67] （西夏）骨勒茂才著，黄振华、聂鸿音、史金波整理《番汉合时掌中珠》第 2 页，宁夏人民出版社 1989 年版。

[68] 以上诸段所用材料，主要取自史金波《西夏佛教史略》所附《西夏碑碣铭文、佛经序跋发愿文、石窟题记》相关部分，宁夏人民出版社 1988 年版。

[69] 戴锡章编撰、罗矛昆校点《西夏纪》卷二五，宁夏人民出版社 1988 年版。

［70］甘肃省博物馆《甘肃武威发现一批西夏遗物》，《考古》1974 年第 3 期。

［71］［俄］孟列夫著、王克孝译《黑城出土汉文遗书叙录》第 61 页，宁夏人民出版社 1994 年版。

［72］史金波《西夏汉文本〈杂字〉初探》，《中国民族史研究》（2）第 182 页，中央民族学院出版社 1989 年版。

［73］史金波、白滨、黄振华《文海研究》第 497 页，中国社会科学出版社 1983 年版。

［74］同［4］。

［75］同［64］。

［76］同［64］。

［77］李致忠《古籍版本鉴定》第 64 页，文物出版社 1997 年版。

［78］戴南海《版本学概论》第 141 页，巴蜀书社 1989 年版。

［79］牛达生《我国最早的木活字印刷品——西夏文佛经〈本续〉》，《中国印刷》1994 年第 2 期。

参 考 文 献

古文献

（史志部分）

1. （清）张春《西夏书》，北京大学图书馆抄本。

2. （宋）司马光《资治通鉴》，中华书局 1956 年版。

3. （宋）曾巩《隆平集》，赵铁寒主编《宋史资料萃编》（第 1 辑），文海出版社 1967 年版。

4. （唐）魏征等《隋书》，中华书局 1973 年版。

5. （宋）欧阳修《新五代史》，中华书局 1974 年版。

6. （元）脱脱等《辽史》，中华书局 1974 年版。

7. （后晋）刘昫《旧唐书》，中华书局 1975 年版。

8. （宋）欧阳修、宋祁《新唐书》，中华书局 1975 年版。

9. （元）脱脱等《金史》，中华书局 1975 年版。

10. （宋）薛居正《旧五代史》，中华书局 1976 年版。

11. （明）宋濂《元史》，中华书局 1976 年版。

12. （元）脱脱等《宋史》，中华书局 1977 年版。

13. （明）陈邦瞻《宋史纪事本末》，中华书局 1977 年版。

14. 道润梯步《新译简注蒙古秘史》，内蒙古人民出版社 1978 年版。

15. （宋）岳柯《桯史》，中华书局 1981 年版。

16. （明）胡汝砺编、陈明猷校勘《嘉靖宁夏新志》，宁夏人民出版社 1982 年版。

17. （宋）王称《东都事略》，中华书局 1985 年版。

18. （元）撰者不详《圣武亲征录》，中华书局 1985 年版。

19.（宋）沈括著、胡道静校证《梦溪笔谈校证》，上海古籍出版社1987年版。

20. 戴锡章编撰、罗矛昆校点《西夏纪》，宁夏人民出版社1988年版。

21.（明）胡汝砺《弘治宁夏新志》，《天一阁藏明代方志选刊续编》第72册，上海书店1990年版。

22.［波斯］拉施特著，余大钧、周建奇译《史集》第一卷第二分册，商务印书馆1992年版。

23.（清）张金城修、（清）杨浣雨纂、陈明猷点校《乾隆宁夏府志》，宁夏人民出版社1992年版。

24.（清）吴广成撰、龚世俊等校证《西夏书事校证》，甘肃文化出版社1995年版。

25.（宋）洪迈《容斋随笔》，上海古籍出版社1996年版。

26.（明）朱栴撰修、吴忠礼笺证《宁夏志笺证》，宁夏人民出版社1996年版。

27.（清）张鉴撰、龚世俊等校点《西夏纪事本末》，甘肃文化出版社1998年版。

28. 冯承钧译、党宝海新注《马可波罗行纪》，河北人民出版社1999年版。

29. 韩荫晟编《党项与西夏资料汇编》，宁夏人民出版社2000年版。

30.（宋）李焘《续资治通鉴长编》，中华书局2004年版。

（金石部分）

31.（宋）洪遵《泉志》，金陵邓文进斋刻本，道光十四年（1834年）。

32.（清）李佐贤《古泉汇》利集，利津李氏石泉书屋刻本，清同治三年（1864年）。

33. 罗福苌《西夏国书略说》，东山学社印本（1914年）。

34. 罗振玉《隋唐以来官印集存》，上虞罗氏排印本（1916年）。

35. 罗振玉《贞松堂唐宋以来官印集存》，上虞罗氏影印本（1923

年）。

36. 罗振玉《西夏官印集存》，上虞罗氏影印本（1927 年）。

37. ［日］太田梦庵《枫园集古印谱》，1929 年印本。

38. 《国立北平图书馆馆刊·西夏文专号》（1932 年）。

39. 王静如编《西夏研究》第一、二、三辑，历史语言研究所单刊甲种第八、十一、十三（1932 年）。

40. 王国维《观堂集林·元刊本西夏文华严经残卷跋》，中华书局 1959 年版。

41. （清）张澍《养素堂文集》，兰州古籍书店 1990 年版。

42. 张维《陇右金石录》，（台湾）新文丰出版公司 1982 年版。

43. （清）初尚龄《吉金所见录》，北京出版社 2000 年版。

西夏史专著

44. 蔡美彪等《中国通史》第六册，人民出版社 1979 年版。

45. 钟侃、吴峰云、李范文《西夏简史》，宁夏人民出版社 1979 年版。

46. 吴天墀《西夏史稿》，四川人民出版社 1983 年版。

47. 白滨主编《西夏史论文集》，宁夏人民出版社 1984 年版。

48. 史金波《西夏佛教史略》，宁夏人民出版社 1988 年版。

49. 白滨《党项史研究》，吉林教育出版社 1989 年版。

50. 漆侠、乔幼梅《辽夏金经济史》，河北大学出版社 1994 年版。

51. 李蔚《简明西夏史》，人民出版社 1997 年版。

52. 宋德金等编《辽金西夏史研究》，天津古籍出版社 1997 年版。

53. 朱瑞熙等《辽宋西夏金社会生活史》，中国社会科学出版社 1998 年版。

54. 漆侠、王天顺主编《宋史研究论文集》，宁夏人民出版社 1999 年版。

55. 王天顺主编《西夏地理研究》，甘肃文化出版社 2002 年版。

56. 李范文主编《西夏通史》，人民出版社、宁夏人民出版社 2005 年版。

西夏研究专著

57. 史金波、白滨、黄振华《文海研究》，中国社会科学出版社1983年版。

58. 李范文《同音研究》，宁夏人民出版社1986年版。

59.（西夏）骨勒茂才著，黄振华、聂鸿音、史金波整理《番汉合时掌中珠》，宁夏人民出版社1989年版。

60. 史金波、黄振华、聂鸿音《类林研究》，宁夏人民出版社1993年版。

61. 陈炳应《西夏谚语——新集锦成对谚语》，山西人民出版社1993年版。

62. 林英津《夏译〈孙子兵法〉研究》，（台湾）历史语言研究所单刊之二八（1994年）。

63.［俄］克恰诺夫、李范文、罗矛昆《圣立义海研究》，宁夏人民出版社1995年版。

64. 陈炳应《贞观玉镜将研究》，宁夏人民出版社1995年版。

65. 史金波、聂鸿音、白滨译注《天盛改旧新定律令》，法律出版社2000年版。

66. 聂鸿音《西夏文德行集研究》，甘肃文化出版社2002年版。

67. 李伯君《黑水城出土等韵抄本〈解释歌义〉研究》，甘肃文化出版社2004年版。

68. 李范文主编《西夏研究》第1辑（内容为西夏文《义同》），中国社会科学出版社2005年版。

西夏考古专著

69.［俄］戈尔芭切娃、克恰诺夫《苏联科学院亚洲民族研究所藏西夏文写本和刊本现已考定者书目》，中国社会科学院民族研究所编《民族史译文集》（3）（1978年）。

70. 敦煌文物研究所编《敦煌研究文集》，甘肃人民出版社1982年版。

71. 罗福颐《西夏官印汇考》，宁夏人民出版社1982年版。

72. 李范文《西夏陵墓出土残碑粹编》，文物出版社 1984 年版。

73. 陈炳应《西夏文物研究》，宁夏人民出版社 1985 年版。

74. 刘玉泉《莫高窟壁画艺术·西夏》，甘肃人民出版社 1986 年版。

75. 敦煌文物研究所《中国石窟·敦煌莫高窟》第 5 卷，文物出版社、日本株式会社平凡社 1987 年版。

76. 牛达生、许成《贺兰山文物古迹考察与研究》，宁夏人民出版社 1988 年版。

77. 史金波、白滨、吴峰云《西夏文物》，文物出版社 1988 年版。

78. 马文宽《宁夏灵武窑》，紫禁城出版社 1988 年版。

79. 戴应新《折氏家族史略》，三秦出版社 1989 年版。

80. 北京图书馆金石组编《北京图书馆藏中国历代石刻拓本汇编·辽西夏金部分》，中州古籍出版社 1990 年版。

81. 李逸友《黑城出土文书·汉文文书卷》，科学出版社 1991 年版。

82. 宁夏文物管理委员会编《西夏文史论丛》（1），宁夏人民出版社 1992 年版。

83. 段文杰《段文杰敦煌艺术论文集》，甘肃人民出版社 1994 年版。

84. 萧默《敦煌建筑研究》，文物出版社 1994 年版。

85. ［俄］孟列夫著、王克孝译《黑城出土汉文遗书叙录》，宁夏人民出版社 1994 年版。

86. 雷润泽等编《中国古代建筑·西夏佛塔》，文物出版社 1995 年版。

87. 中国社会科学院考古研究所《宁夏灵武窑发掘报告》，中国大百科全书出版社 1995 年版。

88. 许成、杜玉冰《西夏陵》，东方出版社 1995 年版。

89. 韩小忙《西夏王陵》，甘肃文化出版社 1995 年版。

90. 张伯元《安西榆林窟》，四川教育出版社 1995 年版。

91. 俄罗斯科学院东方研究所圣彼得堡分所、中国社会科学院民族研究所、上海古籍出版社《俄藏黑水城文献》第 1—11 卷，上海古籍出版社 1996—1999 年版。

92. 宿白《藏传佛教寺院考古》，文物出版社1996年版。

93. ［俄］米开罗·皮欧特罗夫斯基编、许洋主汉译《丝路上消失的王国——西夏黑水城的佛教艺术》，（台湾）历史博物馆1996年版。

94. 敦煌研究院《中国美术分类全集·中国敦煌壁画全集·敦煌西夏元卷》，天津美术出版社1996年版。

95. 敦煌研究院《中国石窟·安西榆林窟》，文物出版社、日本株式会社平凡社1997年版。

96. 白滨《寻找被遗忘的王朝》，山东画报出版社1997年版。

97. 李范文等编《首届西夏学国际学术会议论文集》，宁夏人民出版社1998年版。

98. 王静如《王静如民族研究文集》，民族出版社1998年版。

99. 彭金章、王建军《敦煌莫高窟北区石窟》，文物出版社2000年、2004年版。

100. 韩小忙、孙昌盛、陈悦新《西夏美术史》，文物出版社2001年版。

101. 张宝玺《武威西夏木板画》，甘肃人民美术出版社2001年版。

102. 王其英主编《武威金石录》，兰州大学出版社2001年版。

103. 党寿山《武威文物考述》（2001年）。

104. 杨炳延等编《国家图书馆学刊·西夏研究专号》（2002年增刊）。

105. ［俄］柯兹洛夫著，王希隆、丁淑琴译《蒙古、安多和死城哈拉浩特》，兰州大学出版社2002年版。

106. 陈炳应《西夏探古》，甘肃文化出版社2002年版。

107. 谢继胜《西夏藏传绘画——黑水城出土西夏唐卡研究》，河北教育出版社2002年版。

108. 万辅彬、杜建录主编《历史深处的民族科技之光》，宁夏人民出版社2003年版。

109. 康兰英主编《榆林碑石》，三秦出版社2003年版。

110. 汤晓芳等编《西夏艺术》，宁夏人民出版社2003年版。

111. 李进兴《临羌寨考记》，四川大学出版社 2003 年版。

112. 周亚树主编《辽西夏金元四朝货币图录精选》，远方出版社 2003 年版。

113. 宁夏文物考古研究所《闽宁村西夏墓地》，文物出版社 2004 年版。

114. 中国国家博物馆、宁夏回族自治区文化厅《西夏文物辑萃·大夏寻踪》，中国社会科学出版社 2004 年版。

115. 史金波《西夏出版研究》，宁夏人民出版社 2004 年版。

116. 牛达生《西夏活字印刷研究》，宁夏人民出版社 2004 年版。

117. 宁夏文物考古研究所《拜寺沟西夏方塔》，文物出版社 2005 年版。

118. 中国钱币大辞典编纂委员会《中国钱币大辞典·宋辽西夏金编·辽西夏金卷》，中华书局 2005 年版。

119. 西北第二民族学院、上海古籍出版社、英国国家图书馆《英藏黑水城文献》第 1—4 卷，上海古籍出版社 2005 年版。

120. 宁夏大学西夏研究中心、国家图书馆、甘肃五凉古籍整理研究中心《中国藏西夏文献》第 1—17 卷，甘肃人民出版社、敦煌文艺出版社 2005 年版。

（上述参考文献中，涉及论著皆已详加注明。限于篇幅，论文、简报等目录均略去未载。）

后　记

　　西夏与宋辽金同属一个时代，但在二十四史中有宋辽金三史，而独无西夏史。不言而喻，西夏考古对西夏社会历史、物质文化的研究，无疑具有更为重要的补史、证史作用。近百年来、特别是 20 世纪 70 年代以来，由于考古界同仁的艰辛劳动，西夏考古有很多重要的发现。如果没有这些研究成果，本书的编写是难以进行的。

　　本书对西夏考古成果做了较为全面、系统的介绍，涉及的内容相当庞杂。其中部分笔者有所研究，更多的则是借助于相关专家的研究成果。本书能得以编著出版，首先要感谢为西夏考古和研究作出贡献的朋友们。这本小册子，如能对人们认识具有独特品位的西夏文化有所帮助，将是我最大的愿望。还需说明，限于水平，难免有疏漏、错讹之处，敬请不吝教正。

　　文物出版社资深编辑朱启新、周成二位先生，向我约稿，并在编写上给予具体指导。编辑陈峰同志，认真把关，仔细审阅稿件，提出不少修改意见。尽管我已退休，我所在的单位宁夏回族自治区文物考古研究所，特别是所长罗丰先生，仍然给予很大的支持和帮助。宁夏回族自治区博物馆李进增馆长、宁夏回族自治区文史研究馆胡迅雷副馆长、银川市贺兰山岩画管理处贺吉德主任，也给了不少的帮助。宁夏大学西夏研究中心杨志高先生提供了不少资料。宁夏回族自治区交通厅祁福星，宁夏回族自治区博物馆牛志文，宁夏回族自治区文物考古研究所柴英、高文霞等同志，无偿承担了绘制线图、拍摄照片和打印文稿等工作，在此一并致谢。

牛达生

2006 年 7 月

封面设计/张希广

责任印制/陈 杰

责任编辑/陈 峰

图书在版编目（CIP）数据

西夏遗迹/牛达生著．–北京：文物出版社，2007.1
（20 世纪中国文物考古发现与研究丛书）

ISBN 978 - 7 - 5010 - 2004 - 1

Ⅰ．西… Ⅱ．牛… Ⅲ．文物—考古—研究—中
国—西夏 （1038—1227） Ⅳ．K871.444

中国版本图书馆 CIP 数据核字（2006）第 115881 号

20 世纪中国文物考古发现与研究丛书

西 夏 遗 迹

牛达生/著

文 物 出 版 社 出 版 发 行

（北京市东直门内北小街 2 号楼）

邮 政 编 码 100007

http：//www．wenwu．com

E - mail：web@ wenwu．com

北京美通印刷有限公司印刷

新 华 书 店 经 销

850×1168 1/32 印张：10.625

2007 年 1 月第 1 版 2007 年 1 月第 1 次印刷

ISBN 978 - 7 - 5010 - 2004 - 1 定价：28 元